Unser Verein

SG - TR
Schweizer Gruppe
Therapeutisches Reiten
Postfach 240
CH-4118 Rodersdorf

Vreni Schawalder

Unser Verein
Aktiv als Mitglied und Vorstand

Ein Ratgeber aus der Beobachter-Praxis

Die Autorin

Vreni Schawalder engagierte sich während Jahrzehnten als Präsidentin oder Vorstandsmitglied in unterschiedlichen gemeinnützigen Organisationen und Vereinen. Als Politikerin war sie auf Gemeinde- und Kantonsebene tätig, zuletzt als Regierungsrätin im Kanton Thurgau, wo sie das Departement für Erziehung und Kultur führte. Heute ist sie freiberufliche Autorin.

Dank

Ich danke «meinen» Vereinen für die wertvollen Erfahrungen, aus denen ich für diesen Ratgeber schöpfen durfte, Christine Klingler Lüthi für das einfühlsame und kluge Lektorat und Beobachter-Redaktor Daniel Leiser für die juristische Beratung.

Beobachter-Buchverlag
2., aktualisierte Auflage 2006
© 2003 Jean Frey AG, Zürich
Alle Rechte vorbehalten
www.beobachter.ch

Herausgeber: Der Schweizerische Beobachter, Zürich
Lektorat: Christine Klingler Lüthi, Wädenswil
Umschlaggestaltung: Atelier Binkert, Zürich
Layout und Satz: Bruno Bolliger, Caslano

ISBN 3 85569 346 3
ISBN 978 3 85569 346 7

Dieses Buch wurde auf chlor- und säurefreiem Papier gedruckt.

Inhalt

Vorwort

Vereine prägen mein Leben; bei mehr als zwei Dutzend gemeinnützigen, kulturellen, sportlichen und politischen Organisationen bin ich Mitglied. Den Grossteil dieser Vereine unterstütze ich jedoch nur als treue Zahlerin der Jahresbeiträge, auf meine aktive Mitarbeit müssen sie verzichten. Einzig bei einem Verein, der seit 1992 vielfältige partnerschaftliche Beziehungen zwischen der Bodenseeregion und einer Stadt im ehemaligen Jugoslawien pflegt, bin ich als Präsidentin engagiert. In zwei weiteren arbeite ich im Vorstand mit. In den vergangenen Jahrzehnten war ich jedoch in unterschiedlichen gemeinnützigen Organisationen tätig, sei es als Präsidentin, im Vorstand oder als Mitglied eines Teams, das einen Verein gründete. So lernte ich viele Facetten des Vereinslebens kennen und sammelte reiche Erfahrungen – mehrheitlich positive, aber auch einige negative.

Auf diesem Erfahrungshintergrund fusst der Ratgeber «Unser Verein», von dem nun diese neue, aktualisierte Auflage vorliegt. In «meinen» Vereinen ist nicht alles so detailliert geregelt wie in diesem Buch dargestellt. Vieles liesse sich noch verbessern und professionalisieren. Aber Statuten, Reglemente, Funktionsdiagramme und Organigramme sind das eine – der Mensch, seine Bedürfnisse nach Gemeinschaft und Selbstbestätigung das andere. Zugegeben: Mit organisatorisch zweckmässigen Massnahmen wird die Arbeit des Vereins wirkungsvoller und zielgerichteter. Aber alle diese Vorkehrungen taugen nichts, wenn dabei die Erwartungen der beteiligten Menschen unerfüllt bleiben. Eine rein bürokratische Vereinsverwaltung lähmt das persönliche Engagement der Vereinsmitglieder. Stellen Sie also als Vereinsverantwortliche keine zu hohen Anforderungen an sich im Bereich «Vereinstechnik». Machen Sie das Vernünftige, das mit verantwortbarem Aufwand Machbare. Wenn in Ihrem Vorstand und unter den Vereinsmitgliedern ein angenehmes Klima herrscht und die Menschen gut zusammenarbeiten und korrekt miteinander umgehen, bleibt Ihr Verein lebendig und attraktiv.

Vreni Schawalder
Romanshorn, im März 2006

1. Einführung

Verrauchtes Sitzungssäli, staubtrockene Protokolle, geschwollene Sprache, langfädige Diskussionen – das sind die landläufigen Vorstellungen über das Vereinsleben. Doch allen Klischees zum Trotz ist die Vereinsdichte in der Schweiz einzigartig.

Vereine in der Schweiz von heute

Die heutigen Yuppies scheinen für das Vereinsleben nur ein müdes Lächeln übrig zu haben. Stehen die Vereine wirklich im Abseits – sie, die laut historischem Lexikon in der zweiten Hälfte des vorletzten Jahrhunderts ihre Blütezeit erlebten? Um 1900 gab es in der Schweiz eine weltweit einzigartige Vereinsdichte: Auf 100 Einwohnerinnen und Einwohner ein Verein! Stimmen die heutigen Schätzungen, so hat diese Dichte sogar noch zugenommen, rechnet man doch gegenwärtig mit rund 100 000 Vereinen, also einem Verein auf 75 Schweizerinnen und Schweizer.

Einige Traditionsvereine haben zwar mit Mitgliederschwund, verwaisten Vorstandssitzen und Nachwuchssorgen zu kämpfen. Massenvereine sind nicht mehr unbedingt in. Klagen werden laut über wachsenden Egoismus, übersteigerte Selbstbezogenheit und zunehmende Individualisierung in der heutigen Gesellschaft. Diesen Klagen zum Trotz werden fast täglich neue Vereine gegründet. Auch wenn sich moderne Menschen keinen gesellschaftlichen Zwängen mehr unterwerfen, sie bleiben trotzdem soziale Wesen mit dem Bedürfnis nach Gemeinschaft, Zugehörigkeit, Zuwendung, Kameradschaft und Selbstbestätigung. Was der Schriftsteller Ludwig Börne vor 200 Jahren schrieb, gilt noch immer: «Vieles kann der Mensch entbehren, nur den Menschen nicht.»

Gerade weil der Verein eine flexible Organisationsform ist, hat er auch in unserer modernen Gesellschaft überlebt. Bei Neugründungen stehen heute nicht mehr Patriotismus und militärische Körperertüchtigung wie im letzten Jahrhundert im Vordergrund, sondern gemeinsame Anliegen und Überzeugungen, Hobbys und Wünsche, Trendsportarten und Freizeitvergnügen: Eltern bauen im Quartier einen sicheren Spielplatz für ihre Kinder, Nostalgiker restaurieren zusammen ein altes Ledischiff, Katzenzüchterinnen treffen sich zum Erfahrungsaustausch und bieten heimatlosen Tieren ein Heim, lärmgeplagte Dorfbewohner kämpfen für eine Umfahrungsstrasse, Inlineskater errichten eine Anlage mit Mini-Pipe und Fun-Box. Sie alle finden sich in einem auf ihr spezielles Anliegen ausgerichteten Verein zusammen.

Das bietet Ihnen dieser Ratgeber

So gibt es heute für fast alles und jedes einen Verein. Die Gründung kostet nichts, und es existieren kaum gesetzliche Richtlinien. Trotzdem gilt es einige grundlegende Gegebenheiten zu berücksichtigen. In diesem Ratgeber finden Sie Hinweise zu allen Aspekten des Vereinslebens. Er leitet Sie an bei der Vereinsgründung, gibt Ihnen Anregungen zur Organisation der Vereinsarbeit und unterstützt Sie beim Bewältigen vereinsinterner Krisen. Sie finden in diesem Buch Auskünfte zu Rechts- und Haftpflichtfragen, überdies zeigt es Ihnen Ihre Rechte und Pflichten als Vereinsmitglied auf. Aber auch Anregungen für Vereinsanlässe und Hinweise zu den Vereinsfinanzen sind aufgeführt. Ein Musterverein – das fiktive «Kulturforum Wilen» – begleitet Sie durch den ganzen Ratgeber und illustriert die theoretischen Ausführungen. Musterbeispiele und Checklisten erleichtern Ihnen die Arbeit im Vereinsalltag.

Nicht alles, was Sie in diesem Buch finden, werden Sie in Ihrem Verein konkret umsetzen wollen und können. Greifen Sie das heraus, was Ihren Bedürfnissen entspricht, und passen Sie es den Gegebenheiten in Ihrer Organisation an. Ein ausführliches Stichwortregister hilft Ihnen bei der Auswahl der für Sie wichtigen Informationen. Wenn Sie vertiefte Informationen zu einzelnen Themen suchen, finden Sie im Anhang ein Verzeichnis mit weiterführender Literatur.

《 Wir müssen uns entscheiden:
soll unser Dasein geprägt sein vom Zuschauen
oder vom Teilnehmen. 》

Ernst Ferstl

2. Der passende Rahmen für Ihr Vorhaben

Wollen Sie mit anderen Menschen zusammen ein bestimmtes Ziel erreichen, sich für ein gemeinsames Projekt einsetzen oder einfach Geselligkeit in vertrauter Runde erleben? Es gibt verschiedene Möglichkeiten, für Ihr geplantes Vorhaben einen geeigneten Rahmen zu schaffen.

Verein oder Aktionsgruppe auf Zeit?

Es gibt viele gute Gründe, sich mit anderen Menschen zusammenzuschliessen. Hier einige Beispiele:

- Schreckliche Bilder aus einem Erdbebengebiet rütteln Sie auf. Zusam-
men mit andern Hilfsbereiten möchten Sie Geld und Kleider für die
Opfer sammeln.
- Das kulturelle Leben in Ihrer Gemeinde ist eingeschlafen. Das wollen
Sie nicht länger hinnehmen und suchen deshalb Mitstreiterinnen
und Mitstreiter für einen kulturellen Aufbruch.
- Mit Ihren Freundinnen treffen Sie sich regelmässig zu einem
Rommé-Abend. Die Spielgewinne wandern in die gemeinsame Kasse.
- Sie trainieren fast täglich auf Ihren Rollerblades. Leider fehlen an
Ihrem Wohnort geeignete Routen und ein Gelände mit Halfpipe,
Minirampe und weiteren Attraktionen. Diesen Mangel wollen Sie
zusammen mit Ihren Trainingskollegen und -kolleginnen beheben.
- Von der Arbeit der politischen Parteien in Ihrer Stadt sind Sie frust-
riert. Sie schliessen sich mit andern Enttäuschten zusammen und
möchten für Ihre Gruppierung einen Sitz im Stadtrat erringen.

Ob Sie für solche und ähnliche Vorhaben einen rechtlichen Rahmen,
eine Organisation mit einer bestimmten Organisationsform brauchen, können Sie anhand der folgenden Fragen entscheiden. Wenn
Sie sie mit Ja beantworten, spricht vieles für einen rechtlichen Orga-
nisationsrahmen:

- Sollen Ihre Aktivitäten eine unbestimmte, längere Zeit dauern?
- Will Ihre Gruppe weitere Mitglieder aufnehmen?
- Will Ihre Gruppe aus dem privaten Rahmen hinaus an die Öffent-
lichkeit treten?
- Fallen grössere Geldsummen an, welche durch eine Buchhaltung ver-
waltet sein müssen?

Körperschaften und Rechtsgemeinschaften

In welchem Rechtsmantel soll das gemeinsame Interesse wahrge-
nommen werden? Das schweizerische Privatrecht kennt acht verschiedene Gesellschaftsformen, die auf zwei Grundstrukturen, den

Körperschaften und den Rechtsgemeinschaften, fussen. Sie sind in der Tabelle unten aufgeführt.

Körperschaften und Rechtsgemeinschaften	
Rechtsgemeinschaft	**Körperschaft**
• Einfache Gesellschaft (OR 530 ff.)	• Verein (ZGB 60 ff.)
• Kollektivgesellschaft (OR 552 ff.)	• Genossenschaft (OR 828 ff.)
• Kommanditgesellschaft (OR 594 ff.)	• Aktiengesellschaft (OR 620 ff.)
	• Gesellschaft mit beschränkter Haftung (OR 772 – 827)
	• Kommanditaktiengesellschaft (OR 764 ff.)

Rechtsgemeinschaften

Die Organisationsform bestimmt ganz wesentlich die Stellung der einzelnen Mitglieder. Rechtsgemeinschaften hängen direkt von ihren Mitgliedern ab. Was Sie als Gesellschafter oder Gesellschafterin tun, berechtigt und verpflichtet auch die andern (z. B. OR 544, Abschnitt 3). Scheidet ein Mitglied aus, so ist die Rechtsgemeinschaft in der Regel zu Ende. Beachten Sie, dass Sie als Vorbereitungsteam für eine allfällige Vereinsgründung rechtlich gesehen als einfache Gesellschaft gelten (siehe Kapitel «Vereinsgründung», Seite 25). Eine solche entsteht bereits, wenn mindestens zwei Personen mit vereinten Kräften und Mitteln ein gemeinsames Ziel erreichen wollen. Dazu braucht es nicht einmal eine entsprechende schriftliche Vereinbarung, es genügt ein Verhalten, aus dem sich dies schliessen lässt. Eine einfache Gesellschaft liegt beispielsweise vor, wenn Sie sich mit mehreren Personen zusammentun, um den Bau einer Umfahrungsstrasse zu verhindern. Kollektivgesellschaft und Kommanditgesellschaft werden hier nicht weiter behandelt.

Beispiel *Die Schulen der Gemeinde K. haben seit Jahren im Februar zwei Wochen Sportferien. Da dies für viele Familien unattraktiv ist, weil in K. selten Schnee liegt und der Ort meist von dickem Nebel eingehüllt wird, tun sich drei Elternpaare zusammen. Sie stellen den Antrag an die Schulbehörde, künftig im Winter nur noch eine Woche frei zu geben und dafür von Auffahrt bis Pfingsten Ferien*

einzuplanen. Weil sie abblitzen, verschicken sie auf eigene Kosten ein Flugblatt und starten eine Unterschriftensammlung. Die Petition wird von so vielen Eltern unterzeichnet, dass die Behörden einlenken. Diese drei initiativen Elternpaare waren – vermutlich ohne sich dessen bewusst zu sein – eine einfache Gesellschaft. Nachdem sie ihren Zweck erreicht hatte, wurde sie ebenso formlos wieder aufgelöst.

Körperschaften

Bei der Körperschaft – und dazu gehören die Vereine – sieht es anders aus: sie haben eine eigene, von den Mitgliedern unabhängige Rechtspersönlichkeit. Mitglieder kommen und gehen – der Verein bleibt bestehen. Ein Verein kann Vermögen und Schulden haben, er kann sogar erben und selbständig vor Gericht klagen und verklagt werden.

Im Verein werden Beschlüsse mit der Mehrheit der Stimmenden gefällt. Rechtsgemeinschaften hingegen müssen in der Regel einstimmige Beschlüsse fassen. Der Verein handelt durch seinen Vorstand und nicht direkt durch alle Mitglieder, wie dies bei den Rechtsgemeinschaften der Fall ist. Wollen Sie und Ihr Team weiterhin alleine das Sagen haben und keine Kompetenzen an einen Vorstand abtreten, so wählen Sie eine Rechtsgemeinschaft als Organisationsform für Ihre künftigen Aktivitäten und gründen keinen Verein. Damit übernehmen Sie allerdings auch eine grössere Verantwortung, als wenn Sie einem Verein angehören.

Wer einem Verein beitritt, identifiziert sich mit dessen idealen Zielen. Ein Verein ist also auf bestimmte Gruppen von Personen mit ähnlichen Zielvorstellungen zugeschnitten, er ist in der Regel personenbezogen und nicht kapitalbezogen wie die Aktiengesellschaft. Auch die Genossenschaft ist relativ stark personenbezogen, sie verfolgt aber im Gegensatz zum Verein wirtschaftliche Zwecke. Verein und Genossenschaft stehen sich strukturell am nächsten und sind ausgesprochen demokratische Organisationsformen.

Stiftungen

Neben Körperschaften und Rechtsgemeinschaften existiert auch das Institut der Stiftung. Zur Errichtung einer Stiftung braucht es ein Stiftungsvermögen für einen besonderen Zweck (ZGB 80). Die Stiftung wird in Form einer öffentlichen Urkunde oder durch eine letztwillige Verfügung errichtet.

In diesem Ratgeber geht es um Fragen rund um den Verein. Wer sich eingehender mit anderen Organisationsformen auseinander setzen will, muss sich anderweitig informieren (siehe Literaturverzeichnis im Anhang).

Der Verein – eine vorteilhafte Rechtsform

Wann ist ein Verein die geeignete Rechtsform? Wenn die folgenden Aussagen zutreffen, ist ein Verein für Ihr Vorhaben am vorteilhaftesten:

- Sie wollen ideale, nichtwirtschaftliche Ziele verfolgen.
- Sie streben Kontinuität an und wollen auch gegen aussen wirken.
- Bei den Mitgliedern soll die Persönlichkeit und nicht das finanzielle Engagement im Vordergrund stehen.
- Die Körperschaft soll eigenes Vermögen besitzen können und grundsätzlich für die Schulden haften.
- Die Körperschaft soll ihre Interessen nötigenfalls im eigenen Namen gerichtlich durchsetzen können.

« Wer hohe Türme bauen will,
muss lange beim Fundament verweilen.»

Anton Bruckner

3. Vereinsgründung

*Der Entscheid ist gefallen: Sie wollen
mit Gleichgesinnten einen Verein gründen,
um einem gemeinsamen Hobby zu frönen, eine
gemeinnützige Aufgabe zu erfüllen oder sich
für ein kulturelles Projekt zu engagieren.
Wenn Sie umsichtig vorgehen und die wenigen
gesetzlichen Auflagen erfüllen, kann Ihr Verein
schon bald aus der Taufe gehoben werden.*

Vorabklärungen

Auch wenn Sie rechtlich gesehen schon zu zweit einen Verein gründen können, werden Sie Ihr Anliegen doch breiter abstützen wollen. Vor dem eigentlichen Gründungsakt warten darum einige Arbeiten auf Sie. Es lohnt sich, diese umsichtig anzugehen.

Forschen Sie als erstes nach, ob schon Organisationen bestehen, die den gleichen oder einen ähnlichen Zweck verfolgen. Bei Gemeindeverwaltungen liegen meist Listen aller Ortsvereine auf. Auch bei kantonalen Stellen gibt es entsprechende Übersichten. Je nach Ausrichtung Ihres Vereinszweckes (Kultur, Sport, Soziales, Bildung) müssen Sie vielleicht bei verschiedenen Ämtern anklopfen, um zur gewünschten Information zu kommen. Bei dieser Suche können Sie zudem das Internet einsetzen.

Existiert auf Landes- oder Kantonsebene ein Dachverband, aber keine Orts- oder Regionalsektion, so wenden Sie sich am besten an die entsprechende Geschäftstelle dieses Verbandes. Dort bekommen Sie Unterstützung zur Gründung Ihrer «eigenen» Sektion. Natürlich müssen Sie die Bedingungen dieser übergeordneten Stelle erfüllen. Diese Vorgaben können den Vereinsnamen, den Zweck, die geografische Ausbreitung, die Organisation, die Mitgliederbeiträge und weiteres betreffen.

Auf der Suche nach Gleichgesinnten

Die ersten Vorarbeiten packen Sie am besten in einem kleinen Kernteam an. Vielleicht finden Sie engagierte Leute in Ihrem Bekanntenkreis. Sonst müssen Sie mit Ihrem Anliegen schon in diesem Stadium an die Öffentlichkeit treten. Mit einem Aushang im Vereinskasten der Gemeinde, im nahen Einkaufszentrum oder mit einem Aufruf im Lokalradio und in der Lokalzeitung kommen Sie mit interessierten Menschen in Kontakt.

Besteht ein Bedürfnis für Ihren Verein?

Bevor Sie Ihren Verein gründen, ist es in dieser Phase wichtig abzuklären, ob überhaupt ein entsprechendes Bedürfnis besteht. Sonst investieren Sie möglicherweise Zeit und Energie umsonst. Gehen Sie folgenden Fragen nach:

- Stossen unsere Anliegen und Ideen, unsere Angebote auf ein breiteres Interesse?
- Gibt es genügend potenzielle Mitglieder?
- Was können, was müssen wir unsern Mitgliedern bieten?
- Verfügen wir über genügend Know-how?
- Können wir die nötigen finanziellen Mittel beschaffen?
- Können wir mit andern Vereinen zusammenarbeiten, oder sollen wir uns gar in einen andern Verein integrieren?

Je nach Art des zu gründenden Vereins gilt es weitere Fragen zu klären, für einen Sportclub zum Beispiel:

- Finden wir genügend erfahrene Leiter und Leiterinnen?
- Können wir eine kompetente Aus- und Weiterbildung sicherstellen?
- Verfügen wir über genügend Infrastruktur (Hallen, Sportplätze usw.)?
- Ist es uns möglich, die Bedingungen des nationalen Dachverbandes zu erfüllen?

Anfangsinvestitionen

Das Vorbereitungsteam ist rechtlich betrachtet noch kein Verein, sondern eine einfache Gesellschaft (nach OR 530 ff.; vergleiche das Kapitel «Rechtsgemeinschaften», Seite 21). Als Mitglied einer solchen Gesellschaft nehmen Sie bereits Verpflichtungen auf sich. Gewinn und Verlust aus dieser Tätigkeit werden auf alle Gesellschafter gleichmässig verteilt. Es empfiehlt sich also von Beginn weg, alle Vorhaben, vor allem wenn sie finanzielle Folgen haben, im Team abzusprechen und noch keine weit reichenden Verpflichtungen einzugehen (Büromiete usw.).

Tipp *Führen Sie über die finanziellen Anfangsinvestitionen (Papier, Kuverts, Porti, Druckkosten, Inserate usw.) Buch. Wahrscheinlich werden Sie und Ihre Mitinitianten Vorschüsse leisten müssen, die Ihnen nach erfolgreichem Start des neuen Vereins aus der Vereinskasse rückvergütet werden.*

Statuten: die Verfassung des Vereins

Ein Verein braucht Statuten (auch Satzung, Statut, Verfassung oder Reglement genannt), damit er überhaupt gegründet werden und gesetzeskonform existieren kann. Statuten sind nichts anderes als die Verfassung des Vereins. Sie müssen in schriftlicher Form vorliegen und Aufschluss geben über

- den Zweck des Vereins
- seine Mittel
- seine Organisation.

Es ist empfehlenswert, ein solches Regelwerk im kleinen Kreis auszuarbeiten. Statuten an der Gründungsversammlung mit allen künftigen Mitgliedern aufzustellen, wäre ein allzu langwieriges und konfliktreiches Verfahren. Es ist von Vorteil, wenn in Ihrem Vorbereitungsteam Leute mit Vereinserfahrung beteiligt sind oder eine Juristin, ein Jurist mitwirkt. Sie können sich für Ihre Statuten am Beispiel in diesem Buch (siehe Anhang) orientieren oder Statuten verwandter Vereine für Ihre Bedürfnisse umschreiben. Wichtig ist der Mittelweg zwischen allzu detaillierten und allzu allgemeinen Vorgaben: Schreiben Sie nicht alles und jedes bis ins kleinste Detail fest, aber verfassen Sie klare und unmissverständliche Regelungen. Damit erleichtern Sie die künftige Vereinsarbeit. Es macht beispielsweise keinen Sinn festzuhalten, wo und an welchem Tag jeweils die Hauptversammlung stattzufinden hat, aber es ist wichtig, zu bestimmen, dass sie jährlich einzuberufen ist.

Gesetzliche Regelungen

Der Verein und seine Statuten können recht frei gestaltet werden, denn nur wenige Bestimmungen in der Bundesverfassung und im Zivilgesetzbuch (ZGB) regeln das Nötigste. Diese rechtlichen Grundlagen finden Sie im Anhang.

Die Gesetzesbestimmungen sind verschieden ausgestaltet. Einige sind zwingendes Recht, aber selbst diese Bestimmungen lassen einen gewissen Spielraum für statutarische Abweichungen: Allenfalls können sie zugunsten der Betroffenen verändert werden.

Regelungen in Gesetz und Statuten

Gesetzlich zwingend vorgeschrieben	Gesetzlich möglich und gegebenenfalls empfehlenswert	Gesetzlich nicht geregelt
Ideeller Vereinszweck (ZGB 60 I)		
Schriftform der Statuten sowie Angabe des Vereinszweckes (ZGB 60 II)	Detaillierte Regelung der Vereinsorganisation	
Eintrag im Handelsregister (ZGB 61 II und III), wenn ein kaufmännisches Gewerbe betrieben wird	Fakultativer Eintrag im Handelsregister (ZGB 61 I), wenn kein kaufmännisches Gewerbe betrieben wird	
Auf die Vereinsversammlung darf nicht ersatzlos verzichtet werden (ZGB 64 I).	Die Mitgliederversammlung kann abgeschafft und als oberstes Organ kann ein anderes Gremium eingesetzt werden (ZGB 64 I). Die zwingenden Bestimmungen gelten dann für diese Ersatzform.	
Quorum zur Einberufung der GV (ZGB 64 III). Quorum darf nicht erschwert, aber gesenkt werden.	Wahl und Einberufung des obersten Organs durch Mitgliederversammlung (ZGB 64)	
Aufsichtsrecht der GV über den Vorstand (ZGB 65 I), inkl. Informationsrecht der Mitglieder	Übertragung auf Ersatzform (ZGB 64 I)	
Jederzeitige Wegwahl des Vorstandes aus wichtigen Gründen (ZGB 65 III)	Abberufungsrecht ohne wichtigen Grund (ZGB 65 II und III)	Aufzählung der einzelnen wichtigen Gründe wie etwa Kompetenzüberschreitung
Gleichbehandlung der Mitglieder (ZGB 67 I)	Unterschiedliche Stimmrechte und Quoren, sofern diese sachlich begründet sind (z.B. um Statutenänderungen zu erschweren) (ZGB 67 II)	

Gesetzlich zwingend vorgeschrieben	Gesetzlich möglich und gegebenenfalls empfehlenswert	Gesetzlich nicht geregelt
Ausschliessung vom Stimmrecht wegen Befangenheit (ZGB 68)	Ausdehnung der Ausschliessung auf weitere Personen (z.B. Verschwägerte) und andere Angelegenheiten (Wahlen, Verträge usw.)(ZGB 68)	
Vereinsaustritt per Ende des Kalender- bzw. Vereinsjahres (ZGB 70 II)	Vereinfachung des Austritts (ZGB 70 II)	
Unzulässigkeit der Anfechtung einer Ausschliessung wegen ihres Grundes (ZGB 72 II)	Zulassung der Ausschliessung ohne Grundangabe (ZGB 72 II)	Angabe der einzelnen Ausschliessungsgründe
Änderung des Vereinszwecks gegen den Willen der Mitglieder unmöglich (ZGB 74)	Zweckänderung durch Mehrheitsbeschluss (in den Ursprungsstatuten)	
Anfechtung von gesetzes- oder statutenwidrigen Vereinsbeschlüssen (ZGB 75)		
Bestimmungen über die Vereinsauflösung (ZGB 76 – 78)	Genereller Verzicht auf den Vorstand ist möglich (durch statutarische Bestimmung) (ZGB 77)	

So wird im Artikel 64 des ZGB vorgeschrieben, dass ein Fünftel aller Mitglieder eine Versammlung einberufen kann. Dieses so genannte Quorum darf in den Statuten niedriger angesetzt werden, zum Beispiel auf einen Zehntel, es darf hingegen nicht auf einen Drittel erhöht werden.

Es gibt ferner Bestimmungen, die nur gelten, wenn in den Statuten nichts anderes geregelt ist. Sie sind in diesem Bereich frei, selber Regeln zu schaffen und in die Statuten aufzunehmen. Ein Gesangsverein kann beispielsweise ohne weiteres die Regelung festhalten, dass

Mitgliedern ab dem 70. Altersjahr an runden Geburtstagen ein Ständchen gebracht wird.

Bleiben Fragen in den Statuten unbeantwortet – sei es, dass sie vergessen gingen oder dass einer Gewohnheit nachgelebt wird –, kommt das Gesetz zum Zug. Der letzte Satz der Statuten lautet deshalb oft: «Im Übrigen gelten die Regeln von ZGB 60 – 79.»

Hier in einer Übersicht die wichtigsten Punkte, die in Statuten geregelt werden sollten:

Vereinszweck

Vereine dürfen sich laut Gesetz nur politischen, religiösen, wissenschaftlichen, künstlerischen, wohltätigen oder anderen nichtwirtschaftlichen Aufgaben widmen. Was als wirtschaftlich beziehungsweise als nichtwirtschaftliches Ziel anzusehen ist, hängt vom Zweck und den Mitteln ab, die Sie dafür einsetzen. Das Ziel des Vereins darf nicht der finanzielle Gewinn sein, sondern er muss ein Ideal anstreben. Darunter fallen beispielsweise der Gesangsverein, der Minigolfclub, die astronomische Vereinigung, der Rotkreuzfahrdienst, aber auch politische Parteien oder religiöse Vereinigungen.

Die Mittel, die Sie einsetzen, um dieses Vereinsideal zu erreichen, dürfen hingegen sehr wohl wirtschaftlicher Natur sein, wie das folgende Beispiel zeigt.

Beispiel *Der Handballclub der Stadt T. organisiert jährlich einen grossen Flohmarkt. Der Erlös fliesst in die Nachwuchsförderung des Vereins. Zudem bessert der Club seine Kasse jeden Sommer mit einem grossen, dreitägigen Fest auf. Im übervollen Riesenzelt bringen bekannte Musikbands das Publikum in Stimmung. Weil alle Vereinsmitglieder Fronarbeit leisten, erwirtschaftet der Handballclub mit diesem Fest jeweils mehrere Zehntausend Franken. Damit sind der Lohn des Trainers und die Hallenmiete gesichert.*

Wirtschaftliche oder nichtwirtschaftliche Zielsetzungen hängen letztlich davon ab, ob durch die Vereinstätigkeit die Mitglieder persönlich profitieren oder Drittpersonen. Erlaubt sind gewinnorientierte Tätigkeiten, wenn damit Drittpersonen unterstützt werden. Ein wohltätiger Verein darf die wirtschaftliche Besserstellung von Menschen mit einer Behinderung, die nicht Mitglied des Vereins sind, bezwecken. Ein Club, der die finanzielle Situation seiner Mitglieder durch gemeinsame Börsengeschäfte aufbessern will, kann sich hingegen nicht als Verein organisieren.

Nicht erlaubt: unsittliche oder widerrechtliche Zwecke

Die alte Bundesverfassung verbot ausdrücklich staatsgefährdende und rechtswidrige Vereine. In der neuen Verfassung findet sich diese Formulierung nicht mehr, es wird die Vereinigungsfreiheit zugesichert. Vereine haben aber wie andere juristische und natürliche Personen die Grundrechte zu respektieren.

Der Vereinszweck muss nicht nur ideell sein, um dem Gesetz zu genügen, er darf nach ZGB 52 III auch nicht unsittlich oder widerrechtlich sein. Was ist damit gemeint?

- Widerrechtlich sind Vereine, die einen unerlaubten Zweck zum Ziel haben oder einen erlaubten Zweck mit unerlaubten Mitteln verfolgen, also zum Beispiel die Förderung des öffentlichen Verkehrs durch aktive Störung des Strassenverkehrs.
- Unsittlich sind Vereine, die gegen ungeschriebenes Recht, gegen das sittliche Volksempfinden verstossen. Das trifft etwa auf Sekten zu, die ihre Mitglieder gezielt in psychische Abhängigkeit bringen, sie vielleicht sogar zur Heirat mit einer bestimmten Person zwingen.

Solche Vereine erlangen gar nicht erst die Rechtspersönlichkeit. Mit anderen Worten: Sie werden so behandelt, als wären sie nie zustande gekommen. Getätigte Zahlungen müssen rückgängig gemacht werden, das Vermögen wird vom Staat eingezogen.

Gesucht: griffiger Vereinsname

Ihr Verein braucht natürlich einen möglichst zugkräftigen Namen. Wenn Sie den ganzen Vereinszweck im Namen aufzeigen möchten, wird er möglicherweise schwerfällig und umständlich. Dann lässt sich der Name auch mit einer wohlklingenden Abkürzung ergänzen. Ist der Verein erst geboren und die Kasse gefüllt, geben Sie vielleicht sogar die Kreation eines prägnanten Logos in Auftrag.

In der Namenwahl sind Sie völlig frei. Ihr Vereinsname darf jedoch nicht täuschen und muss sich eindeutig von den Bezeichnungen anderer Organisationen unterscheiden. Sonst könnte Ihr Verein wegen Namensanmassung (ZGB 29) eingeklagt werden. Der Verein geniesst, wie ein Mensch, den Persönlichkeitsschutz (ZGB 28). Deshalb können auch Vereine wegen Ehrverletzung Klage führen.

Im Namen braucht die Bezeichnung «Verein» nicht vorzukommen – entscheidend ist die tatsächliche Organisationsform. Sie dürfen Ihren Verein also auch «Club», «Komitee», «Forum», «Verband», «Vereinigung», «Gesellschaft», «Bund», «Aktion», «Zirkel» usw. nennen.

Sie können den Vereinsnamen später auch wieder ändern, müssen dann aber die Statuten entsprechend anpassen. Denken Sie in einem solchen Fall auch an die Folgekosten für neues Briefpapier, Kuverts, Einzahlungsscheine usw.

Vereinssitz

Wie eine natürliche Person braucht auch ein Verein einen Wohnsitz. Er darf nur einen Sitz haben, kann für diesen aber jede schweizerische politische Gemeinde wählen. Wird in den Statuten kein Sitz festgelegt, befindet er sich dort, wo die Vereinsverwaltung geführt wird (ZGB 56).

Gründungsversammlung

Die Bedürfnisfragen sind beantwortet, ein Name gefunden, der Zweck definiert, die Statuten erstellt – Ihr Verein kann gegründet werden. Klären Sie nun noch ab, wer bereit und fähig ist, ein Amt im Vorstand zu übernehmen (siehe Kapitel «Ämter und Funktionen», Seite 53).

Wer soll dabei sein?

Wen laden Sie ein zur Gründungsversammlung? Es genügt, wenn der kleine Kreis der Initiantinnen und Initianten dabei ist. Dann sind Sie sicher, dass nach der guten Vorbereitung alles konfliktfrei über die Bühne geht. Einer Gründungsversammlung in intimem Rahmen fehlt jedoch die gewünschte Breitenwirkung. Möchten Sie von Anfang an ein grosses Medienecho und viele Mitglieder, müssen Sie die Veranstaltung entsprechend aufziehen. Vorschläge dazu finden Sie im Kapitel «So gelingen Veranstaltungen» (Seite 197).

Beispiel **Zeitungsbericht über die Gründungsversammlung**

Kulturelle Bereicherung für Wilen

Urs Wanzenried **Letzten Dienstag wurde im evangelischen Kirchgemeindehaus das «Kulturforum Wilen» aus der Taufe gehoben. Mehr als hundert kulturell interessierte Männer und Frauen aus Wilen und Umgebung waren bei der Vereinsgründung dabei.**

«Der viel geschmähte kulturelle Holzboden von Wilen gehört nun der Vergangenheit an», freute sich die einstimmig gewählte Vereinspräsidentin Monika Huber. Zusammen mit den übrigen Vorstandsmitgliedern Peter Augsburger (Aktuar), Claudia Meier (Kassierin), Martin Keller und Urs Wanzenried will sie sich dafür einsetzen, dass in Wilen regelmässig kulturelle Veranstaltungen stattfinden. Gastspiele renommierter Theater auf der Bühne des Mehrzweckgebäudes, Konzerte in der Kirche und eine Ausstellung mit einheimischen Kunstschaffenden in den Räumen des Altersheimes stehen als erstes auf dem Programm. Auch die Kleinkunst wird in Wilen ein Podium finden. Das Kulturforum will sich zudem tatkräftig für die Schaffung einer Musikschule und die Wiedereröffnung des Kinos «Rex» einsetzen.

Der Verein «Kulturforum Wilen» hofft auf einen grossen Mitgliederzuwachs. Der Jahresbeitrag beträgt 50 Franken – er berechtigt zum vergünstigten Eintritt bei den Veranstaltungen des Kulturforums. Informationen über den neuen Verein sind bei der Präsidentin Monika Huber, Steigweg 15, Wilen oder beim Aktuar Peter Augsburger, Hauptstrasse 22, Wilen erhältlich.

Bei einer Grossveranstaltung laufen Sie eher Gefahr, dass sich die Diskussion um die Statuten in die Länge zieht, die Ideen des Vorbereitungsteams angegriffen und die Wahlen nicht in Ihrem Sinn entschieden werden. Tagen Sie ohne Medienbeteiligung, so können Sie selbst einen Bericht über die erfolgte Vereinsgründung verfassen und an die Lokalzeitungen schicken (siehe das Beispiel nebenan).

Ablauf der Gründungsversammlung

Die Traktandenliste für die Gründungsversammlung wird in der Regel so aussehen:

- Einführung durch die Initiativgruppe: Sinn und Zweck der Zusammenkunft
- Wahl Tagespräsidentin/-präsident und Protokollführerin/-führer
- Festhalten der Präsenz (Eintrag in Präsenzliste)
- Diskussion über Zweck und Ausrichtung des Vereins
- Diskussion und Genehmigung der Vereinsstatuten
- Wahl der Vorstandsmitglieder

Die Gründungsversammlung folgt den Regeln einer normalen Vereinsversammlung (siehe Kapitel «Vereinsversammlung», Seite 127).

Im Vorbereitungsteam bestimmen Sie, wer die Anwesenden begrüssen und die Wahl für das Tagespräsidium und die Protokollführung leiten soll. Für diese beiden Ad-hoc-Ämter fungieren mit Vorteil nicht jene Personen, die nachher für die definitiven Ämter gewählt werden.

Der Tagespräsident oder die Tagespräsidentin führt nun durch die Versammlung. Der Protokollführer, die Protokollführerin hält den Ablauf schriftlich fest (das Muster eines Gründungsprotokolls finden Sie im Anhang). Als erstes diskutieren die Versammlungsteilnehmenden offen über die Vereinsgründung. Stimmt eine Mehrheit für die Gründung, ist der Statutenentwurf Punkt für Punkt durchzuberaten. Sind die einzelnen Artikel bereinigt, muss über die Statuten gesamthaft abgestimmt werden.

Wird der bereinigte Statutenentwurf in der Schlussabstimmung formell genehmigt, so erklären die interessierten Anwesenden ihren Beitritt zum Verein. Mitglieder des Vereins werden nur diejenigen

Personen, die den Statuten zugestimmt haben. Aus ihren Reihen wird nun der Vorstand gewählt.

Die Statuten müssen nicht unbedingt gedruckt werden. Auch wenn sie handschriftlich verfasst sind, genügen sie den gesetzlichen Vorschriften. Sie können, müssen aber nicht von den Gründungsmitgliedern unterzeichnet werden. Möchten Sie Ihren Verein im Handelsregister eintragen (Vorgehen siehe unten), braucht es ein von der Präsidentin und vom Protokollführer der Gründungsversammlung unterzeichnetes Statutenexemplar.

Gründungsakt

Zum Schluss der Gründungsversammlung muss das Protokoll verlesen und mindestens vom Verfasser oder der Verfasserin unterschrieben werden. Die Gründungsmitglieder müssen im Gründungsprotokoll oder auf der integrierten Präsenzliste namentlich aufgeführt sein.

Somit ist der Verein rechtsgültig gegründet und kann – unabhängig von seinen Einzelmitgliedern – als eigene Rechtspersönlichkeit handeln. Die zuvor bestehende einfache Gesellschaft, das Vorbereitungsteam, ist damit aufgelöst.

Tipp *Es empfiehlt sich, die Gründungsstatuten und das Gründungsprotokoll sorgfältig aufzubewahren. So kann der Verein jederzeit, was im Fall eines Prozesses wichtig ist, seine Rechtspersönlichkeit nachweisen.*

Handelsregistereintrag ja oder nein?

Jeder Verein kann sich freiwillig im Handelsregister eintragen lassen. Sobald der Verein seinen idealen Zweck mit zum Teil wirtschaftlichen Mitteln anstrebt und ein nach kaufmännischer Art geführtes Gewerbe mit mindestens 100 000 Franken Jahresumsatz betreibt, ist der Eintrag zwingend. Für solche Vereine besteht auch die gesetzliche Buchführungspflicht (OR 942 ff.).

Nur gelegentliche, einzelne Erwerbsgeschäfte eines Vereins – zum Beispiel ein Basar, eine Tombola oder eine Festwirtschaft – verpflichten nicht zur Eintragung. Ein nach kaufmännischer Art geführtes Gewerbe betreibt etwa ein Verein, der nebenher Bücher verkauft oder ein Restaurant führt.

Beispiel *Das Kulturforum Wilen führt eine Kulturbeiz. Im gemütlichen Restaurant trifft sich «tout Wilen» – Kulturinteressierte, Jung und Alt. Es bietet auch Raum für Ausstellungen. Im Saal finden Kleinkunstveranstaltungen und Vereinsversammlungen statt. Die Kulturbeiz floriert, der Gewinn fliesst in die Vereinskasse und ermöglicht dem Kulturforum, sein Angebot an Veranstaltungen auszuweiten. Weil die Kulturbeiz ein kaufmännisch geführtes Gewerbe mit mehr als 100 000 Franken Umsatz ist, muss sich der Verein im Handelsregister eintragen lassen.*

Checkliste: Anmeldungsschreiben Handelsregister

Folgende Angaben müssen im Anmeldungsschreiben für das Handelsregisteramt stehen:

- Name des Vereins
- Sitz, Adresse
- Zweck, Mittel, Organisation
- Name der Vertreter und Vertreterinnen gegen aussen
- Zeichnungsberechtigung
- Datum, eigenhändige Unterschriften (Präsident oder Präsidentin und ein Vorstandsmitglied)
- Beilagen (Statuten des Vereins, unterschriebenes Protokoll der Gründungsversammlung)

Die Anmeldung zur Eintragung Ihres Vereins müssen Sie beim Handelsregisteramt jenes Kantons einreichen, in dem der Verein seinen Sitz hat. Sie können die Eintragung auch übers Internet (www.kmuadmin.ch) vornehmen, indem Sie ein Formular interaktiv ausfüllen, ausdrucken, unterzeichnen und dem entsprechenden Amt zusenden.

Checkliste: Vereinsgründung

Die folgende Checkliste ist hilfreich, wenn Sie eine Vereinsgründung vorbereiten. Gehen Sie Punkt für Punkt durch.

Vorabklärungen
- Gibt es ähnliche Vereine?
- Existiert ein nationaler Dachverband?
- Ist ein breites Interesse vorhanden?
- Gibt es genügend potenzielle Mitglieder?
- Welche Angebote sind erwünscht?
- Ist ausreichendes Know-how vorhanden?
- Welche Finanzquellen sind zu erschliessen?

Weitere wichtige Fragen speziell für Sportvereine:
- Gibt es genügend fähige Leiterinnen und Leiter?
- Ist die Aus- und Weiterbildung gesichert?
- Ist die notwendige Infrastruktur vorhanden?
- Ist eine Zusammenarbeit oder Integration in einen ähnlichen Verein möglich?
- Sind die Bedingungen des Dachverbandes erfüllbar?

Vorbereitungsteam
- Engagierte Leute mit gleichen Interessen für ein kleines Vorbereitungsteam suchen
- Zweck festlegen (nichtwirtschaftlich!)
- Namen festlegen und überprüfen, ob der Name nicht schon besetzt ist
- Statuten ausarbeiten
- Vorstandsmitglieder suchen

Gründungsversammlung
- Klären, ob die Gründungsversammlung in kleinem oder grossem Rahmen stattfinden soll
- Gründungsversammlung vorbereiten
  - Festlegen, wer begrüsst, Sinn und Zweck des Vorhabens erläutert und die Wahlen fürs Tagespräsidium und die Protokollführung leitet
  - Vorschlag für das Tagespräsidium und die Protokollführung bereithalten
  - Traktandenliste zusammenstellen
  - Präsenzliste vorbereiten
  - Versammlungslokal suchen
  - Einladung verschicken (Beilagen: Vorstellung Initiativgruppe, Statutenentwurf, Traktandenliste)
  - eventuell Behörden einladen

- – eventuell Medien orientieren und einladen
- – eventuell andere Ortsvereine, Vertretung der Dachorganisation einladen
- Gründungsversammlung gemäss Traktandenliste durchführen
- Gründungsmitglieder in Präsenzliste namentlich aufführen
- Protokoll vorlesen und unterzeichnen
- Beitrittswillige als Mitglieder aufnehmen (mit schriftlicher Beitrittserklärung)
- Prüfen, ob Handelsregistereintrag nötig
  - – falls nötig, Anmeldeformular mit Beilagen gemäss Checkliste einschicken
- Die Öffentlichkeit mit einem Zeitungsbericht über die erfolgte Gründung informieren, sofern die Versammlung ohne Medienbeteiligung durchgeführt wurde (siehe Musterbeispiel Seite 34).

«*Die meisten grossen Taten,*
die meisten grossen Gedanken
haben einen belächelnswerten Anfang.»

Albert Camus

4. Mitgliedschaft

«Ich will keinem Verein angehören, der mich als Mitglied aufnehmen würde», witzelte der legendäre Filmkomiker Groucho Marx. Zum Glück haben nur wenige Menschen eine so zwiespältige Einstellung zum Vereinswesen, denn Vereine leben einzig durch ihre Mitglieder – auch wenn sie durch den gültigen Gründungsakt zu eigenständigen Rechtspersönlichkeiten werden.

Vereinsbeitritt

Sofern Sie nicht zu den Gründungsmitgliedern gehören, aber am Sinn und Zweck eines Vereins interessiert sind und diesem deshalb beitreten möchten, lassen Sie sich am besten Unterlagen (Statuten, Beitrittserklärung usw.) zuschicken. Sie können auch einfach ein förmliches Aufnahmegesuch schreiben (siehe Kasten nebenan). Jedes Gesuch wird nach dem Wortlaut der Statuten behandelt. In den Statuten des «Kulturforums Wilen» heisst es beispielsweise:

- Aktivmitglieder können natürliche Personen werden.
- Passivmitglieder können natürliche und juristische Personen werden.
- Die Aufnahme von Neumitgliedern kann jederzeit erfolgen. Aufnahmegesuche sind an den Vorstand zu richten, der über die Aufnahme entscheidet. Gegen den Beschluss des Vorstandes auf Aufnahme oder Abweisung ist Berufung an die nächste Vereinsversammlung möglich.

Üblicherweise ist ein Aufnahmebeschluss durch das zuständige Vereinsorgan nötig. Meistens wird die Mitgliederversammlung oder der Vorstand Neueintritte gutzuheissen haben. Der vollzogene Beitritt wird protokolliert und der neue Name ins Mitgliederverzeichnis eingetragen. Je nach Statuten kann ein Beitritt auch formloser, ja sogar mündlich vollzogen werden. In vielen karitativ tätigen Vereinen wird man mit einer Spende automatisch Mitglied.

Aufnahmerecht – Aufnahmepflicht – Aufnahmezwang

Vereine basieren prinzipiell auf einer offenen und demokratischen Grundidee. Jeder und jede, sogar Groucho Marx, sollte Mitglied werden können. Es gibt aber weder einen Rechtsanspruch, einem bestimmten Verein beitreten zu dürfen, noch einen Zwang, einem bestimmten Verein angehören zu müssen. Vereine sind frei, die Zahl und die Art der aufzunehmenden Mitglieder zu bestimmen. In den Statuten können die Mitgliederzahl also beschränkt und Aufnahmekriterien aufgestellt werden. Ein Musikverein darf beispielsweise ein Probespiel für potenzielle Mitglieder ansetzen und die Aufnahme in den Verein von ihrem Können abhängig machen.

Muster: Aufnahmegesuch

Marlies Graf
Bahnhofstrasse
3175 Wilen

An den Vorstand
des Kulturforums Wilen
3175 Wilen

Wilen, 30. Juni 2006

Aufnahmegesuch

Sehr geehrte Frau Präsidentin,
sehr geehrte Damen und Herren

Mit grossem Interesse las ich im «Wilener Anzeiger», dass vor kurzem der Verein «Kulturforum Wilen» gegründet wurde. Ich habe die Statuten Ihres neuen Vereins studiert und möchte so bald wie möglich dem Kulturforum als Aktivmitglied beitreten.

Freundliche Grüsse

Marlies Graf

Ausnahmen bestätigen auch hier die Regel: Krankenkassen-Vereine haben aufgrund des Krankenversicherungsgesetzes eine Aufnahmepflicht. Allenfalls kann zum Beispiel bei einem Monopol-Sportverband eine Aufnahme gerichtlich erzwungen werden, weil die Nichtzulassung diskriminierend sein kann und somit eine widerrechtliche Persönlichkeitsverletzung darstellt.

Niemand darf zum Beitritt in einen Verein gezwungen werden. So können beispielsweise Arbeitnehmerinnen und Arbeitnehmer nicht genötigt werden, einer Gewerkschaft beizutreten – selbst dann nicht, wenn sie als Nichtmitglieder von der gewerkschaftlichen Arbeit profitieren, ohne dafür Mitgliederbeiträge geleistet zu haben. Aber auch hier sind Ausnahmen möglich: Aufgrund von Sondernormen können Zwangsmitgliedschaften für bestimmte Berufsgattungen in den betreffenden Berufsverbänden durchgesetzt werden.

Grundsätzlich können sowohl natürliche als auch juristische Personen Mitglied eines Vereins sein. So können etwa die beiden Kirchgemeinden oder das als Aktiengesellschaft organisierte Treuhandbüro Mitglied des Vereins «Kulturforum Wilen» werden.

Urteilsfähigkeit als Voraussetzung

Als natürliche Person müssen Sie für Ihren Beitritt urteilsfähig sein. Ihr achtjähriges Kind, das dem Eishockey-Club beitreten oder in der Jugendmusik mitspielen möchte, wird für diesen Schritt sicher urteilsfähig sein, aber Sie als Eltern müssen bereit sein, für die damit verbundenen Kosten aufzukommen. Wer urteilsfähig, aber unmündig ist, braucht für den Vereinsbeitritt die Unterschrift der Eltern. Mündig ist, wer das 18. Altersjahr vollendet hat und nicht bevormundet ist. Bevormundete Personen benötigen für den Beitritt die schriftliche Einwilligung ihres Vormundes.

Vereinsfreiheit

Lehrlinge dürfen Vereinen, zum Beispiel Gewerkschaften, beitreten, selbst wenn der Lehrmeister dagegen ist oder sich sogar ein vertragliches Einwilligungsrecht vorbehalten hat. Auch Ehegatten können sich gegenseitig nicht an Vereinsbeitritten hindern.

Beamtinnen und Beamte oder Schülerinnen und Schüler dürfen Vereinen beitreten. Gesetze und Verordnungen, die solchen Personen die Mitgliedschaft in einem Verein verbieten oder diese einschränken, dürfen nicht gegen das verfassungsmässige Recht auf Vereinsfreiheit verstossen.

Die Vereinsfreiheit gilt nach der neuen Bundesverfassung für «jede Person», demnach auch für in der Schweiz lebende Ausländerinnen und Ausländer. Selbst Flüchtlinge können beispielsweise einen Asylverein gründen. Wie weit Ausländervereinen mit politischem Zweck besondere Einschränkungen auferlegt werden dürfen, ist derzeit noch umstritten.

Mitgliederkategorien

Weil ein Verein eine demokratisch aufgebaute Organisation ist, behandelt er grundsätzlich alle seine Mitglieder gleich. Oft werden jedoch verschiedene Mitgliederkategorien geführt (Ehrenmitglieder, Passivmitglieder, Freimitglieder usw.). Das ist zulässig, wenn diese speziellen Kategorien in den Statuten ausdrücklich erwähnt sind und sich die Unterscheidungen sachlich begründen lassen. Setzten Sie sich während Jahrzehnten aufopferungsvoll für Ihren Sportclub ein, so ist das ein sachlicher Grund, Sie zum Ehrenmitglied zu ernennen und Sie so von den statutarisch vorgesehenen Vergünstigungen profitieren zu lassen. (Beispiele für Kategorien siehe auch Kapitel «Mitgliederbeiträge», Seite 98.)

Die Einteilung in eine bestimmte Kategorie darf die Rechtsstellung eines Mitgliedes nachträglich nicht verschlechtern. Die zwingenden Rechte eines Vereinsmitglieds – zum Beispiel das Stimm- und Wahlrecht – können nicht durch eine Statutenänderung abgeschafft werden.

Rechte und Pflichten der Mitglieder

Wer einem Verein beitritt, erwirbt Rechte, muss aber auch Pflichten übernehmen. Einige dieser Rechte und Pflichten zählt das Gesetz auf. Oft haben diese Bestimmungen zwingenden Charakter (siehe Tabelle Seite 29, Regelungen in Gesetz und Statuten). Ferner gibt es Nebenrechte, die auf allgemeinen, zum Teil ungeschriebenen Grundsätzen unserer Rechtsordnung beruhen. Wenn Sie beispielsweise Ihr Stimm- und Wahlrecht ausüben wollen, müssen Sie zur Versammlung zugelassen werden, an der Diskussion teilnehmen und Anträge stellen können. Oder droht Ihnen von Seiten des Vereins eine Sanktion oder Strafe, haben Sie ein Anrecht darauf, vor der Verurteilung angehört zu werden.

Statutarisch verankerte Pflichten

Zu den persönlichen Pflichten, die in den Statuten verankert sein müssen, damit sie verpflichtend sind, zählen zum Beispiel die Pflicht zur Teilnahme an der Vereinsversammlung, der Zwang, ein Amt zu übernehmen oder Frondienst zu leisten, die Verpflichtung, das Fussballtraining oder die Theaterproben regelmässig zu besuchen. Allerdings muss sich ein Mitglied nicht jede Pflicht gefallen lassen, wenn ihm das nicht zumutbar ist. Eine gebürtige Finnin kann beispielsweise die Führung des Aktuariats ablehnen, wenn sie in der deutschen Sprache nicht sattelfest ist.

Auf ungeschriebenem Recht beruht die vereinsrechtliche Treuepflicht: Sie müssen als Mitglied alles unterlassen, was Ihrem Verein schaden könnte, und sollten mithelfen, seinen Zweck aktiv zu fördern. Auch das Verhalten des Vereins seinem Mitglied gegenüber muss sich nach dem Grundsatz von Treu und Glauben ausrichten.

Die statutarisch verankerten Pflichten dürfen weder sittenwidrig noch widerrechtlich sein. Ein Verein kann Ihnen beispielsweise nicht das Heiraten verbieten oder Sie zu Freiwilligenarbeit zwingen. Der Verein darf Sie nicht Ihrer Meinungsäusserungsfreiheit berauben oder Ihre Handels- und Gewerbefreiheit einschränken. Auch Persönlichkeitsrechte – Recht auf Leben, auf körperliche und geistige Unversehrtheit, auf Privat- und Geheimsphäre usw. – dürfen von den Vereinsstatuten nicht angetastet werden.

Als Vereinsmitglied haben Sie das Recht, gesetzes- und statutenwidrige Vereinsbeschlüsse anzufechten. Wie Sie dabei vorgehen können, finden Sie im Kapitel «So fechten Sie Vereins- und Vorstandsbeschlüsse an» beschrieben (siehe Seite 215).

Ende der Mitgliedschaft

Die Mitgliedschaft in einem Verein kann aus verschiedenen Gründen enden. Am häufigsten ist wohl der Vereinsaustritt.

Vereinsaustritt

Der Austritt aus einem Verein ist immer möglich. Als Mitglied müssen Sie klar den Austritt erklären, brauchen ihn aber nicht zu begründen. Je nach Wortlaut der Statuten muss dies schriftlich geschehen. Der Verein darf Ihren Austritt nicht durch irgendwelche Formvorschriften erschweren. Er darf also auch nicht mit der Auflage verknüpft werden, dass zuerst alle Pflichten erfüllt sein müssen. Sie dürfen austreten, auch wenn Sie den Mitgliederbeitrag noch nicht bezahlt haben. Das Austrittsrecht ist zwingend, denn es gehört zu den Persönlichkeitsrechten.

Die Kündigungsfrist für einen Austritt beträgt ein halbes Jahr auf das Ende des Kalender- oder des Vereinsjahres. Diese Frist darf in den Statuten nicht verlängert, aber zugunsten der Mitglieder verkürzt werden, sogar bis zur Möglichkeit des fristlosen Austritts.

Die Kündigungsfrist ist gewahrt, wenn Ihre Erklärung bis zum statutarisch festgelegten Stichtag beim Verein eingetroffen ist. Gilt beispielsweise ein halbes Jahr Kündigungsfrist und wollen Sie per Ende Jahr austreten, so genügt es nicht, das Austrittsschreiben am 30. Juni in den Briefkasten zu werfen. Entscheidend ist nicht das Datum des Poststempels, sondern der Zeitpunkt, an dem das Schreiben beim Vorstand eintrifft.

Tipp

Bei gestörtem Vertrauensverhältnis zum Vorstand empfiehlt es sich, den Vereinsaustritt eingeschrieben zu schicken und ihn bis zum 23. Juni bei der Post aufzugeben. Dann ist gewährleistet – bei einer Kündigungsfrist von einem halben Jahr –, dass Sie auf Ende Jahr austreten können.

Besteht ein wichtiger Grund – etwa wenn Ihnen der Verbleib im Verein nicht mehr zugemutet werden kann –, ist ein sofortiger Austritt immer möglich. Einen solchen Austritt müssen Sie jedoch ausreichend begründen.

Ende der Mitgliedschaft durch Tod

Stirbt ein Mensch, endet auch seine Vereinsmitgliedschaft. In den Statuten kann aber vorgesehen werden, dass sich die Mitgliedschaft vererbt. Ebenso können die Statuten bestimmen, dass eine Mitgliedschaft durch einen schriftlichen Vertrag übertragen werden kann.

Sanktionen und Strafen

Verletzen Mitglieder ihre Pflichten dem Verein gegenüber, kann dies Sanktionen wie Verweise oder Bussen nach sich ziehen. Solche Sanktionen müssen jedoch eine Grundlage in den Statuten haben. Sollen gegen ein Mitglied Sanktionen ergriffen werden, muss fair vorgegangen und das Mitglied zuerst angehört werden. Vereinsstrafen können von einem ordentlichen oder von einem Schiedsgericht überprüft werden.

Häufig taucht die Frage auf, was zu geschehen hat, wenn Mitglieder ihre Beiträge nicht bezahlen. Für derartige Versäumnisse können die Statuten Bussen und andere Strafen (zum Beispiel Erwähnung in einer «Schwarzen Liste») androhen. In krassen Fällen können Säumige aus dem Verein ausgeschlossen werden. Der Verein kann seine Geldforderungen auch auf dem Betreibungsweg durchsetzen. (Lesen Sie dazu auch das Kapitel «Mitgliederbeiträge», Seite 98.)

Unerfreuliches Ende: Vereinsausschluss

Zu den unerfreulichsten Kapiteln im Vereinsleben gehören Auseinandersetzungen, die bis zum Ausschluss eines Mitgliedes führen. Gibt es in den Statuten keine Regelungen für das Vorgehen, so darf ein Mitglied nur aus wichtigen Gründen durch Vereinsbeschluss ausgeschlossen werden (ZGB 72 III). Dazu zählt sicher vereinsschädigendes Verhalten (etwa durch Leserbriefe verbreitete, unsachliche Vorwürfe an die Vereinsleitung, Griff in die Vereinskasse). Der Verein kann präzise Ausschlussgründe in die Statuten aufnehmen oder sie auch ganz allgemein formulieren, etwa «Verletzung statutarischer Pflichten».

Der Ausschluss selber kann ohne Begründung erfolgen (ZGB 72 I). Die zuständigen Vereinsorgane sind solange frei, als sie nicht willkürlich – also ohne sachlichen Grund – handeln oder gegen Treu und Glauben verstossen. Diese gesetzliche Regelung ist allerdings schwer verständlich: Wie soll sich das vom Ausschluss betroffene Mitglied wehren, wenn es ohne Angabe von Gründen ausgeschlossen werden kann? Im Interesse einer transparenten Vereinspolitik sollten Ausschlüsse diskutiert werden können, was voraussetzt, dass die Gründe offengelegt werden.

Je nach Kompetenzregelung in den Statuten ist für den Ausschluss die Vereinsversammlung oder der Vorstand zuständig. Bevor ein betroffenes Mitglied das Gericht anrufen kann, muss es die vereinsinternen Rekursmöglichkeiten ausgeschöpft haben (bei Vorstandsbeschluss Rekurs bei der Vereinsversammlung, eventuell Schieds-

gericht). Der Zivilrichter muss innert eines Monats (ZGB 75) ange-
rufen werden. Gewinnt das Vereinsmitglied vor Gericht oder im vereinsinternen Anfechtungsverfahren, so ist die Mitgliedschaft fortzu-
setzen, als wäre sie nicht unterbrochen worden.

Mitglieder, die ausgeschlossen werden oder selber austreten,
haben keinen Anspruch auf das Vereinsvermögen – es sei denn, der
Verein habe gegenteilige Statutenbestimmungen festgelegt.

《 *Menschen, die einander nicht leiden können,*
treten oft dem gleichen Verein bei. 》

Fritz P. Rinnhofer

5. Vereinsvorstand und andere Organe

Vereine können ihre Organisation grundsätzlich frei gestalten, müssen aber von Gesetzes wegen die Vereinsversammlung und den Vereinsvorstand in den Statuten verankern. Die Organisation muss auf die Ziele, Grösse und Bedürfnisse des Vereins ausgerichtet sein, damit alle bestehenden Organe und engagierten Personen erfolgreich zusammenwirken.

Die Vereinsorgane im Überblick

Die Mitgliederversammlung ist das höchste Organ des Vereins. Über ihre Kompetenzen und Aufgaben gibt ein eigenes Kapitel, «Die Vereinsversammlung» (siehe Seite 127), Auskunft. Weiter sieht das Gesetz die Bildung eines Vorstands vor.

Daneben können die Statuten weitere Vereinsorgane bestimmen. Meist wird ein Präsident oder eine Präsidentin gewählt, üblicherweise aus dem Kreis der Vorstandsmitglieder. Häufig wird ein Kontrollorgan mit Revisoren eingesetzt, welche das Rechnungswesen oder die ganze Geschäftsführung des Vereins prüfen.

Grosse Sport-, Wirtschafts- und Berufsverbände bestimmen oft ein Schiedsorgan, welches bei vereinsinternen Streitigkeiten entscheidet. Mitgliederstarke und entsprechend finanzkräftige Vereine verfügen meist über ein Sekretariat oder eine Direktion für die Geschäftsführung und Verwaltung.

Der Vorstand: Kopf des Vereins

Der Vorstand ist das Führungsorgan des Vereins. Er vollzieht die Beschlüsse der Vereinsversammlung, plant, organisiert, entscheidet, delegiert und kontrolliert die Vereinsarbeit. Er vertritt den Verein gegen aussen und schliesst in dessen Namen Rechtsgeschäfte ab. Er informiert die Öffentlichkeit, gibt Stellungnahmen ab und führt notfalls im Namen des Vereins Gerichtsprozesse.

In den Statuten können dem Vorstand noch weitere Kompetenzen übertragen werden. Was nicht ausdrücklich zur Sache des Vorstandes erklärt wird, bleibt in der Verantwortung der Mitgliederversammlung. Zweckmässigerweise wird in den Statuten auch die Ausgabenkompetenz des Vorstandes festgelegt.

Die ideale Grösse und Zusammensetzung des Vorstandes

Ausschlaggebend für die Grösse und Zusammensetzung des Vorstandes ist die Grösse des Vereins. Bei mittleren und grösseren Vereinen mögen demokratische Überlegungen dazu führen, den Vorstand so zusammenzusetzen, dass alle wichtigen Gruppierungen und Strömungen oder alle geografischen Regionen gebührend vertreten sind. Unterschiedliche Interessen können so frühzeitig ausdiskutiert werden und prallen nicht erst in der Vereinsversammlung aufeinander.

In kleineren Vereinen empfiehlt es sich, die Mitgliederzahl des Vorstandes klein zu halten und zum Beispiel auf drei Personen zu beschränken. Je kleiner die Mitgliederzahl, desto kürzer sind die Diskussionen, desto schneller können Entscheidungen gefällt werden und desto einfacher ist der Verein zu führen. Bei Kleinstvereinen kann die Vereinsversammlung sogar identisch sein mit dem Vorstand. Es ist auch möglich, dass der Vereinsvorstand aus lediglich einer Person besteht. Empfehlenswert ist eine ungerade Zahl von Vorstandsmitgliedern, damit Abstimmungen zu eindeutigen Mehrheitsbeschlüssen führen.

Es ist nicht ratsam, Vorstandsmitglieder zu berufen, die eng miteinander verwandt sind. Das Gesetz verbietet dies zwar nicht, aber der Vereinsfriede könnte gestört werden, wenn es zu Vorwürfen wegen Vettern- und Klüngelwirtschaft kommt.

Ämter und Funktionen

Qualifizierte Mitglieder für den Vereinsvorstand zu gewinnen, ist alles andere als einfach. Begeisterung für eine solche Führungsaufgabe und guter Wille allein genügen nicht. Das sind zwar Grundvoraussetzungen, aber gefordert ist zusätzlich:

- Führungs- und Organisationsgeschick
- Fachkompetenz im entsprechenden Aufgabengebiet
- Teamfähigkeit
- genügend Zeit für die Arbeit im Vorstand.

Tipp

Bevor Sie sich für ein Amt zur Verfügung stellen oder einen Bekannten oder eine Freundin dafür gewinnen wollen, erkundigen Sie sich eingehend nach den genauen Anforderungen. Ein Gespräch mit dem bisherigen Vorstandsmitglied wird Ihnen zeigen, welche Fähigkeiten und Kenntnisse gefragt sind und mit welchem Zeitaufwand zu rechnen ist.

Hat Ihr Verein Schwierigkeiten, genügend fähige Personen zu finden, die die zeitaufwändige Vorstandstätigkeit mit ihrem Berufs- und Familienleben vereinbaren können, müssen Sie nach Entlastungsmöglichkeiten suchen. Sofern Ihr Verein es sich finanziell leisten kann, richten Sie ein von entlöhnten Angestellten betreutes Sekretariat ein. Eine andere Möglichkeit ist das Auslagern von administrativen Arbeiten (Verwaltung Mitgliederdatei, Buchhaltung, Versandarbeiten). Sprengt dies Ihren finanziellen Rahmen, lässt sich vielleicht die Zahl der Vorstandsmitglieder aufstocken und so die Arbeit auf mehr Schultern verteilen. Diese Lösung macht die Vorstandsarbeit schwerfälliger, Koordination und Terminabsprachen werden schwieriger.

In der Regel konstituiert sich der Vorstand selbst. Das heisst, dass der Vorstand mit Ausnahme des Präsidiums in eigener Regie beschliesst, wer welche Funktion übernimmt.

Der Präsident – die Präsidentin

Als Präsidentin oder Präsident übernehmen Sie besondere Verantwortung für das Gedeihen Ihres Vereins. Sie identifizieren sich mit seinen Zielen und versuchen, diese zum Wohle aller Mitglieder zu erreichen. Dazu setzen Sie Ihre besonderen Kenntnisse und Fähigkeiten ein, einen beträchtlichen Teil Ihrer Freizeit, Energie und Arbeitskraft und manchmal sogar eigene materielle Mittel.

Welche persönlichen Voraussetzungen braucht es für das Präsidium? Hier eine Zusammenstellung:

- Sie haben Führungsgeschick. Sie führen nicht militärisch-autoritär, sondern teamorientiert und kooperativ. Ein solcher Führungsstil ist sowohl personen- als auch sachbezogen. Sie stützen sich dabei auf Teamarbeit, ohne aber die Hauptverantwortung abzugeben.
- Sie können gut organisieren, behalten auch in schwierigen Situationen den Überblick und verlieren sich nicht in Details.
- Sie sind zwar Fachfrau oder Fachmann auf Ihrem Spezialgebiet, kennen sich aber auch in allen andern für Ihren Verein relevanten Bereichen mindestens in den Grundzügen aus.
- Sie trauen den übrigen Vorstandsmitgliedern zu, Aufgaben in eigener Kompetenz zu erledigen, und delegieren Aufgaben an sie.
- Sie verstehen es, andere zu motivieren und zu besonderen Leistungen anzuspornen.

- Sie geizen nicht mit Lob und anerkennen und verdanken die Verdienste der Vereinsmitglieder.
- Sie sind fähig, unterschiedliche Interessen auszugleichen, bei Meinungsverschiedenheiten Kompromisse zu finden und integrierend zu wirken.
- Sie kämpfen für Ihre Ansicht, ohne die andern zu manipulieren. Wenn Sie unterliegen, können Sie sich der abweichenden Mehrheitsmeinung unterziehen und diese nach aussen vertreten.
- Sie sind offen für Kritik und können auch Niederlagen verkraften.
- Sie finden leicht Zugang zu andern Menschen und verfügen über gute Umgangsformen.
- Sie nehmen sich Zeit für die Aufgaben des Präsidiums, lassen sich vom Amt aber nicht auffressen.

Als Präsidentin, Präsident nehmen Sie unterschiedliche Aufgaben wahr. Dazu gehören:

Extern:
- Sie repräsentieren Ihren Verein.
- Sie vertreten den Verein nach aussen und führen Verhandlungen mit aussen stehenden Personen, Organisationen oder Gremien.
- Sie schliessen im Namen des Vereins Verträge ab.

Intern:
- Sie leiten die Vorstandssitzungen und die Mitgliederversammlungen.
- Sie initiieren Projekte und entwickeln Visionen.
- Sie beeinflussen die Willensbildung in Ihrem Verein.
- Sie führen auseinander strebende Gruppierungen innerhalb des Vereins wieder zusammen.
- Sie vermitteln bei Streitigkeiten.

Das Gesetz weist dem Präsidenten oder der Präsidentin keine ausdrücklichen Kompetenzen zu, nur dem Vorstand. Es hält beispielsweise fest: «Der Vorstand hat das Recht und die Pflicht, nach den Befugnissen, die die Statuten ihm einräumen, die Angelegenheiten des Vereins zu besorgen und den Verein zu vertreten.» (ZGB 69). Ferner wird die Vereinsversammlung «vom Vorstand einberufen» (ZGB 64 II).

Weitere gesetzliche Ausführungen zu den Kompetenzen des Vorstandes gibt es nicht. In kleinen Vereinen, wo der Vorstand nur aus dem Präsidium besteht, umschreiben diese zwei Gesetzesartikel das gesamte Pflichtenheft des Präsidenten oder der Präsidentin. Die Kompetenzen richten sich demnach üblicherweise nach den Statuten oder nach den langjährigen Gewohnheiten im Verein.

Tipp

Es empfiehlt sich, die Rechte und Pflichten in den Statuten klar festzulegen und Pflichtenhefte für alle Ämter und Funktionen zu schaffen. Unklarheiten können zu Kompetenzgerangel und Streitigkeiten führen. Muster für die verschiedenen Funktionsbeschriebe finden Sie im Anhang.

Sinnvollerweise sollte es dem Präsidium erlaubt sein, selbstverantwortliche Entscheide zu fällen, die für die Vertretung des Vereins nach aussen wichtig sind und nicht aufgeschoben werden können. Nur so ist eine zielgerichtete und wirkungsvolle Vereinsführung möglich.

Als Präsidentin oder Präsident bereiten Sie die Vorstandssitzungen und Vereinsversammlungen vor. Hinweise dazu finden Sie in den Kapiteln «Vorstandssitzungen effizient durchführen» (Seite 79) und «Die Vereinsversammlung» (Seite 127).

Im Präsidium tragen Sie eine grosse Verantwortung für Ihren Verein. Am Ende des Vereinsjahres legen Sie der Hauptversammlung einen Jahres- oder Rechenschaftsbericht vor, worin Sie über die hauptsächlichen Aktivitäten des Vereins, die wichtigsten Ereignisse und die Entwicklung des Mitgliederbestandes Auskunft geben und einen Ausblick auf das kommende Vereinsjahr und die längerfristige Entwicklung machen. Rechenschaftsbericht und Jahresrechnung sind häufig die Basis, aufgrund derer die Vereinsmitglieder an der Hauptversammlung dem Vorstand Décharge erteilen, das heisst, den Vorstand aus seiner alleinigen Verantwortung entlassen. Weitere Hinweise zum Jahresbericht finden Sie im Kapitel «Den Jahresbericht ansprechend präsentieren» (Seite 155).

Tipp

Gestalten Sie den Jahresbericht grafisch ansprechend, dann können Sie ihn als Werbe- und Informationsmittel für Ihren Verein einsetzen.

Ein Muster für die Funktionsbeschreibung für das Präsidium finden Sie im Anhang.

Der Vizepräsident – die Vizepräsidentin

Als «Vize» übernehmen Sie normalerweise die Stellvertretung für die Präsidentin oder den Präsidenten. Daher sollten Sie dasselbe Anforderungsprofil erfüllen. Müssen Sie die Stellvertretung ausüben, haben Sie in dieser Funktion dieselben Pflichten und Rechte wie die Person, die das Amt sonst innehat. In der Stellvertretungsfunktion werden Sie oft auch auf die Übernahme des Präsidiums vorbereitet. Sie wirken als rechte Hand des Präsidenten, der Präsidentin, bekommen Einblick in alle Geschäfte und können dadurch Erfahrung in der Vereinsführung gewinnen. So ist nach einer allfälligen Wahl ins Präsidium eine problemlose Amtsübernahme möglich.

Der Kassier – die Kassierin

Wer im Verein die Finanzen verwaltet, kann je nach Tradition unterschiedliche Namen tragen: Kassier, Quästorin, Finanzchef, Säckelmeisterin, Schatzmeister, Rechnungsführerin oder Kassenwart. Wie im übrigen Leben dreht sich auch im Verein vieles um das Thema «Geld». Dieses Thema wird oft sehr emotional behandelt und kann zu Streitereien führen. Es ist deshalb wichtig, ins Kassieramt nur eine sehr vertrauenswürdige Persönlichkeit zu wählen. Je nach Aufgabenverteilung in Ihrem Verein wird auch die Administration und die Mitgliederverwaltung durch den Kassier oder die Kassierin betreut.

Die folgenden persönlichen Voraussetzungen sollten Sie für das Amt des Kassiers, der Kassierin mitbringen:

- Sie sind absolut ehrlich und integer.
- Sie lieben den Umgang mit Zahlen und haben einen überdurchschnittlichen Ordnungssinn.
- Sie verfügen über buchhalterische Grundkenntnisse und halten sich an die Regel, privates Geld strikt vom Vereinsgeld zu trennen.
- Sie arbeiten gerne in einem Team.
- Sie erledigen Ihre Arbeit gründlich und präzise, sind andern gegenüber aber nicht kleinlich.
- Sie identifizieren sich mit den Zielen Ihres Vereins und sehen nicht alles nur durch die Geldbrille.

Als Kassier, als Kassierin nehmen Sie folgende Aufgaben wahr:

- Sie verwalten das Vereinsvermögen.
- Sie erledigen den Zahlungsverkehr des Vereins.
- Sie fordern die Mitgliederbeiträge und andere Guthaben des Vereins ein.
- Sie erstellen in Zusammenarbeit mit den Ressortverantwortlichen das Jahresbudget.
- Sie überwachen die Einhaltung des Budgets, indem Sie monatlich die tatsächlichen Einnahmen und Ausgaben mit dem Budget vergleichen.
- Sie informieren den Vorstand regelmässig über die finanzielle Entwicklung und geben Alarm, wenn Budgetüberschreitungen drohen oder schon geschehen sind.
- Sie erstellen auf Ende des Vereinsjahres den Jahresabschluss zuhanden der Kontrollstelle und der Hauptversammlung.
- Sie machen Vorschläge zur Erschliessung neuer Finanzquellen.
- Sie analysieren die erzielten Ergebnisse der einzelnen Aktivitätsbereiche.
- Sie überprüfen die finanziellen Auswirkungen geplanter neuer Projekte.
- Je nach Grösse und Art des Vereins gehören auch die Besteuerung, die Abrechnung der Sozialversicherungen und das übrige Versicherungswesen zu Ihren Aufgaben.

Die Aufgabenbereiche Administration und Mitgliederverwaltung sind unter dem Kapitel «Der Sekretär – die Sekretärin» aufgeführt (siehe Seite 64).

Hinweis *Wenn Sie bei einer Bank angestellt sind, so führen Sie als Vereinskassier oder -kassierin die Vereinskonti nicht in Ihrer «eigenen» Bank.*

Als Kassier oder Kassierin haben Sie üblicherweise folgende Kompetenzen:

- Sie verwalten selbständig das Vereinsvermögen, sofern in den Statuten diese Kompetenz dem Vorstand übertragen wurde und Sie fachlich dafür qualifiziert sind. Ansonsten arbeiten Sie mit der Anlageberatung einer Bank zusammen.

- Sie genehmigen innerhalb der Ihnen zugestandenen Kompetenzlimiten die Ausgaben der übrigen Vorstandsmitglieder und Funktionäre/Funktionärinnen.
- Sie sind allein zuständig für wiederkehrende Ausgaben und die Büromaterialausgaben.
- Sie unterschreiben zusammen mit einem andern Vorstandsmitglied im geschäftlichen Briefverkehr, ausgenommen jene Fälle, wo Sie zur Einzelunterschrift berechtigt sind.
- Sie veranlassen Betreibungen zum Einfordern von Vereinsguthaben.
- Sie wickeln den Zahlungsverkehr ab bis zu jener Limite, die in den Statuten, dem Vorstandsreglement oder Ihrer Funktionsbeschreibung aufgeführt ist.
- Sie dürfen uneingeschränkt alle Akten, Briefe, Projektunterlagen usw. des Vereins einsehen, um das Jahresbudget zu erarbeiten und zu überwachen und um die Jahresrechnung zu erstellen.

Hinweis *Regeln Ihre Statuten die Verwaltung des Vereinsvermögens nicht, soll die Hauptversammlung über die Politik der Geldanlage (Art der Fonds, Aktienkauf usw.) entscheiden. Erläutern Sie Ihren Antrag zur Geldanlage sehr gründlich, dann wird Ihnen und dem Vorstand für dieses Geschäft auch Décharge erteilt. Das heisst, dass die Mitglieder später keine Ansprüche mehr gegenüber dem Vorstand erheben können.*

Wird die Verwaltung des Vereinsvermögens statutarisch dem Vorstand übertragen, dann ist dieser für die Wahl der Anlageform zuständig. Der Vorstand muss aber – wie bei allen anderen Geschäften – sorgfältig handeln. Er darf das Vereinsvermögen nicht in hochspekulativen Anlagen investieren. Zudem muss er dafür sorgen, dass die Zahlungsfähigkeit des Vereins nicht gefährdet wird.

Tipp *Wählen Sie Ihr Buchhaltungssystem sorgfältig aus, damit es über einige Jahre Bestand hat. Nur so lassen sich über längere Zeit hinweg Ergebnisse und Entwicklungen vergleichen und die richtigen Schlüsse daraus ziehen.*

Erstellen Sie transparente Jahresrechnungen, die den Vergleich zum Budget aufzeigen. Kommentieren und begründen Sie grössere Budgetabweichungen. Ein Beispiel für einen kommentierten Vergleich der Jahresrechnung mit dem Budget finden Sie unten.

Beispiel

Auszug aus der Jahresrechnung des Kulturforums Wilen			
Ausgaben	**Budget 2005**	**Rechnung 2005**	**Kommentar**
Künstler-gagen	Fr. 23 500.–	Fr. 19 400.–	Vorgesehener Liederabend kam nicht zustande. Minderausgaben Fr. 4100.–
Mieten	Fr. 13 000.–	Fr. 11 800.–	Ausfall des Liederabends Minderausgaben Fr.1200.–
Einnahmen	**Budget 2005**	**Rechnung 2005**	**Kommentar**
Eintritte	Fr. 18 000.–	Fr. 15 453.–	Ausfall des Lieder-abends Mindereinnahmen Fr. 2547.–
Mitglieder-beiträge	Fr. 12 000.–	Fr. 13 150.–	23 neue Mitglieder Mehreinnahmen Fr. 1150.–

Eine umfassende Einführung in die Aufgabenbereiche des Kassiers, der Kassierin mit allen technischen Details (Budgetieren, Führen der Vereinsbuchhaltung, Vermögensverwaltung usw.) sprengt den Rahmen dieses Buches. Weiterführende Informationen finden Sie in der entsprechenden Literatur (siehe Anhang).

Ein Muster für die Funktionsbeschreibung für das Kassieramt finden Sie im Anhang.

Beispiel

Wie wichtig das Kassieramt ist und wie leicht Vereine in diesem Bereich zu Schaden kommen können, zeigt die folgende Geschichte, die sich real zugetragen hat. In der Kleinstadt Z. wurden die Kassen der Museumsgesellschaft und der Musikschule vom selben hoch angesehenen Bankverwalter D. betreut. Als D. tödlich verunfallte, übernahmen die Präsidentin der Musikschule, Frau B., und der Präsident der Museumsgesellschaft, Herr M., vorübergehend die Kassen ihres Vereins. Dabei entdeckten sie Unglaubliches: Während Jahren war unbemerkt Geld von der einen in die andere Kasse geflossen. Eine unabhängige Untersuchungskommission belegte, dass Rechnungsführer D. die Musikschule mit über 400 000 Franken

aus der Museumskasse indirekt unterstützt hatte. Mit gefälschten Bankbelegen und Jahresendauszügen täuschte er die Revisoren der Museumsgesellschaft. Für die Musikschule erstellte er für den Vorstand, den Kanton als Subventionsgeber und die Bank unterschiedliche Jahresabrechnungen. Kassier D. war durch Einzelunterschrift berechtigt, die Kredite bei der Bank zu erhöhen. Die Revisoren der Musikschule lud er nicht mehr zur Hauptversammlung ein, sodass sie annahmen, sie seien im Rahmen einer Rotation ersetzt worden. Trotzdem legte er Revisorenberichte vor – mit gefälschten Unterschriften. Welches Motiv Kassier D. zu diesen Machenschaften bewog, bleibt unklar. Persönlich hat er sich nicht bereichert. Beide Vereine unternahmen grosse Anstrengungen, um aus dem Finanzdebakel herauszukommen. «Vertrauen ist gut, Kontrolle ist besser», ziehen die Verantwortlichen der Musikschule und der Museumsgesellschaft aus dem unfasslichen Geschehen die Lehre. Die Statuten wurden angepasst, das Revisorat professionalisiert.

Der Aktuar – die Aktuarin

Der Aktuar/die Aktuarin führt bei Sitzungen und Versammlungen das Protokoll. Darum gibt es für diese Funktion auch Bezeichnungen wie Schreiber oder Schriftführerin. In vielen Vereinen erfüllt der Aktuar oder die Aktuarin die Aufgaben des Sekretariats. Dessen Aufgaben werden in einem separaten Kapitel erläutert (siehe Seite 64).

Das Protokollieren ist eine aufwändige Arbeit. Darum ist es manchmal sinnvoll, das Sekretariat davon zu entlasten. Die Protokollführung kann also auch einem andern Vorstandsmitglied übertragen oder abwechslungsweise von verschiedenen Vorstandsmitgliedern erledigt werden.

Wer protokollieren muss, ist in der Diskussion handicapiert. Deshalb empfiehlt sich der Einsatz eines Tonbandgerätes. Damit müssen alle Anwesenden einverstanden sein. Sicherheitshalber (technische Pannen!) sollten trotzdem die wichtigsten Verhandlungspunkte und alle Beschlüsse auch schriftlich festgehalten werden.

Das Protokoll ist ein bedeutendes Führungsinstrument, sind darin doch alle Beschlüsse und Aufträge festgehalten. Weil Vereinsbeschlüsse vor einer vereinsinternen Rekursinstanz oder vor Gericht angefochten werden können, ist die gewissenhafte Protokollierung besonders wichtig. Protokolle sind Urkunden und dürfen deshalb nicht manipuliert werden. Eine Manipulation könnte je nachdem als Urkundenfälschung taxiert werden, was einen Straftatbestand darstellt.

Checkliste: Hinweise für die Protokollführung

Die folgenden Hinweise helfen Ihnen bei der anspruchsvollen Aufgabe des Protokollierens:

- Klären Sie im Voraus, ob nur ein Beschlussprotokoll oder ein Verhandlungsprotokoll zu erstellen ist.
- Für eine Vereinsversammlung bereiten Sie eine Präsenzliste vor, auf der sich die anwesenden Mitglieder und Gäste in die entsprechende Kolonne eintragen können. So kann auch die Zahl der Stimmberechtigten abgeklärt werden.
- Halten Sie die Art des Anlasses (Kommissions- oder Vorstandssitzung, Hauptversammlung usw.), die Nummer des Protokolls, Ort, Datum und Zeit fest.
- Notieren Sie, wer den Vorsitz führt.
- Führen Sie Entschuldigungen und unentschuldigte Absenzen auf.
- Halten Sie die Traktandenliste bereit. Sie können auch für jeden Traktandenpunkt ein Blatt mit Überschrift und Platz für Notizen vorbereiten.
- Heben Sie Beschlüsse und Aufträge in Ihren Notizen hervor, oder schreiben Sie sie auf ein separates Blatt.
- Halten Sie Anträge und Beschlüsse im Originalwortlaut fest. Fragen Sie während der Verhandlung nach, oder bitten Sie um den schriftlichen Antrag, wenn Sie ihn nicht richtig verstanden haben.
- Fassen Sie das Protokoll so einfach wie möglich ab, lassen Sie Nebensächliches und persönliche Meinungen weg, fassen Sie lange Diskussionen zusammen.
- Notieren Sie den Zeitpunkt des Sitzungsendes und den neuen Sitzungstermin.
- Klären Sie, wer das Protokoll erhalten soll und ob der oder die Vorsitzende das Protokoll mitunterzeichnen muss.

Die folgenden persönlichen Voraussetzungen prädestinieren Sie für das Amt der Protokollführerin, des Protokollführers:

- Sie sind zuverlässig, pflichtbewusst und ordnungsliebend.
- Sie können sich schriftlich gut ausdrücken und sind in Grammatik und Rechtschreibung einigermassen sattelfest.
- Sie können aus regen Diskussionen das Wichtigste notieren und Beschlüsse genau festhalten.
- Sie beherrschen das Zehnfingersystem. Protokolle können zwar auch handschriftlich erstellt werden – frühere Vereinsbücher sind oft

Musterbeispiele wunderschöner Kalligraphie –, aber praktischer sind auf dem Computer erstellte Schriftstücke.

Ihre Aufgabe in diesem Amt besteht darin, bei Sitzungen und Versammlungen Protokoll zu führen. Musterbeispiele für Protokolle finden Sie im Anhang.

Tipp

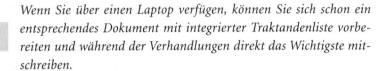

Wenn Sie über einen Laptop verfügen, können Sie sich schon ein entsprechendes Dokument mit integrierter Traktandenliste vorbereiten und während der Verhandlungen direkt das Wichtigste mitschreiben.

Der Öffentlichkeitsarbeiter – die Öffentlichkeitsarbeiterin

Vereine, die nicht nach aussen wirken, unter sich bleiben und keine neuen Mitglieder gewinnen wollen, brauchen keine Öffentlichkeitsarbeit. Sie sind sich selbst genug. Andere Vereine überlassen Marketing und Kommunikation eher dem Zufall. Wer gerade Zeit und Lust hat, schreibt einen Zeitungsbericht über den Seniorenausflug oder bastelt einen Flyer für die Mitgliederwerbung. Grössere, aktive Vereine brauchen eine Fachperson für dieses Amt. Es ist natürlich ein Glücksfall, wenn es unter den Vereinsmitgliedern eine Persönlichkeit gibt, die die fachlichen Voraussetzungen mitbringt und bereit ist, sich in dieses Amt wählen zu lassen. Andernfalls ist es vorteilhafter, solche Arbeiten an Externe zu vergeben. Allgemeines zur Öffentlichkeitsarbeit finden Sie ab Seite 185.

Mit folgenden persönlichen Voraussetzungen eignen Sie sich für dieses Amt:

- Sie haben berufliche Erfahrung im Medien- und/oder Public-Relations-Bereich.
- Sie können sich sprachlich gut ausdrücken und sind stilsicher.
- Sie sind mit den Zielen und Zwecken des Vereins vertraut und kennen das Vereinsleben aus eigenem Mittun.

Ihre Aufgaben sind von den Ansprüchen, den finanziellen und personellen Möglichkeiten Ihres Vereins abhängig. Dazu können gehören:

- Erarbeiten eines Marketing- und Kommunikationskonzepts
- Ausführen der Marketing- und Kommunikationsmassnahmen

- Redigieren des Vereinsbulletins
- Koordinieren der Medienarbeit

Ihre Kompetenzen orientieren sich an den Aufgaben, die Sie als Öffentlichkeitsarbeiterin, als Öffentlichkeitsarbeiter übernehmen. Sie führen das vom Vorstand abgesegnete Marketing- und Kommunikationskonzept innerhalb des bewilligten Budgets aus. Welche Plakatentwürfe oder Werbeprospekte beispielsweise ausgeführt werden, entscheidet aber in der Regel der Vorstand.

Ihre Arbeit ist eine Dienstleistung für den Verein. Sie haben eine fachliche Verantwortung für deren Qualität. Welche Werbemittel eingesetzt oder ob eine Mitgliederzeitschrift erscheinen soll, entscheidet der Vorstand oder die Mitgliederversammlung. Darum liegt die Verantwortung dafür auch beim entsprechenden Organ.

Ein Muster für die Funktionsbeschreibung für das Amt der Öffentlichkeitsarbeit finden Sie im Anhang.

Der Beisitzer – die Beisitzerin

Beisitzer oder Beisitzerinnen werden jene Vorstandsmitglieder genannt, die kein bestimmtes Ressort führen. Kleine Vereine wählen beispielsweise Personen als Beisitzende in den Vorstand, damit diese teilweise Aufgaben anderer überlasteter Vorstandsmitglieder übernehmen. Sie sind deswegen nicht Vorstandsmitglieder zweiter Klasse – sie haben üblicherweise wie die Ressortverantwortlichen das volle Stimmrecht.

Arbeiten Sie als Beisitzer oder Beisitzerin in einem Vereinsvorstand mit, sollten Sie dieselben allgemeinen Hauptvoraussetzungen erfüllen, wie sie für die Ressortverantwortlichen gelten – Führungs- und Organisationsgeschick, Teamfähigkeit, Begeisterung, guter Wille, genügend Zeit.

Im Übrigen richten sich die weiteren persönlichen Voraussetzungen, die Aufgaben, Kompetenzen und Verantwortlichkeiten nach den Ihnen übertragenen Aufträgen.

Der Sekretär – die Sekretärin

In kleinen Vereinen werden die Aufgaben des Sekretariats vom Aktuar oder der Kassierin übernommen. Grössere Vereine führen ein Sekretariat, oft mit besoldetem Personal. Das Sekretariat untersteht entweder direkt dem Präsidium oder dem durch die Statuten bestimmten Vorstandsmitglied, meist dem Ressort Finanzen/Administration.

Leisten Sie Ihre Arbeit im Sekretariat nicht als ehrenamtliches Vereinsmitglied, sondern sind Sie im Stunden- oder Monatslohn angestellt, so besteht zwischen Ihnen und dem Verein ein normales Arbeitsverhältnis nach den Regeln des Obligationenrechtes (OR 319 ff.). Der Leiter oder die Leiterin jenes Ressorts, dem das Sekretariat untersteht, sollte beim Besetzen der Stelle ein Vorschlagsrecht haben. Für eine fruchtbare Zusammenarbeit ist es wichtig, dass zwischen den beiden «die Chemie stimmt».

Mit folgenden persönlichen Voraussetzungen eigenen Sie sich für das Sekretariat:

- Sie verfügen über gute kaufmännische Kenntnisse, sind fachlich kompetent und arbeiten sorgfältig und gewissenhaft.
- Sie sind vertraut mit dem Führen einer einfachen oder anspruchsvolleren Buchhaltung.
- Sie sind offen, loyal und teamfähig.
- Sie können sich mit den Zielen des Vereins identifizieren.

Die Aufgaben gestalten sich unterschiedlich, je nach der Aufgabenverteilung in Ihrem Verein. Dazu können gehören:

- Sie betreuen den Auskunftsdienst (Telefon, Fax, E-Mail).
- Sie verwalten die Adress- und Mitgliederdatei. Dies geschieht heute meist elektronisch. Dabei ist auf den Datenschutz zu achten.
- Sie besorgen das Versandwesen.
- Sie erledigen die Vereinskorrespondenz.
- Sie führen den Zahlungsverkehr und besorgen das Beitragsinkasso.
- Sie unterstützen die verschiedenen Vorstandsressorts, vor allem im administrativen und organisatorischen Bereich.
- Sie betreuen das Archiv und verwalten die Vereinsdokumentation.

Hinweis *Persönliche Daten in der Adress- und Mitgliederdatei sind aufs Minimum zu beschränken. Betroffene dürfen Einsicht verlangen, falsche Angaben müssen korrigiert werden und die Herausgabe von Daten an Dritte braucht das Einverständnis der Betroffenen.*

Ihre Kompetenzen entnehmen Sie dem Stellenbeschrieb, wenn Sie vom Verein angestellt sind, oder der Funktionsbeschreibung, wenn Sie die Aufgaben im Ehrenamt als Vorstandsmitglied erfüllen. Ihre Verantwortung besteht in der qualitativ guten und korrekten Auftragserledigung; inhaltlich ist jedoch Ihre vorgesetzte Stelle verantwortlich.

Tipps • *Das Ausstellen von Mitgliederausweisen ist mit erheblichem administrativem Aufwand verbunden. Daher wird meist darauf verzichtet. Wo den Mitgliedern Sonderrabatte, verbilligte Dienstleitungen oder Gratiseintritte zustehen, braucht es solche Ausweise. Sie können den Aufwand vermindern, indem Sie die Quittungsabschnitte des Einzahlungsscheins für den Mitgliederbeitrag als Ausweis gestalten oder Jahresmarken ausgeben, die die Mitglieder auf ihren Ausweis kleben können.*

• *Der Versand von Einladungen und Informationsmaterial an die Mitglieder lässt sich rationalisieren, wenn frühzeitig die Versanddaten fürs ganze Jahr festgelegt werden. So verhindern Sie, dass kurz nach der Einladung zur Hauptversammlung noch die Informationsbroschüre über die Angebote des Dachverbandes verschickt werden muss. Zum Adressieren, Falten und Verpacken gibt es heute preisgünstige Hilfsmittel. Auch Druckereien bieten diese Dienstleistung an. Kleinere Vereine können Vorstandssitzungen auflockern, wenn sich alle Vorstandsmitglieder zwischendurch an den Verpackungsarbeiten beteiligen.*

• *Wird die Vereinskorrespondenz vom professionell geführten Sekretariat erledigt, schreibt der Sekretär Briefe im Auftrag des Präsidiums oder der verschiedenen Vorstandsressorts selber, nach Diktat oder aufgrund von Stichworten der Vorgesetzten. Schriftsstücke des Vereins tragen üblicherweise unten links die Unterschrift der Präsidentin, rechts unten jene des Sekretärs. Je nach Briefinhalt, vor allem auch für vereinsinterne Post, genügt bisweilen auch die alleinige Unterschrift des Sekretärs. Schriftstücke, die den Verein rechtlich binden, müssen vom Präsidium unterzeichnet sein, damit sie rechtsgültig sind. Es empfiehlt sich, für die ein- und ausgehende Post ein Journal anzulegen. So lässt sich die Vereinspost leicht überblicken. In kleineren Vereinen erledigen die Verantwortlichen*

*der verschiedenen Ressorts ihren Briefverkehr meist selbständig.
Dabei ist darauf zu achten, wie die Unterschriftenregelung für
rechtsverbindliche Geschäfte festgelegt ist.*

Ein Muster für eine Stellenbeschreibung für das Sekretariat finden Sie
im Anhang.

Der Revisor – die Revisorin

Die Buchhaltung des Vereins sollte von Fachleuten überprüft werden,
die nicht im Vorstand tätig sind. Die Revision ist gesetzlich zwar nicht
vorgeschrieben, aber sehr empfehlenswert. Die Überprüfung
geschieht, bevor die Jahresrechnung der Hauptversammlung vorgelegt wird.

Die Revisoren oder Buchprüferinnen werden von der Hauptversammlung in dieses Amt gewählt, meist zu zweit. Häufig gibt es eine
dritte Person als Ersatz, die nach zwei, drei Jahren nachrückt. In grösseren Vereinen werden oft zusätzlich professionelle Externe wie Treu-
handbüros oder Revisionsgesellschaften hinzugezogen. Die Hauptverantwortung für die Überprüfung bleibt aber bei den durch die
Hauptversammlung für die Revision gewählten Personen.

Wenn Sie die folgenden persönlichen Voraussetzungen mitbringen, eignen Sie sich als Revisorin, als Revisor:

- Sie verfügen über sehr gute Kenntnisse im System der einfachen und
der doppelten Buchhaltung und verstehen es, Bilanzen zu analysieren.
- Sie haben eine langjährige Erfahrung und kennen darum die kri-
tischen Bereiche einer Buchhaltung. Sie wissen, wo versteckte Aus-
zahlungen denkbar wären und wie mit gezielten Abschreibungen
kleinere Gewinne ausgewiesen werden.
- Sie sind sich äusserst genaues Arbeiten gewohnt.
- Sie halten kritische Distanz zum Kassier oder zur Kassierin und sind
sehr integer.

Ihre Aufgaben umfassen die folgenden Punkte:
- Sie kontrollieren, ob Buchhaltung und Jahresabschluss des Vereins
übereinstimmen, ordnungsgemäss geführt sind und den gesetzlichen
(steuerrechtlichen und handelsrechtlichen) und statutarischen Vorschriften entsprechen.

- Sie überprüfen die Darstellung des Rechnungsergebnisses und der Vermögenslage.
- Sie untersuchen, ob die Einnahmen vollständig verbucht sind und ob die verbuchten Ausgaben zulässig waren.
- Sie müssen Unregelmässigkeiten oder Unterschlagungen aufdecken können.
- Sie beraten den Kassier, die Kassierin unter dem Jahr bei besonders kniffligen buchhaltungstechnischen Fragen.
- Sie beraten den Vereinsvorstand in Fragen der Rentabilität des Vereins oder bei bevorstehenden grösseren Investitionen.
- Sie erstellen zuhanden der Hauptversammlung einen Bericht über Ihre Prüfung der Buchhaltung und eventuell über Ihre Einschätzung der Entwicklung der Vereinsfinanzen.

Als Revisor oder Revisorin verfügen Sie über die folgenden Kompetenzen und die damit verbundene Verantwortung:
- Sie sind dazu ermächtigt, alle Kontrollen und Stichproben über die Geschäftsvorgänge durchzuführen und alle Belege und Buchhaltungsunterlagen einzusehen.
- Sie sind der Hauptversammlung gegenüber verantwortlich. Ihr Revisorenbericht muss den Vereinsmitgliedern eine verlässliche Grundlage sein, um dem Vereinsvorstand Décharge erteilen zu können, ihn also aus seiner Verantwortung zu entlassen.
- Werden Sie durch den Kassier, die Kassierin absichtlich getäuscht, und übersehen Sie aus diesem Grund eine Unregelmässigkeit oder gar Unterschlagung, sind nicht Sie, sondern der Kassier oder die Kassierin strafrechtlich haftbar.

Als Revisorin/Revisor verfassen Sie zuhanden der Hauptversammlung den Revisorenbericht. Bevor Sie ihn veröffentlichen, machen Sie ihn dem Vereinsvorstand und vor allem dem Kassier, der Kassierin bekannt und diskutieren Ihre Feststellungen und Vorschläge. Nachher empfehlen Sie der Hauptversammlung, je nach Ergebnis Ihrer Überprüfung, die Jahresrechnung anzunehmen oder im Gegenteil abzulehnen.

Ein Muster für einen Revisorenbericht inklusive Vereinsbilanz finden Sie im Anhang.

Die Wahl des Vorstandes

Üblicherweise wählt die Vereinsversammlung den Vorstand, ausser die Statuten betrauen damit ein anderes Gremium. Die Mitglieder des Vorstandes werden einzeln oder gemeinsam zur Wahl gestellt – je nach Statuten. Diese können auch bestimmen, dass eine Person aufgrund ihrer Funktion automatisch Vorstandsmitglied wird, etwa die Leiterin des Verkehrsbüros im Tourismusverein.

Wahlvoraussetzung ist die Urteilsfähigkeit des Kandidaten oder der Kandidatin: sie muss die Folgen des eigenen Handelns überblicken können. Unmündige, auch Entmündigte sind wählbar, sofern die gesetzliche Vertretung (etwa die Eltern) einverstanden ist. Als rechtmässig Gewählte können sie im Vorstand dann aber völlig unabhängig entscheiden. Auch juristische Personen können grundsätzlich Mitglied eines Vorstandes sein. Gemäss einem Bundesgerichtsurteil dürfen sogar Nichtmitglieder in den Vorstand gewählt werden.

Die Vorstandsmitglieder werden für eine bestimmte Amtsdauer gewählt (je nach Statuten ein bis vier Jahre). Nach Ablauf einer solchen Legislatur steht die Wiederwahl an, ausser es sei in den Statuten eine maximale Amtszeit festgelegt (acht, zehn, zwölf oder gar 16 Jahre). Ist Ihre statutarisch zugestandene Amtszeit abgelaufen, scheiden Sie automatisch aus dem Vorstand aus.

Tipp

Eine Amtszeitbeschränkung ist empfehlenswert. Sie ermöglicht es unter anderem, kontinuierlich jüngere Vereinsmitglieder in die Führung einzubinden.

Fällt ein Vorstandsmitglied während seiner Amtszeit aus, sei es infolge Wegzug oder Tod, können die Statuten dem Vorstand das Recht einräumen, ohne erneute Wahl durch die Vereinsversammlung selber die Nachfolge zu bestimmen. In der Regel beschliesst der Vorstand selber, wer welche Vorstandsfunktion übernehmen wird. Je nach Statuten wird das Präsidium durch die Vereinsversammlung bestimmt.

Beginn und Ende der Vorstandszeit

Die Vorstandstätigkeit beginnt nach dem in den Statuten vorgegebenen Termin. Ist in den Statuten dieser Punkt nicht geregelt, wird der

Start nach Vereinsusanz oder nach Absprache festgelegt. Der Amtsantritt kann zum Beispiel per sofort oder mit Beginn des nächsten Vereinsjahres erfolgen.

Grundsätzlich haben Sie als Vorstandsmitglied eine festgelegte Amtsperiode zu absolvieren. Sie sind aber berechtigt, aus wichtigen Gründen jederzeit zurückzutreten. Sie könnten jedoch schadenersatzpflichtig werden, wenn Ihr Rücktritt «zur Unzeit» erfolgt.

Beispiel *Sie schmeissen aus Verärgerung über Vorgefallenes von einem Tag auf den andern den Bettel hin. Weil Sie niemanden instruieren, verpasst Ihr Verein wichtige Fristen, und es entgehen ihm hohe Subventionen und Lizenzabgeltungen. Der Verein verklagt Sie deswegen auf Schadenersatz.*

Das Ende der Vorstandstätigkeit kann noch andere Gründe haben: Amtszeitbeschränkung, Abwahl oder Nichtwiederwahl, Wegfall einer Wählbarkeitsvoraussetzung (beispielsweise infolge eines Wohnsitzwechsels), Pensionierung, Berufsaufgabe oder -wechsel, Vereinsaustritt usw.

Es gehört zu Ihren Sorgfaltspflichten, für eine reibungslose Amtsübergabe zu sorgen. Führen Sie Ihren Nachfolger oder Ihre Nachfolgerin gründlich in den Aufgabenbereich ein und übergeben Sie geordnet alle nötigen Unterlagen.

Tipp *Als zurückgetretenes Vorstandsmitglied sollten Sie sich nicht mehr ungefragt in die Interna des Vorstandes mischen. Halten Sie sich mit Kritik an Ihrem Nachfolger, Ihrer Nachfolgerin zurück. Werden Sie jedoch um Rat gefragt, so lassen Sie den neuen Vorstand bereitwillig von Ihren reichen Erfahrungen profitieren.*

Wenn der Vorstand abberufen wird

Ein Vorstand hat weitreichende Kompetenzen: Dazu gehört alles, was vom Vereinszweck gedeckt ist und von den Statuten nicht verboten wird. Läuft etwas schief, hat der Verein für die Folgen einzustehen. Als Gegengewicht zu dieser Vollmacht des Vorstandes gibt das Gesetz (ZGB 65 II) der Vereinsversammlung das Recht, den Vorstand oder einzelne Vorstandsmitglieder abzusetzen. In den Statuten können die

Gründe für eine Abberufung festgelegt werden. Eine Absetzung kann statutarisch auch ausgeschlossen werden. Die Abberufung aus «wichtigen Gründen» (ZGB 65 III) bleibt allerdings immer möglich.

Wichtige Gründe sind etwa gegeben, wenn der Vorstand oder ein einzelnes seiner Mitglieder seine Kompetenzen massiv überschreitet, fachlich unfähig ist oder das Vereinsvermögen für eigene Zwecke verwendet. Absetzungen sind auch möglich, wenn sich ein Verein völlig neu organisiert.

Eine Abberufung kann finanzielle Folgen haben, falls ein Auftrags- oder Arbeitsvertrag mit den Entlassenen besteht. Für die Büromiete des Sekretärs oder der Sekretärin wird der Verein auch nach der Abberufung aufkommen müssen, selbst wenn die Räumlichkeiten leer stehen.

Der Verein muss äusserst sorgfältig abwägen, ob tatsächlich «ein wichtiger Grund» vorliegt, bevor er Arbeitsverhältnisse zu Vorstandsmitgliedern fristlos kündigt. Fehlen diese «wichtigen Gründe» oder werden sie vor Gericht nicht als wichtig taxiert, kann die Entlassung erhebliche Schadenersatzansprüche auslösen.

Vorstandsarbeit: gratis, aber nicht umsonst

Der Erfolg Ihres Vereins hängt wesentlich von der Arbeit des Vorstandes ab. Als Vorstandsmitglied wirken Sie meist ehrenamtlich und stecken einen beträchtlichen Teil Ihrer Freizeit in diese Arbeit. Damit dies möglichst wirkungsvoll und zielgerichtet geschieht, sind Sie auf eine sinnvolle Organisation angewiesen. Verantwortlichkeiten, Aufgaben und Kompetenzen müssen klar definiert und aufeinander abgestimmt sein, damit Leerläufe, Willkür und Fehlentwicklungen verhindert werden.

Die Grundsätze für die Vereinsorganisation werden in den Statuten und im Leitbild festgehalten. Aufgrund dieser Vorgaben trifft der Vorstand die organisatorischen Massnahmen, damit der Verein gut funktioniert. Achten Sie darauf, eine klare, für alle Beteiligten verständliche Führungsstruktur zu schaffen und mit den zur Verfügung stehenden Mitteln wirtschaftlich umzugehen. Als bewährte Hilfsmittel dienen das Vereinsorganigramm, Funktionsbeschreibungen, Funktionendiagramme, ein Vorstands- und ein Personalreglement. Um die Vereinsorganisation festzulegen, lohnt es sich, alle Aufgaben aufzulisten, die der Verein wahrnehmen will. Die Checkliste unten hilft Ihnen bei diesem Vorhaben. Auch wenn Sie in Ihrem Verein nur «auf kleinem Feuer» kochen wollen, empfiehlt es sich, anhand dieser Checkliste einen detaillierten Aufgabenkatalog zu erstellen.

Checkliste: Vereinsorganisation

Anhand dieser Checkliste können Sie einen Katalog der Aufgaben zusammenstellen, die in Ihrem Verein anfallen.

- **Planung**
  langfristige Vereinsziele, Mehrjahresplanung, Jahresplanung, Organisation der Kontrolle

- **Organisation spezieller Vereinsaufgaben**
  abhängig vom Vereinszweck: u. a. Ausbildung, Training, Nachwuchsförderung, Weiterbildung, Sichern von Infrastruktur und Material

- **Betreuung der Mitglieder**
  Mitgliederwerbung, Mitgliederpflege, Dienstleistungen, Erfassen der Mitgliederbedürfnisse, Vertreten der Mitgliederinteressen

- **Personelles**
  Personalplanung, Personal rekrutieren, führen, fördern, aus- und weiterbilden

- **Kommunikation**
  Mitgliederinformation, Kommunikation unter Vereinsfunktionärinnen/-funktionären, mit Geschäftspartnerinnen/-partnern, Kooperation mit andern Vereinen und Organisationen, Öffentlichkeitsarbeit, Internet, Lobbying

- **Finanz- und Rechnungswesen**
  Buchhaltung, Beitragsinkasso, Finanzplanung, Sponsoring, Fundraising, Vermögensverwaltung, Rechnungsprüfung

- **Administration/EDV**
  Mitgliederverwaltung, Datenschutz, Beschaffung und Einsatz EDV, Protokolle, Ablage, Archiv, Versicherungen

- **Vereinsversammlung**
  Organisation Jahresversammlung und weitere Versammlungen, Jubiläen, Ehrungen

Quelle: «sportverein» 1000 praktische Tipps für die Vereinsarbeit

Anhand des Aufgabenkataloges versuchen Sie nun, die einzelnen Aufgaben zu gewichten und in ein logisches Gesamtkonzept einzuordnen. Behalten Sie dabei die langfristigen Vereinsziele im Auge. Gliedern Sie die Aufgaben in Verantwortungsbereiche auf und stellen Sie das Zusammenwirken dieser Bereiche sicher. Lassen Sie sich nicht von den gegenwärtigen personellen Gegebenheiten leiten, sondern erstellen Sie eine möglichst sinnvolle Organisation.

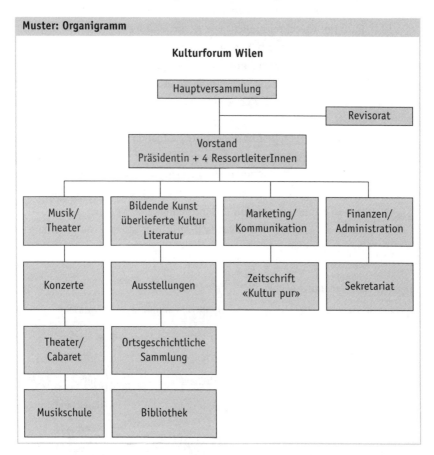

Muster: Organigramm

Kulturforum Wilen

Hauptversammlung

Revisorat

Vorstand
Präsidentin + 4 RessortleiterInnen

| Musik/ Theater | Bildende Kunst überlieferte Kultur Literatur | Marketing/ Kommunikation | Finanzen/ Administration |

| Konzerte | Ausstellungen | Zeitschrift «Kultur pur» | Sekretariat |

| Theater/ Cabaret | Ortsgeschichtliche Sammlung |

| Musikschule | Bibliothek |

Vereinsorganigramm

Ordnen Sie die Verantwortlichkeiten, Aufgaben und Kompetenzen den verschiedenen Organen, Funktionen und Stellen zu. Daraus lässt sich das Organigramm aufzeichnen, aus dem auch die verschiedenen

Unterstellungen (Führungshierarchie) hervorgehen. Streben Sie eine möglichst flache Hierarchie an, vermeiden Sie Mehrfachunterstellungen. Ein Beispiel für ein Organigramm finden Sie auf der vorhergehenden Seite.

Funktionsbeschreibungen

Für alle Funktionärinnen und Funktionäre erstellen Sie nun klare Funktionsbeschreibungen, wie sie im Kapitel «Ämter im Vorstand» beschrieben sind. Im Anhang finden Sie die entsprechenden Muster. Übertragen Sie einer Funktion immer die volle Kompetenz, um die zugewiesene Aufgabe selbständig zu erfüllen. Bei entlöhnten Angestellten tritt an Stelle der Funktionsbeschreibung die Stellenbeschreibung.

Hat Ihr Verein für bestimmte Aufgaben besoldete Angestellte, müssen die Aufgaben und Kompetenzen der Ehrenamtlichen und der Angestellten gut aufeinander abgestimmt werden. Ehrenamtliche werden eher Kontrollfunktionen, Angestellte eher Ausführungsfunktionen erfüllen. In diesem Zusammenhang überprüfen Sie am besten auch, ob es sinnvoll ist, gewisse Aufgaben an Externe auszulagern (mehr dazu Seite 84).

Muster: Funktionendiagramm

Aufgaben	Hauptversammlung	Vorstand
Leitbild	Entscheid	Antrag
Statuten (erstellen, ändern)	Entscheid	Antrag
Festsetzen Mitgliederbeiträge	Entscheid	Antrag
Vorstandsreglement		Entscheid
Funktionsbeschreibungen		Entscheid
Funktionendiagramm		Entscheid
Unterschriftenregelung		Entscheid

Die aufgelisteten Aufgaben betreffen die Grundsätze (zum Beispiel das Leitbild) und die Organisation des Vereins.

Funktionendiagramm

Mit dem Gesamtkonzept, dem Organigramm und den Funktionsbeschreibungen sind Sie nun in der Lage, für einzelne Vereinsaufgaben und Geschäftsabläufe Funktionendiagramme und Reglemente zu erstellen. Ein Beispiel für ein Funktionendiagramm finden Sie unten, ein Muster für das Vorstandsreglement im Anhang.

Die drei wichtigsten Funktionen sind: entscheiden, Antrag stellen, informiert werden. Zusätzlich möglich wären etwa initiativ werden (Themen aufgreifen), planen und entscheidungsreif vorbereiten, Mitsprache, Anhörung, ausführen, Kontrolle.

Die einzelnen Aufgaben lassen sich mit Abkürzungen kennzeichnen, zum Beispiel E = entscheiden, A = Antrag stellen, I = informiert werden. Achten Sie aber darauf, dass das Diagramm lesbar und anwendungsfreundlich bleibt, sonst erleichtert es die Zusammenarbeit nicht.

Hinweis *Der Organisationsentwurf (inklusive Organigramm, Funktionsbeschreibungen, Funktionendiagramm) muss mit allen Beteiligten und Betroffenen besprochen und überprüft werden. Nur so lassen sich Mängel und Lücken aufdecken, die Akzeptanz fördern und Anregungen zur Weiterentwicklung aufnehmen.*

Präsidium	Vorstandsmitglied	Rechnungsrevisoren	Vereinsmitglied
Beraten	Beraten	Information	Information
Beraten	Beraten	Information	Information
Beraten	Beraten		Information
Antrag	Antrag	Information	
Antrag	Antrag	Information	
Antrag	Antrag	Information	
Antrag	Antrag	Information	

Das Diagramm können Sie ganz den vereinsspezifischen Gegebenheiten anpassen, also weitere Spalten für Vorstandsressorts, Geschäftsleitung, Projektgruppen oder Sekretariat einfügen.

Unentbehrlich: ein Leitbild

Das Leitbild ist ein wichtiges Führungsinstrument für einen Verein, denn es umschreibt den ideellen und ethischen Hintergrund, zeigt auf, welchen Werten er verpflichtet ist und welche Ziele verfolgt werden, beleuchtet seine hauptsächlichen Aufgaben und die angestrebte Vereinskultur. Das Leitbild muss aber periodisch an der gelebten Wirklichkeit überprüft und dieser allenfalls angepasst werden. Unten finden Sie eine Checkliste, die Ihnen bei der Erstellung des Leitbilds behilflich ist.

Checkliste: Leitbildentwicklung

Für die Erstellung eines Leitbilds gehen Sie Punkt für Punkt der folgenden Liste durch:

- Einsetzen einer kleinen Steuergruppe durch den Vorstand
- Erstellen einer Vorgehensplanung mit Verantwortlichkeiten und Terminen
- Sammeln aller relevanten Unterlagen, auch Leitbilder verwandter Vereine
- Erheben der Leitbild-Vorstellungen bei Beteiligten und Betroffenen (Vorstand, Funktionäre/Funktionärinnen, Vereinsmitglieder unterschiedlichen Alters, Gönnerinnen/Gönner, eventuell Aussenstehende, usw.)
- Erarbeiten eines ersten Entwurfes
- Stellungnahmen verschiedener Vereinsgremien zum Entwurf
- Überarbeiten des Entwurfes aufgrund der Reaktionen
- Diskussion und Verabschiedung des Leitbildes an der Hauptversammlung

---

Wie ein Leitbild aussehen könnte, zeigt das Muster des Kulturforums Wilen auf der Seite nebenan.

Zur Entwicklung eines Leitbildes gibt es praktische Anleitungen und Unterstützung in der Literatur und durch Organisationen. Hinweise dazu finden Sie in der Literaturliste im Anhang.

Blick zurück: Vereinsarchiv

Das Archiv eines Vereins ist für die Geschichtsschreibung eine vorzügliche Fundgrube. Aber auch der Verein selber profitiert, wenn die Protokolle, Jahresberichte, Bilanzen, Jahresrechnungen und Budgets über Jahre hinweg sorgfältig aufbewahrt werden. Vor allem das Gründungsprotokoll und die Gründungsstatuten sind achtsam zu archi-

Muster: Leitbild «Kulturforum Wilen»

Kultur ist ein Grundbedürfnis der Gesellschaft und des Einzelnen. Sie stiftet Identität und hilft dem Menschen, sich in der Welt zurechtzufinden. Das kulturelle Angebot und die Möglichkeiten der Bevölkerung, daran teilzuhaben, sind entscheidende Voraussetzungen für die Lebensqualität in einer Gemeinde.

Der Verein «Kulturforum Wilen» will das kulturelle Leben in unserer Gemeinde in allen Sparten und Bereichen fördern. Das Kulturforum initiiert eigene Veranstaltungen und unterstützt andere Organisationen und Einzelpersonen bei kulturellen Anlässen. Es stellt Wilener Kunstschaffenden, aber auch Auswärtigen Ausstellungs- und Auftrittsplattformen zur Verfügung. Das Forum versteht sich als Drehscheibe für alle Kulturvereine der Gemeinde. Es betreibt eine Informations- und Koordinationsstelle und veröffentlicht monatlich einen Veranstaltungskalender.

Das Kulturforum wirkt darauf hin, dass in Wilen innert der nächsten zwei Jahre eine Musikschule errichtet und das stillgelegte Kino wieder eröffnet wird. Im Auftrag der Gemeinde führt das Kulturforum die Gemeindebibliothek und betreut die ortsgeschichtliche Sammlung. Eine Kulturbeiz soll zum geselligen Treffpunkt werden. In Zusammenarbeit mit der Gemeinde und mit der Unterstützung verschiedener Gönnerinnen und Gönner soll ein Kulturfonds geäufnet werden, der es in Zukunft erlaubt, talentierten Jugendlichen ein Ausbildungsstipendium auszurichten.

Der Verein «Kulturforum Wilen» ist politisch und konfessionell neutral. Er finanziert sich über Mitgliederbeiträge, Beiträge der politischen und der beiden Kirchgemeinden, Mittel des kantonalen Kulturfonds, Sponsoring, Legate und Schenkungen von Privaten und Firmen. Der Verein strebt eine solide finanzielle Basis an, welche Gewähr bietet, dass Leistungen bedürfnisgerecht, kostenbewusst und zukunftsorientiert erbracht werden können. Unterstützungen an Kulturschaffende und Veranstalter sind an klare Kriterien geknüpft und einem Controlling unterworfen. Das «Kulturforum» verpflichtet sich, gegen innen und aussen transparent zu informieren. Die Mitglieder des Vorstandes und weitere Ressortverantwortliche bilden sich ständig weiter, um den sich verändernden Anforderungen gerecht zu werden.

Die Umsetzung dieses Leitbildes wird in regelmässigen Abständen überprüft. Über den Stand der Umsetzung wird jährlich an der Hauptversammlung Bericht erstattet.

Dieses Leitbild wurde an der Hauptversammlung des Vereins «Kulturforum Wilen» vom 25. Mai 2005 verabschiedet.

Wilen, 25. Mai 2005

Der Aktuar

Peter Augsburger

Die Präsidentin

Monika Huber

vieren, kann doch nur mit diesen Dokumenten vor Gericht die Rechtspersönlichkeit des Vereins gültig nachgewiesen werden.

Je nach Organisationsform Ihres Vereins wird das Sekretariat, der Präsident/die Präsidentin oder die für die Finanzen und Administration zuständige Person das Archiv führen. Sammeln Sie auch Fotos, Zeitungsberichte, Film- und Tondokumente über das Vereinsleben. Dokumentieren Sie die übliche Vereinstätigkeit, selbst wenn sie nicht spektakulär erscheint. Steht gar ein besonderes Vereinsjahr bevor (Jubiläum, Organisation eines gesamtschweizerischen Anlasses), so kann eine Liste oder eine Art «Drehbuch» hilfreich sein: Welche Ereignisse sollen wie festgehalten werden? Vergeben Sie entsprechende Aufträge. Traut sich keines der Vereinsmitglieder diese Aufgabe zu, gibt es in Ihrer Gemeinde vielleicht einen Fotoclub, begeisterte Hobbyfilmer oder Video-Filmerinnen, die einen solchen Auftrag gerne übernehmen.

In Vereinschroniken fehlen meist die persönlichen Aussagen und Erinnerungen von Vereinsmitgliedern. Ältere Mitglieder könnten berichten, wie es vor 60 oder 70 Jahren war, als sie mit der Dorfmusik, mit dem Turnverein oder der Pfadi unterwegs waren. Die Erzählungen solcher Zeitzeugen können Sie mit Tonband oder Gesprächsnotizen festhalten. Dies hilft Ihnen, Jubiläen und Ehrungen attraktiv zu gestalten und eine gut dokumentierte Vereinschronik anzulegen. Beachten Sie auch hier den Datenschutz: Persönliche Daten sind aufs Minimum zu beschränken, Betroffene dürfen Einsicht verlangen, falsche Angaben müssen korrigiert werden und die Herausgabe von Daten an Dritte braucht das Einverständnis der Betroffenen.

Wird Ihr Verein aufgelöst, so ist vielleicht das Staatsarchiv jenes Kantons, in dem Ihr Verein den offiziellen Sitz hat, interessiert an den Archivbeständen, oder es informiert Sie darüber, wem Sie die Akten überlassen könnten (zum Beispiel dem Gemeindearchiv oder dem Schweizerischen Sozialarchiv).

Aktenablage

Bekleiden Sie in Ihrem Vorstand ein Amt oder eine Funktion, so gehört es zu Ihrer Sorgfaltspflicht, Ihrem Nachfolger oder Ihrer Nachfolgerin Ihre Akten geordnet zu übergeben. Es geht also nicht an, dass Sie – wie Herr O. aus S. – in der Wut über die erlittene Abwahl den ganzen Aktenberg ungeordnet vor der Haustüre der Nachfolgerin deponieren. Die Sorgfaltspflicht bei der Aktenübergabe trifft, soweit zumutbar, auch die Angehörigen eines im Amt verstorbenen Vorstandsmitgliedes.

Nicht nur für eine allfällige Übergabe sollten die Akten übersichtlich geordnet sein. Eine sinnvolle Ablage erleichtert auch Ihnen die Übersicht. Akten ausschliesslich nach fortlaufendem Datum abzulegen, hilft nicht viel weiter. Da liegen Protokolle, Spesenabrechnungen, Mitgliederdaten, Einladungen, Traktandenlisten zwar in zeitlicher Reihenfolge aufeinander, aber wer weiss nach einigen Jahren noch, wann jene wichtige Sitzung stattgefunden hat, deren Protokoll jetzt unbedingt vorliegen sollte? Ob Aktenordner, Hängeregistratur oder EDV-Speicherung: Es muss klar erkennbar sein, welche Unterlagen wo zu finden sind. Ordnen Sie Ihre Akten nach Rubriken, zum Beispiel Hauptversammlungen, Vorstandssitzungen, Veranstaltungen usw. Innerhalb dieser Rubriken legen Sie dann nach Datum ab, jeweils die neusten Unterlagen zuvorderst. Sinnvollerweise halten sich alle ans gleiche Ablagesystem. Es sollte daher allen Vorstandsmitgliedern bekannt sein.

Kaufmännische Unterlagen, Rechnungen, Quittungen usw. bewahren Sie nach OR 962 zehn Jahre lang auf, damit Sie belegen können, dass eine Rechnung bezahlt wurde. Geldforderungen erlöschen meist nach zehn Jahren.

Hinweis *Wenn Ihr Verein ein nach kaufmännischen Grundsätzen geführtes Gewerbe betreibt, müssen Sie die Aufbewahrungsvorschriften besonders strikt einhalten, da Sie die Unterlagen gegenüber den Steuerbehörden offen zu legen haben.*

Vorstandssitzungen effizient durchführen

Erstellen Sie als Präsidentin oder Präsident in Absprache mit allen Vorstandsmitgliedern für das ganze Jahr einen Sitzungsplan mit fixen Terminen, damit sich alle die Daten reservieren und Sie mit einer lückenlosen Teilnahme rechnen können. Legen Sie auch die Schwerpunkte pro Quartal fest (zum Beispiel Hauptversammlung, Jahresplanung, besondere Veranstaltungen). Normalerweise berufen Sie als Präsident oder Präsidentin eine Sitzung ein. Sind Sie aus irgend einem Grund daran gehindert, übernimmt dies der Vizepräsident oder die Vizepräsidentin. Im Übrigen ist jedes Vorstandsmitglied berechtigt, die Einberufung des Vorstandes zu verlangen und im Weigerungsfall sogar den Richter anzurufen.

Goldene Regeln

Weniger ist oft mehr: Also lieber weniger, dafür längere Sitzungen durchführen, und eher weniger Traktanden, dafür mehr Zeit für die Behandlung der einzelnen Themen einplanen. Pünktlichkeit und frühzeitige Abmeldung bei Verhinderung ist Ehrensache. Um sich intensiv einem wichtigen Geschäft zu widmen, empfiehlt es sich, jährlich eine Klausurtagung durchzuführen. Losgelöst vom Alltag, eventuell sogar an einem speziellen Ort (Berghütte, Tagungszentrum, Kloster usw.), lassen sich meist besser Konzepte ausarbeiten oder ungewöhnliche Lösungswege finden.

Gut vorbereitete und strukturierte Sitzungen erleichtern die Zusammenarbeit im Vorstand enorm. Sprechen Sie die Traktandenliste mit den Ressortverantwortlichen ab und prüfen Sie die Zuständigkeiten des Vorstandes für die zu behandelnden Geschäfte. Überprüfen Sie die Pendenzenliste und studieren Sie das letzte Protokoll. Verschicken Sie die Einladung mit den entsprechenden Unterlagen rechtzeitig, so dass den Teilnehmerinnen und Teilnehmern mindestens ein Wochenende zur Vorbereitung bleibt. Vermerken Sie die Ziele und den Zeitbedarf für die einzelnen Geschäfte schon auf der Einladung. Planen Sie auch eine Zeitreserve für überzogene Traktanden ein. Sparen Sie aber «heisse Themen» nicht auf den Schluss auf. Decken Sie die Vorstandsmitglieder nicht mit zu viel Papier ein, sondern zeigen Sie das Problem knapp auf und bieten Sie Lösungsvarianten an, gefolgt von einem begründeten Antrag für einen Vorstandsbeschluss.

Reservieren Sie ein geeignetes Lokal mit der nötigen Infrastruktur (Hellraum-Projektor usw.). Überlegen Sie sich gegebenenfalls eine günstige Sitzordnung, damit alle guten Blickkontakt zueinander haben. Die Checkliste auf Seite 81 hilft Ihnen, bei der Vorbereitung der Sitzung die wesentlichen Punkte zu beachten. Im Anhang finden Sie zudem ein Muster für eine Sitzungseinladung.

Checkliste: Vorbereitung einer Vorstandssitzung

- Termin frühzeitig festlegen (Jahresplan)
- Passendes Sitzungslokal mit erforderlicher Infrastruktur reservieren
- Traktanden mit Ressortverantwortlichen absprechen, Zuständigkeiten klären
- kurzgefasste Unterlagen zu einzelnen Geschäften bei Ressortverantwortlichen erbitten
- Kreis der Sitzungsteilnehmenden bestimmen (evtl. Aussenstehende für bestimmte Geschäfte einladen)
- letztes Protokoll und Pendenzenliste zur Vorbereitung beiziehen
- Traktandenliste mit Zeitvorgaben erstellen
- Einladung mit Traktandenliste und entsprechenden Beilagen rechtzeitig verschicken (mindestens zehn Tage vor der Sitzung)
- Sitzordnung überprüfen. Alle sollten sich in die Augen sehen können und genügend Platz haben, um ihre Unterlagen ausbreiten und Notizen machen zu können.

Tipp *Oft verfügen Restaurants über Sitzungszimmer samt Infrastruktur. Nicht überall muss dafür extra bezahlt werden, sofern die Sitzungsteilnehmenden Getränke oder Speisen konsumieren. Auch Kirchgemeindehäuser, Schulhäuser und Jugendzentren stellen häufig gratis oder gegen eine geringe Entschädigung passende Sitzungslokale zur Verfügung.*

Für den Sitzungsablauf gelten die selben Regeln wie für die Vereinsversammlung (mehr dazu Seite 135). Bei der Begrüssung geben Sie die Sitzungsziele bekannt. Stellen Sie die Protokollführung sicher und fragen Sie den Vorstand, ob alle mit der vorliegenden Traktandenliste einverstanden sind. Werden kurzfristig nicht traktandierte Geschäfte vorgeschlagen, müssen Sie darüber abstimmen, ob diese behandelt werden sollen.

Leiten Sie die Sitzung, ohne zu dominieren. Sie müssen in der Lage sein, ein wenig Distanz zum Geschehen zu halten. Behalten Sie das inhaltliche Thema, das Ziel und den Gesprächsverlauf im Auge.

Versuchen Sie, alle in die Diskussion einzubeziehen. Halten Sie Vielrednerinnen und Schwadronierer zurück und achten Sie auf den Zeitplan. Planen Sie bei längeren Sitzungen eine Pause ein. Können Geschäfte nicht endgültig verabschiedet werden, so halten Sie die Teilergebnisse fest und vermerken, wer weitere Abklärungen vornimmt. Setzen Sie auch den Termin für die endgültige Entscheidung. Im Protokoll werden alle Ergebnisse, Entscheide, Zuständigkeiten und Terminvorgaben festgehalten. Allfällige Abklärungen und Ergänzungen können auch nach der Sitzung noch im Protokoll aufgeführt, müssen aber entsprechend gekennzeichnet werden. Die Vorstandsmitglieder sollten das Protokoll spätestens zwei Wochen nach der Sitzung erhalten, so werden sie an ihre speziellen Aufträge erinnert. Ein Muster für das Sitzungsprotokoll einer Vorstandssitzung finden Sie im Anhang.

Tipp *Verfügen alle Vorstandsmitglieder und das Sekretariat über einen Internetanschluss, lassen sich in kürzester Zeit per E-Mail Termine absprechen, wichtige Informationen versenden und Meinungen einholen.*

Neben den Hinweisen im Protokoll empfiehlt sich, eine separate Pendenzenliste mit den Spalten Datum, Auftrag, verantwortlich, Termin, Stand zu führen. Diese Pendenzenliste ergänzen Sie fortlaufend und legen sie jeweils dem Protokoll bei. Ein Muster finden Sie wiederum im Anhang.

An einer straff geführten Sitzung mit knappem Zeitbudget bleibt keine Zeit für einen persönlichen Schwatz. Für eine gedeihliche Zusammenarbeit ist Zwischenmenschliches jedoch wichtig. In der Pause, nach der Sitzung oder an einer speziellen Retraite muss diesem Bedürfnis unbedingt Raum gegeben werden. Denn nur wenn sich die Vorstandsmitglieder auch persönlich verstehen, sich näher kennen und gegenseitig mögen, können sie als gutes Team zusammenwirken.

Gute Teamarbeit als Basis

Auch wenn in Ihrem Verein Kompetenzen und Arbeiten klar auf die verschiedenen Ämter und Funktionen aufgeteilt und gegeneinander abgegrenzt sind, hängt der Erfolg wesentlich von der guten Zusammenarbeit der verschiedenen verantwortlichen Personen ab. Vorstand und weitere Vereinsfunktionäre und -funktionärinnen müssen ein abgestimmtes Team bilden.

Für eine erfolgreiche Teamarbeit gelten folgende Mindestvoraussetzungen:

- eine gut funktionierende Verständigung innerhalb der Gruppe
- die Bereitschaft und der Wille jedes einzelnen Mitgliedes, sich in der Gruppe zu engagieren und die eigenen Fähigkeiten zu erproben.

Um Fehlentwicklungen oder Störfaktoren zu verhindern, müssen alle Teammitglieder über dieselben Informationen verfügen, die weder gefiltert noch verzerrt wurden. Es braucht klare Absprachen über Kontakte, Besprechungen und die Art des Informationsflusses. So wird die Gefahr gebannt, dass sich innerhalb des Teams Cliquen bilden. Wenn das Recht auf unterschiedliche Auffassungen von allen grundsätzlich akzeptiert wird, sich aber alle an eindeutige Regelungen für die Entscheidungsprozesse halten, kann die Teamarbeit funktionieren. Gegenseitige Hilfe und Unterstützung, Interesse, Vertrauen und Akzeptanz sowie die Bereitschaft zur Übernahme von Verantwortung sind unerlässlich für ein gedeihliches Zusammenwirken im Team. Fehl am Platz ist, wer nur sein «eigenes Gärtchen» pflegen will.

Spezialaufgaben meistern mit temporären Arbeitsgruppen

Die Routineaufgaben des Vereins werden, wie im Organigramm und den Funktionsbeschreibungen festgehalten, auf die verschiedenen Ämter im Vorstand, das Sekretariat und weitere Funktionäre und Funktionärinnen verteilt. Zur Erfüllung dieser Aufgaben braucht es aber häufig mehrere Personen. Hin und wieder kommen spezielle, einmalige Aufgaben hinzu, die nicht vom einzelnen Ressortverantwortlichen oder vom Vorstand allein bewältigt werden können. Da empfiehlt es sich, geeignete Vereinsmitglieder oder Aussenstehende beizuziehen und eine temporäre Arbeitsgruppe zu bilden. Auch hier gilt: Transparenz und klare Regelungen der Verantwortlichkeiten und Kompetenzen sind Pflicht.

Arbeit auslagern?*

In einem Verein fällt viel zeitaufwändige Administrationsarbeit an, für deren gewissenhafte Erledigung oft nur schwer jemand zu begeistern ist. Es gibt interessantere Bereiche in der Vereinsarbeit als Adresskarteien à jour zu halten und Massensendungen zu verpacken. Hat Ihr Verein eine gewisse Grösse und verfügt er über ausreichende finanzielle Mittel, so empfiehlt es sich, ein Auslagern dieser lästigen Arbeiten zu prüfen. Wenn Sie Ihre Ansprüche genau definieren und einen passenden Dienstleistungspartner finden, hält sich der finanzielle Aufwand in Grenzen, und die Verantwortlichen Ihres Vereins gewinnen Zeit und Arbeitskapazitäten für Wesentlicheres.

Hier eine Aufzählung jener Arbeiten, die sich für eine Auslagerung eignen:

- Mitglieder- und Adressdatei: Erfassen, Mutationen
- Mitgliederrechnungen
- Serienbriefe, Etikettenausdrucke
- Versandarbeiten
- Statistiken erstellen
- Textverarbeitungen, Gestalten von Broschüren, Einladungen, Jahresberichten
- Kopierarbeiten
- allgemeine Sekretariatsdienste
- Telefondienst
- Finanzbuchhaltung
- Recherchen

Bevor Sie den Auftrag an einen externen Dienstleistungsbetrieb vergeben, treffen Sie folgende Vorbereitungen:

- Ermitteln Sie den genauen Aufwand, den Sie bisher selber erbrachten, und klären Sie ab, welche Entlastung durch ein Auslagern möglich ist.
- Klären Sie ab, welchen finanziellen Aufwand sich Ihr Verein fürs Auslagern höchstens leisten kann.
- Definieren Sie die Aufgaben genau (Pflichtenheft, genaue Arbeitsabläufe, Anzahl und Umfang der Versände pro Jahr, Anzahl der monatlichen Verbuchungen für die Finanzbuchhaltung usw.).

---

* Quelle: Rita Durisch, ESPAS www.vitaminb.ch

Tipp *Eine weitere Möglichkeit zur Entlastung ist ein professionelles Sekretariat, das Sie gemeinsam mit andern Vereinen führen. So können Synergien genutzt und Einsparungen erzielt werden.*

Sich stetig verbessern: Analyse der Vorstandsarbeit

Nichts ist so gut, als dass es nicht noch verbessert werden könnte: das gilt auch für Ihre Vorstandsarbeit. Sie sollten sie regelmässig überprüfen und nach Verbesserungsmöglichkeiten suchen. Wichtig ist ein gemeinsam verabschiedeter Fragekatalog, den jedes Vorstandsmitglied möglichst objektiv ausfüllt. Die Auswertung der Selbstanalyse und die Besprechung der Ergebnisse können Sie selbst gemeinsam vornehmen.

Sie können aber auch eine externe, neutrale Stelle zuziehen, welche die Ergebnisse präsentiert und die Diskussion um die Schlussfolgerungen in der Gruppe moderiert. Im Anhang finden Sie einen Fragebogen für die Selbstanalyse Ihrer Vorstandsarbeit, den Sie in der gewünschten Anzahl kopieren und ausfüllen können.

Vorstandsarbeit – Freiwilligenarbeit

Für ein Engagement im Vereinsvorstand braucht es neben den erforderlichen zeitlichen Ressourcen eine gehörige Portion Idealismus. Denn Vorstandsarbeit ist typische Freiwilligenarbeit – nicht bezahlt und oft kaum anerkannt.

Ewiger Zankapfel: Entschädigung und Spesenabgeltung

«Über Geld spricht man nicht» mag ein vornehmer Grundsatz sein, im Vereinsleben taugt er nichts. Nur zu oft zerstreiten sich Vorstände, weil Entschädigungen und Spesenabgeltungen nicht klar geregelt sind.

Wie die Erfahrung lehrt, können Sie nicht davon ausgehen, dass alle Vorstandsmitglieder und übrigen Vereinsfunktionärinnen und -funktionäre von vorneherein die gleichen Erwartungen haben: die einen rechnen mit einem fürstlichen Gehalt, die andern wollen völlig ehrenamtlich und sogar ohne Spesenentschädigung arbeiten. Wie weit die Ansichten auseinander klaffen, mag folgendes Beispiel aus dem Vereinsleben illustrieren.

Beispiel *Engagierte Eltern gründen einen Verein, um ihren Kindern, die mit einer körperlichen Behinderung leben, bessere Ausbildungschancen und Freizeitmöglichkeiten zu schaffen, ihre Integration in die Gesellschaft zu fördern und sich als Eltern gegenseitig zu unterstützen. Kurz nach der Gründung besuchen die Präsidentin und ihr Mann zusammen die Delegiertenversammlung des Dachverbandes in einer Stadt am andern Ende der Schweiz. Sie reisen mit der Bahn erster Klasse schon am Vortag hin, damit sie am Versammlungstag nicht in aller Herrgottsfrühe aufstehen müssen, und übernachten nach dem abendlichen Galadiner im Vierstern-Hotel. Beim Diner spendieren sie ihrer Tischrunde den Wein. Am andern Morgen machen sie sich bereits nach dem gemütlichen Frühstück auf den Heimweg und verpassen die restlichen Sitzungen. Sie nehmen im Speisewagen das Mittagessen ein und schalten unterwegs einen Zwischenhalt für den Besuch in einem Café ein. Der Kassier des jungen Vereins fällt fast in Ohnmacht, als er die Spesenabrechnung der Präsidentin zu Gesicht bekommt. Sie übersteigt die Finanzkraft seiner Kasse bei weitem. Er fragt die andern Vorstandsmitglieder um Rat. Diese suchen das Gespräch mit der Präsidentin und bitten sie, einen Teil der Kosten selbst zu übernehmen. Sie empört sich über dieses Ansinnen und tritt sofort von ihrem Amt zurück. Der Vizepräsident springt ein und beruft unverzüglich eine Vorstandssitzung ein. Neben der Nachfolgeregelung bildet die künftige Spesenabgeltung ein Haupttraktandum der Sitzung....*

Es ist also sehr empfehlenswert, im Vorstandsreglement auch die Spesenabgeltung festzuhalten. Für diese Kosten ist im Budget auch ein entsprechender Betrag vorzusehen. Üblicherweise gelten Ansätze im folgenden Rahmen:

- Reise, Verpflegung und Unterkunft werden bei auswärtigen Einsätzen und Repräsentationen etwa wie folgt vergütet:
  - Bahnbillett Halbtax, 2. Klasse
  - 40 – 60 Rappen Kilometerentschädigung, wenn das Privatauto benützt werden muss (sofern die Benutzung öffentlicher Verkehrsmittel nicht möglich ist oder nicht zugemutet werden kann)
  - 20 – 30 Franken pro Mahlzeit (Frühstück 10 – 15 Franken)
  - Unterkunft in Mittelklasshotel
  - Tagungskosten
  - Weiterbildungskosten
- Sonstige Spesen werden gegen Belege abgegolten. Dazu gehören Porti, Telefon, Fotokopien, Materialkosten usw.

Wie grosszügig oder zurückhaltend Sie diese Ansätze in Ihrem Spesenreglement festlegen, hängt auch von der Finanzkraft Ihres Vereines ab. Im Übrigen wird die Arbeit im Vorstand meist gratis geleistet. Es kommt sogar vor, dass Vorstandsmitglieder und Funktionäre und Funktionärinnen sich Sitzungsgelder und Spesenentschädigungen auszahlen lassen, diese Beträge aber gleich wieder als Spende in die Vereinskasse einzahlen. Wie weit der Gratiseinsatz zu gehen hat, können Sie kaum abschliessend regeln. Ob Sie Sitzungsgelder oder sogar Arbeitsentschädigungen für den ehrenamtlichen Einsatz der Vorstandsmitglieder und der übrigen Funktionäre und Funktionärinnen auszahlen wollen und können, müssen Sie gründlich diskutieren und eine entsprechende Formulierung in die Statuten aufnehmen. Strebt Ihr Verein das ZEWO-Gütesiegel an, muss er die strengen ZEWO-Vorgaben für Spesen und Entschädigungen beachten.

Auch wenn Sie die Arbeit der Vorstandsmitglieder und der übrigen Funktionärinnen und Funktionäre nicht entlöhnen, ist es empfehlenswert, die geleistete Arbeit symbolisch zu erfassen und in Löhne umzurechnen. So geben Sie Ihrem Einsatz für den Verein einen betragsmässigen Wert. Welchen Stundenlohn Sie für die Berechnung einsetzen, bleibt Ihrem Gutdünken überlassen. In den Sozialbilanzen der Landeskirchen sind pro Stunde 30 bis 35 Franken berechnet. Mit einer solchen Statistik über den Wert Ihrer Vereinsarbeit können Sie sich auch in Subventionsverhandlungen gut legitimieren.

Freiwilligenarbeit und Ihre berufliche Laufbahn

Ehrenamtlich tätige Männer und Frauen leisten in Vereinen schweizweit immense Gratisarbeit. Schätzungen gehen davon aus, dass Vereinsvorstände insgesamt rund 10 Millionen Sitzungsstunden bewältigen, was bei einem Stundenlohn von angenommenen 30 Franken Vorstandsarbeit im Rahmen von 300 Millionen Franken entspräche – einer beachtlichen Summe also. Dazu kommen alle übrigen Leistungen, die von Freiwilligen und Funktionärinnen und Funktionären für den Verein erbracht werden.

Jeder Verein ist darauf angewiesen, engagierte Persönlichkeiten zu finden, die freiwillig ein Ehrenamt übernehmen. Es sind nicht finanzielle Anreize, die für ein solches Engagement ausschlaggebend sind, sondern es zählen andere Faktoren. Dazu gehören Freude am gemeinsamen Projekt, Gemeinschaftsgefühl und Freundschaft im Gremium, Prestigegewinn gegen innen und aussen, Erwerb wertvoller Erfahrungen, Kenntnisse und Beziehungen, die sich auch privat und geschäftlich nutzen lassen, Macht und Einfluss, Befriedigung und Selbstverwirklichung.

Welche Fähigkeiten haben Sie in Ihrem Ehrenamt erworben?

Einer der wichtigsten Impulse für Freiwilligenarbeit sind die Kenntnisse und Kompetenzen, die Sie in Ihrer ehrenamtlichen Aufgabe erwerben und in Ihre berufliche Laufbahn einbringen können. Dazu gehören insbesondere die so genannten Schlüsselkompetenzen, die in Stellenausschreibungen immer mehr gefragt sind: Organisationsgeschick, Flexibilität, Kreativität, Teamfähigkeit usw.

Wenn Sie die während Ihrer Vorstandstätigkeit erworbenen oder perfektionierten Fähigkeiten beruflich nutzbar machen wollen, müssen Sie sie auflisten und belegen können. Auf den Seiten 89 bis 91 finden Sie einen Raster mit einer Aufzählung von Fähigkeiten zum Ausfüllen. Sie erhalten so einen detaillierten Überblick, der Sie vielleicht sogar freudig überrascht, und können – beispielsweise in einem Bewerbungsgespräch – Ihre Fähigkeiten anhand konkreter Beispiele nachweisen.

Lesen Sie weiter auf Seite 93.

Raster zum Erfassen ausserberuflich erworbener Fähigkeiten		
	Haben Sie diese Fähigkeit neu erworben, eingesetzt oder weiterentwickelt?	Konkrete Situationen aus der Freiwilligenarbeit, in denen Sie diese Fähigkeit eingesetzt haben
Fachliche Fähigkeiten (Beispiele, zu ergänzen)		
– regelmässige Anwendung von EDV (Word, Excel, Access u.a.)		
– regelmässiges Anwenden einer Fremdsprache in Wort und Schrift		
– regelmässiges Anwenden der deutschen schriftlichen Sprache		
Methodische Fähigkeiten (Beispiele, zu ergänzen)		
Arbeitstechnik		
– Wissen, wie und wo Informationen beschaffen		
– Kräfte auf verschiedene Aufgaben verteilen und Prioritäten setzen		
Arbeitsorganisation		
– Projekte zeitlich und inhaltlich planen, kontrollieren, evaluieren		
– Arbeitsplatz einrichten, EDV gezielt einsetzen		
Präsentationstechnik		
– öffentliche Sitzungen moderieren und leiten		

	Haben Sie diese Fähigkeit neu erworben, eingesetzt oder weiterentwickelt?	Konkrete Situationen aus der Freiwilligenarbeit, in denen Sie diese Fähigkeit eingesetzt haben
Methodische Fähigkeiten (Forts.) (Beispiele, zu ergänzen)		
– freies Sprechen vor Gruppen, gezieltes Einsetzen von Präsentationstechniken		
Persönliche und soziale Fähigkeiten (Beispiele, zu ergänzen)		
Flexibilität		
– auf kurzfristige Anfragen eingehen		
– sich in unbekannte Themen einarbeiten		
Kreativität		
– in offenen Fragen schöpferische Lösungsmöglichkeiten finden		
– eigene Ideen einbringen und konkretisieren		
Belastbarkeit		
– mit Kritik umgehen können		
– Arbeitsdruck aushalten und damit umgehen können		
Eigeninitiative		
– initiativ sein		
– sich für eine Veränderung aktiv einsetzen		

	Haben Sie diese Fähig-keit neu erworben, eingesetzt oder weiter-entwickelt?	Konkrete Situationen aus der Freiwilligenarbeit, in denen Sie diese Fähig-keit eingesetzt haben
Persönliche und soziale Fähigkeiten (Forts.) (Beispiele, zu ergänzen)		
Selbständigkeit		
– selbständige Führungs-entscheidungen treffen		
– sich selbst behaupten und abgrenzen		
Teamfähigkeit		
– in einem Co-Präsidium leiten		
– als freiwillig Tätige die Regeln eines professio-nellen Arbeitsteams akzeptieren		
Konfliktfähigkeit		
– Spannungen zwischen zwei Parteien erkennen und konstruktiv an-gehen		
– Aggressionen bei sich und anderen zulassen und schöpferisch damit umgehen		
Kommunikationsfähigkeit		
– zuhören können, ohne Ratschläge zu erteilen		
– sich kurz gefasst, präg-nant und verständlich ausdrücken		

Quelle: Staehelin, Liona «Freiwilligenarbeit und Laufbahngestaltung» in «Freiwilligenarbeit», Beobachter-Buchverlag, Zürich 2000

Gerne bestätigen wir, dass

Remo Leupin, geb. 1975
Strasse
PLZ/Ort

seit 1995 in unserem Sportverein als

Juniorentrainer Unihockey

ehrenamtlich tätig ist.

In dieser Eigenschaft ist er verantwortlich für folgende Aufgaben:

- Planung, Gestaltung und Umsetzung der Trainingseinheiten unserer Juniorenmannschaft;
- Coaching der Mannschaft im Spielbetrieb;
- Selektion und Aufgebot der Spieler;
- Einführung, Förderung, Betreuung und Unterstützung der einzelnen Spieler im sportlichen und mentalen Bereich;
- Organisation und Durchführung von Trainingslagern;
- Reiseorganisation bei Auswärtsspielen;
- Organisation von Schnuppertrainings für interessierte Jugendliche;
- Durchführung von Gesellschaftsanlässen für Spieler und Eltern.

Neben seiner Funktion als Juniorentrainer nimmt Remo Leupin regelmässig mit Erfolg an nationalen Fortbildungskursen für Trainer und Betreuer teil.

Wir sind glücklich, Remo Leupin zum Kreis unseres Trainerteams zählen zu dürfen. Durch seine Zielstrebigkeit, Effizienz, Zuverlässigkeit, hohe Fach- und Sozialkompetenz als Juniorentrainer ist er massgeblich am Erfolg unseres Vereins beteiligt. Als überzeugter Motivator und Freund wird er von den Jugendlichen, Eltern und Vereinskollegen sehr geschätzt.

Wir können Remo Leupin für Führungs- und Organisationsaufgaben bestens empfehlen.

Murten, 20. März 2006   **Poly-Sport Murten**

Sonja Schwab   Edi Tschannen
Präsidentin   Vizepräsident

Quelle: «sportverein» 1000 praktische Tipps für die Vereinsarbeit

Zeugnisse für Freiwilligenarbeit

Ebenso wichtig wie Ihre eigene Zusammenstellung ist die Bestätigung der Organisation, für die Sie tätig sind. Es lohnt sich, für Freiwilligenarbeit Zeugnisse zu verlangen – vielleicht können Sie sie einmal im Rahmen des Erwerbslebens einsetzen. Besonders jüngere Menschen können damit erste Führungserfahrungen und soziales Engagement nachweisen.

Nicht zuletzt ist eine korrekte Bestätigung Ihres Einsatzes eine Form der Anerkennung und Gegenleistung, was bei unbezahlter Arbeit besonders wichtig ist. Das Zeugnis sollte die Einsatzdauer, Aufgaben, Fähigkeiten und Kompetenzen bestätigen. Ein Muster finden Sie im Kasten auf Seite 92.

Wenn es Ihnen nicht gelingt, ein Zeugnis zu erwirken, können Sie Ihren unentgeltlichen Arbeitseinsatz selber dokumentieren und das Papier von einer zuständigen Person abstempeln und unterschreiben lassen.

Weiterbildung als Anreiz für Vereinsarbeit

Lebenslanges Lernen ist heute selbstverständlich – jede Firma, jede Verwaltung legt Wert darauf, damit die Belegschaft mit allen Entwicklungen Schritt halten kann. Deshalb sollten auch Vereine nicht nur für Vorstandsmitglieder und andere Funktionäre und Funktionärinnen eine kontinuierliche Weiterbildung vorsehen. Auch Nachwuchskräfte aus den «gewöhnlichen» Mitgliedern können Sie so frühzeitig auf Vorstandsämter und andere Aufgaben vorbereiten. Klären Sie vorgängig immer ab, welche Kosten die Vereinskasse übernimmt.

Schweizweit besteht ein breites Angebot an Weiterbildungsmöglichkeiten für Vereine und andere Non-Profit-Organisationen (siehe auch Anhang). Häufig organisieren Dachverbände günstige Kurse für Mitglieder der eigenen Sektionen. Daneben gibt es Angebote von Volkshochschulen, Klubschulen und weiteren Institutionen im Erwachsenenbildungsbereich.

Für die Organisationsentwicklung Ihres Vereins kann es ferner vorteilhaft sein, eine Fachperson zuzuziehen und ein auf Ihre Bedürfnisse zugeschnittenes Bildungsangebot zu gestalten.

So gewinnen Ehrenämter an Zugkraft

Jobsharing (Teilen einer ehrenamtlichen Funktion)	Die Möglichkeit, eine ehrenamtliche Funktion mit einer anderen Person zu teilen, mindert das Problem der zeitlichen Belastung und Stellvertretung und fördert den Teamgeist. Es braucht aber mehr Zeit für Absprachen.
Jobrotation (Wechsel von einer bestimmten ehrenamtlichen Funktion in eine andere)	Die Chance, im Wechsel eine andere Funktion zu übernehmen, bietet zusätzliche Perspektiven für das ehrenamtliche Engagement.
Einbindung Familie und Bekanntenkreis	Werden Familie und Bekanntenkreis der Ehrenamtlichen in den Verein miteinbezogen, wirkt sich dies positiv auf ihr Engagement aus (Verständnis, Unterstützung). Gemeinsame Anlässe, regelmässige Kontakte sowie familienfreundliche Sitzungstermine sind einem guten Klima förderlich.
Absprachen mit Arbeitgeberin oder Arbeitgeber	Heute wächst die Bereitschaft wieder, Angestellte bei einer sinnvollen ehrenamtlichen Funktion von der Firma her zu unterstützen beispielsweise durch zeitliche Freistellung, Unterstützung in der Administration, Abgabe von Material. Davon profitieren beide Seiten: Zufriedene, engagierte und motivierte Ehrenamtliche sind langfristig die besseren, leistungsfähigeren Angestellten.
Exklusive Angebote für Ehrenamtliche	Bei Verträgen mit Sponsoren und anderen Geschäftspartnern können für Ehrenamtliche oftmals attraktive Angebote ausgehandelt werden: Rabatte bei Einkäufen, vergünstigte Leasingprämien für Autos, Saisonkarten für die Benützung von Sportanlagen usw. Beliebt ist die kostenlose Abgabe von Vereinsbekleidung und Accessoires.
Aus und Weiterbildung	Die kontinuierliche Aus- und Weiterbildung aller Ehrenamtlichen gehört mit zu den Aufgaben eines Vereins. Dabei sollen sowohl vereinsspezifische als auch allgemeine Bereiche der Vereinsführung abgedeckt werden.
Spesenentschädigung	Die Entschädigung der üblichen Spesen (Reise, Verpflegung, Unterkunft, Material usw.) ist heute selbstverständlich und wird in einem Spesenreglement verbindlich festgehalten. Nach Einreichen der Spesenrechnung sollte diese umgehend beglichen werden.
Teilentschädigung für Ehrenamt	Einige Vereine zahlen für bestimmte Ehrenamtsaufgaben Teilentschädigungen. Es ist kein Lohn im üblichen Sinn, sondern eine minimale finanzielle Abgeltung des zeitlichen Engagements. (Achtung: Abrechnungspflicht bei der AHV!)

Quelle: «sportverein» 1000 praktische Tipps für die Vereinsarbeit

Weitere Trümpfe Ihres Verein

Es gibt eine Reihe weiterer Aspekte, die die Mitarbeit in Ihrem Verein attraktiv machen können. Dazu gehören die folgenden:

- Ihr Verein hat in der Öffentlichkeit ein positives Image.
- Die Vereinsstrukturen sind einfach und überschaubar.
- Jedes Amt hat einen ausreichenden Kompetenzbereich.
- Es gibt für jedes Amt ein Pflichtenheft.
- Neue Ehrenamtliche werden herzlich im Gremium aufgenommen und sorgfältig ins Amt eingeführt.
- Administrative Arbeiten werden soweit als möglich vereinfacht oder ausgelagert.

Einen Überblick über weitere Möglichkeiten bietet die gegenüberliegende Tabelle.

« Um ein Amt glänzend zu verwalten,
braucht man eine gewisse Anzahl guter
und schlechter Eigenschaften. »

Marie von Ebner-Eschenbach

6. Vereinsfinanzen

Vereine sind auf das ehrenamtliche Engagement ihrer Mitglieder angewiesen. Neben diesem menschlichen Einsatz ist aber auch Geld nötig, damit ein Verein existieren kann. Um genügend Finanzmittel für die Vereinsaktivitäten aufzutreiben, braucht es nicht nur zielgerichtete Anstrengungen, sondern auch eine gute Portion Fantasie.

Wie kommt der Verein zu Geld?

Wenn Sie einem Verein beitreten, erwerben Sie mit diesem Schritt nicht nur bestimmte Rechte, Sie übernehmen auch gewisse Pflichten. Rechte und Pflichten sind im Gesetz und in den Statuten verankert. Zu den Pflichten kann beispielsweise gehören, dass Sie sich persönlich für die Förderung des Vereinszweckes einsetzen, den Verein aber auch finanziell unterstützen.

Die Form der Beitragsleistung, die Sie als Mitglied zu erbringen haben, kann Ihr Verein in seinen Statuten frei bestimmen. Er kann unterschiedliche Arten von Beiträgen vorsehen wie finanzielle Leistungen, Natural- oder Arbeitsleistungen. Der finanzielle Beitrag fällt einmalig oder in periodischen Abständen an – monatlich, viertel-, halbjährlich oder jährlich.

Mitgliederbeiträge

Die Mitgliederbeiträge sind häufig die wichtigste Einnahmequelle eines Vereins. Ihre Höhe wird in den Statuten oder jährlich an der Hauptversammlung festgelegt. Plant der Verein ein besonderes Vorhaben, beispielsweise eine grosse Jubiläumsveranstaltung, eine Reise, die Einrichtung eines Vereinslokals oder die Sanierung der maroden Clubkasse, kann die Hauptversammlung beschliessen, für diesen Zweck ein- oder mehrmalig ausserordentliche Beiträge zu erheben.

Höhe der Mitgliederbeiträge

Wie hoch wollen Sie die Mitgliederbeiträge Ihres Vereins ansetzen? Sie werden bei Ihren Überlegungen verschiedene Faktoren berücksichtigen müssen:

- Welche Dienstleistungen wollen Sie für die Mitglieder erbringen?
- Welche Beiträge erheben Ihre Konkurrenzvereine?
- Welchen Beitrag müssen Sie an den Dachverband abliefern?
- Welcher Betrag ist für das Gros Ihrer potenziellen Mitglieder tragbar?
- Welche finanziellen Mittel brauchen Sie für die Grundausstattung und den Normalbetrieb Ihres Vereins?
- Wollen Sie Vermögen bilden, um die Existenz des Vereins längerfristig zu sichern?

- Möchten Sie möglichst viele Mitglieder (tiefer Beitrag), oder wollen Sie ein exklusiver Verein sein (hoher Beitrag)?

Alle Mitglieder eines Vereins haben nach dem Gesetz grundsätzlich die gleichen Rechte und Pflichten. Abweichungen von diesem Gleichheitsgrundsatz sind möglich, müssen aber in den Statuten festgelegt und sachlich begründbar sein. Es darf also kein Mitglied willkürlich besser oder schlechter gestellt werden. Ein Verein kann aber unterschiedliche Mitgliederkategorien führen, wenn diese nach sachlichen Kriterien eingeteilt werden. Errichten Sie für Ihren Verein eine möglichst einfache, transparente Beitragsstruktur mit höchsten drei bis vier Kategorien.

Mitgliederbeiträge einfordern

Dass der Kassier oder die Kassierin am Feierabend bei jedem Mitglied vorbeigeht, um den Jahresbeitrag bar einzuziehen, kommt wohl nicht mehr sehr häufig vor. Meist wird die Einzahlung anonym per Einzahlungsschein erledigt. In der Einladung zur Hauptversammlung oder in einem speziellen Schreiben wird auf die Fälligkeit und die Höhe des Vereinsbeitrages hingewiesen.

In vielen Vereinen wird jedem Postversand an die Mitglieder ein Einzahlungsschein beigelegt. In der Rubrik für Mitteilungen kann dann angekreuzt werden, ob es sich bei der Einzahlung um einen Mitgliederbeitrag, eine Spende oder um einen andern Zahlungszweck handelt.

Tipp *Lassen Sie Ihre Mitglieder wissen, mit welcher Zahlungsart dem Verein am wenigsten Bank- und Postspesen anfallen. So vermeiden Sie teure Abzüge.*

Im Zeitalter der elektronischen Datenverarbeitung fällt es leicht, den Überblick über den Eingang der Mitgliederbeiträge zu gewinnen und herauszufinden, wer noch nicht bezahlt hat. Säumige Mitglieder werden Sie mit einem freundlichen Brief an die ausstehende Zahlung erinnern.

Zahlt das Mitglied auch nach Erhalt dieses Briefs nicht, können oder müssen Sie weitere Schritte unternehmen:

- Schreiben Sie einen zweiten, ultimativer formulierten Mahnbrief.
- Ziehen Sie den Beitrag per Nachnahme ein.
- Erkundigen Sie sich beim Mitglied persönlich nach den Gründen für seine Zahlungsverweigerung.

Beispiel

Mitgliederkategorien

Mitgliedschaft	Beispiel	Beitragshöhe im Vergleich
Aktivmitglieder	aktive Handballerinnen und Handballer im Handballclub	höher als beim Passivmitglied
Kinder	aktiv Fussball spielende Mädchen und Buben von 7 bis 12 Jahren	tiefer als bei Junioren
Junioren/Juniorinnen	aktiv Eishockey spielende Jugendliche von 12 bis 18 Jahren	tiefer als bei normalen Aktivmitgliedern, höher als bei Kindern
Senioren/Seniorinnen	Frauen und Männer von 63 bis 70 Jahren, die aktiv im Musikverein mitspielen	tiefer als bei Aktivmitgliedern
Veteranen/Veteraninnen	Frauen und Männer ab 70 Jahren, die sich noch aktiv am Vereinsleben beteiligen	tiefer als bei Senioren/Seniorinnen
Passivmitglieder	Frauen und Männer, die den Verein mit ihrem Mitgliederbeitrag unterstützen, sich aber nicht aktiv am Vereinsleben beteiligen	tiefer als bei erwachsenen Aktivmitgliedern
Gönnermitglied	Aktiv- oder Passivmitglied, das sich finanziell stärker engagiert	höher als bei Aktivmitgliedern
Ehrenmitglieder	Mitglieder, die für ihren jahrelangen Einsatz für den Verein geehrt werden	tiefer als Aktivmitglieder oder gar kein Beitrag

Freimitglieder	je nach Statuten: Mitglieder, die 30, 40, 50 oder mehr Jahre dem Verein angehören	kein Beitrag
Gemeinde und Städte	Gemeinden, die Mitglied eines Unterstützungsvereins für ein Theater sind	Mitgliederbeitrag abhängig von der Einwohnerzahl
Firmen	unterschiedlich grosse Firmen sind Mitglied des Industrie- und Arbeitgebervereins	Mitgliederbeitrag abhängig von der Zahl der Beschäftigten

Gibt es in Ihren Vereinsstatuten einen Passus zum Thema «Nichtbezahlen des Mitgliederbeitrages», wird Ihr weiteres Vorgehen dadurch bestimmt sein. In den Statuten kann beispielsweise festgelegt sein, dass ein Mitglied nach zweimaligem Nichtbezahlen des Jahresbeitrags aus der Mitgliederliste gestrichen wird.

Vermeiden Sie es nach Möglichkeit, ein Mitglied wegen ausstehender Beiträge zu betreiben.

Hinweis *Tritt ein Mitglied aus einem wichtigen Grund aus dem Verein aus – zum Beispiel wenn ihm der weitere Verbleib nicht mehr zugemutet werden kann –, schuldet es den Beitrag nur bis zu seinem Ausscheiden. Zu viel bezahlte Beiträge müssen dem ausgeschiedenen Mitglied in einem solchen Fall zurückbezahlt werden.*

Gebühren als Einnahmequelle

Bietet Ihr Verein Dienstleistungen für seine Mitglieder oder auch für Aussenstehende an, kann er dafür Gebühren erheben. Die Gebühren müssen in den Statuten oder in einem Gebührenreglement aufgelistet sein. Für Vereinsmitglieder können tiefere Gebührenansätze als für aussen stehende Personen festgelegt werden.

Beispiel *Die von einem Verein getragene Freihandbibliothek verlangt von* *Nichtmitgliedern pro Buch eine Ausleihgebühr von 1 Franken. Mitglieder dürfen pro Monat vier Bücher gratis ausleihen, ab fünf*

Büchern kostet es auch für sie 1 Franken pro Buch. Mahnungen kosten 5 Franken.

Beispiel

Beim Ludothek-Verein kostet der Beitritt eine einmalige Gebühr von 50 Franken pro Einzelperson oder Familie, dies zusätzlich zum wiederkehrenden Jahresbeitrag von 30 Franken. Wie viele andere Vereine deckt die Ludothek mit dieser Eintrittsgebühr vor allem den Verwaltungsaufwand für die Einschreibung.

Beispiel

Verschiedene Vereine leihen ihren Mitgliedern Geräte, Instrumente, Ausrüstungen oder Uniformen aus oder stellen ihnen Trainingsräume und -plätze gegen Gebühr zur Verfügung.

Gönnerbeiträge und Spenden

Spenden fliessen Vereinen von Mitgliedern oder von Gönnerinnen und Gönnern inner- und ausserhalb des Vereins zu. Oft runden Mitglieder ihren Vereinsbeitrag auf, der überschüssige Betrag wird in der Vereinskasse unter Spendeneingang verbucht. Manche Vereine führen eine Gönnermitglied-Kategorie: Gönnerinnen und Gönner verpflichten sich zu einem wesentlich höheren Mitgliederbeitrag als Passiv- oder Aktivmitglieder. Manchmal schliessen sich Gönnermitglieder zu einer speziellen Organisation innerhalb des Vereins zusammen, um den Verein in einem bestimmten Bereich finanziell besonders zu unterstützen (Jugendförderung, Anschaffung von Instrumenten usw.).

Will Ihr Verein nicht nur zufällige Spenden einnehmen, muss er die Spendensammlung aktiv betreiben. Dazu gibt es verschiedene Möglichkeiten bis hin zum professionellen Fundraising (siehe Seite 113). Wollen Sie nur auf kleinem Feuer kochen, gestalten Sie ein einfaches Flugblatt, das Ihren Verein und seine Projekte vorstellt. Dieses verschicken Sie zusammen mit einem Einzahlungsschein an ausgewählte Personen, von denen Sie annehmen, dass sie mit Ihrem Verein sympathisieren. Die Adressen tragen Sie innerhalb des Vorstandes zusammen. Treffen von den angeschriebenen Personen Spenden ein, nehmen Sie die Anschriften in Ihre Adresskartei auf. So erhalten Sie mit der Zeit einen Grundstock von Spendewilligen, die Sie regelmässig mit Informationen über Ihren Verein und natürlich Einzahlungs-scheinen bedienen. Es ist einfacher, einen Spender zu behalten, als einen neuen zu gewinnen! Führen Sie Spendensammlungen im grös-seren Rahmen durch, müssen Sie sich nach den gesetzlichen Rege-lungen in Ihrem Kanton erkundigen (lesen Sie dazu die Ausführun-gen ab Seite 115). Beachten Sie auch die Richtlinien der ZEWO (siehe Anhang).

Tipp   *Verdanken Sie alle Spenden mit einem freundlichen Brief. Möchten Sie diesen Aufwand einschränken, bringen Sie auf dem Einzah-lungsschein eine Rubrik an, wo der Spender oder die Spenderin «Verdankung erwünscht» oder «keine Verdankung» ankreuzen kann.*

Trauerspenden

Oft wird man in Todesanzeigen anstelle von Kranz- und Blumen-spenden um eine Zuwendung an eine gemeinnützige Institution gebeten. Meist folgt ein konkreter Vorschlag: Die örtliche SPITEX-Organisation oder ein Verein, dem der oder die Verstorbene angehör-te. So kann auch Ihr Verein zu «Trauerspenden» kommen. Hier ist es wichtig, dass Sie die Angehörigen über den Spendeneingang (ohne Angabe der Höhe) informieren und dem Spender, der Spenderin einen Dankesbrief schicken.

Spenden an Vereine zwecks Steueroptimierung

Ist Ihr Verein von den Steuerbehörden als gemeinnützig anerkannt und von der Steuerpflicht befreit, können Spender und Spenderinnen Beträge, die sie Ihrem Verein überweisen, in ihrer Steuererklärung unter der Rubrik «Freiwillige Zuwendungen» abziehen. Umfang und Zulassung solcher Abzüge sind von Kanton zu Kanton unterschied-lich. In einigen Kantonen können Sie auf dem Steueramt oder über Internet eine Liste der begünstigten Organisationen einsehen.

Tipp   *Hat Ihr Verein das Privileg, dass Spenden an ihn bei den Steuern als Abzüge anerkannt werden, so weisen Sie bei Spendenaufrufen auf diese Tatsache hin. Erinnern Sie auch Ihre Vereinsmitglieder immer wieder daran.*

Legate und Vermächtnisse

Legate oder Vermächtnisse sind Zuwendungen, die eine Person auf den Zeitpunkt ihres Ablebens hin einem Verein testamentarisch vermacht. Es kann sich dabei sowohl um Gelder als auch um Immobilien handeln.

Sie müssen sehr taktvoll vorgehen, wenn Ihr Verein sich aktiv um Legate bemühen will. Bei den Angehörigen darf auf keinen Fall der Eindruck von Erbschleicherei entstehen. Weisen Sie Ihre Mitglieder an Versammlungen immer wieder darauf hin, dass diese Möglichkeit besteht, und bieten Sie Informationen darüber an, wie Ihr Verein in einem Testament berücksichtigt werden kann. Hinweise dazu finden Sie im Beobachter-Ratgeber «Testament/Erbschaft» (siehe Literaturverzeichnis im Anhang).

Beispiel *Peter Meier erleidet im Alter von 75 Jahren einen Oberschenkelhalsbruch. Während seiner Rekonvaleszenz wird der Alleinstehende vom SPITEX-Verein seiner Gemeinde umfassend betreut, was ihm den vorübergehenden Aufenthalt in einem Pflegeheim erspart. Er schätzt die Haus-, Mahlzeiten- und Pflegedienste so sehr, dass er dem SPITEX-Verein nach seinem Tode einen namhaften Betrag zukommen lassen möchte. Er bringt darum an seinem Testament folgenden handschriftlichen Zusatz an: «Ich vermache dem SPI-TEX-Verein Wilen, Bahnhofstrasse 25, in 3175 Wilen, den Betrag von 30 000 Franken.» Unter diesen Zusatz setzt Peter Meier Ort, Datum und Unterschrift.*

Hinweis *Damit es gültig ist, muss das ganze Testament, auch ein allfälliger Zusatz, von Anfang bis Ende von Hand geschrieben und mit Datum und eigenhändiger Unterschrift versehen sein.*

Die Person oder die Organisation, die mit einer Zuwendung bedacht wird, ist mit vollständigem Namen und genauer Adresse einzusetzen.

So ersuchen Sie um Subventionen

Bis vor einigen Jahren erhielten viele Vereine vom Bund, von Kantonen oder Gemeinden Unterstützungszahlungen, so genannte Subventionen, die aber kaum mit detaillierten Auflagen verbunden waren. Heute sind staatliche Subventionen meist mit einer «Leistungsvereinbarung» verknüpft. Gemeinnützige Organisationen im Sport, in der Kultur, im Gesundheits- und Behindertenbereich schliessen mit den staatlichen Stellen einen Vertrag ab, in dem aufgelistet ist, welche Leistungen der Verein oder die Organisation für die Allgemeinheit erbringt und welche Abgeltungen der Bund, der Kanton oder die Gemeinde dafür leistet.

Gesuche um staatliche Subventionen müssen gut dokumentiert sein. Erkundigen Sie sich vor der Gesuchseingabe bei der zuständigen Stelle über die Anforderungen. Einzelne Ämter verfügen über Wegleitungen und Formulare für Subventionsempfänger – das erleichtert die Arbeit.

Tipp

Zeigen Sie im Subventionsgesuch den Wert Ihrer Vereinsaktivitäten für die Allgemeinheit auf, und belegen Sie die Eigenleistungen Ihres Vereins mit einer Statistik über den ehrenamtlichen Arbeitsaufwand des Vorstandes und der Vereinsmitglieder (siehe auch die Ausführungen auf Seite 87).

Beiträge aus dem Lotteriefonds

Die Gewinne der SwissLos (früher interkantonale Landeslotterie) und der Loterie Romande werden an die beteiligten Kantone verteilt. Im Jahre 2004 schüttete SwissLos rund 241 Millionen, die Loterie Romande rund 143 Millionen an die Kantone aus.

Seit der Gründung im Jahre 1937 flossen aus den beiden interkantonalen Lotterien insgesamt rund 4 Milliarden in die kantonalen Lotteriefonds. Damit dürfen die Kantone aber nicht ihre Staatskasse sanieren und gesetzliche, öffentliche Aufgaben finanzieren. Sie müssen die Lottogelder ausschliesslich für gemeinnützige Projekte einsetzen in den Bereichen Mitmensch, Kultur und Natur.

Viele Organisationen, Institutionen, Vereine und Objekte profitieren von der Unterstützung durch den kantonalen Lotteriefonds – vom örtlichen Naturschutzverband über regionale Einrichtungen der Behindertenhilfe bis zu Vereinen, die sich dem Erhalt von Kulturdenkmälern widmen.

Hinweis *Möchte Ihr Verein für ein bestimmtes Projekt einen Beitrag aus dem Lotteriefonds erhalten, so wenden Sie sich an die zuständige Verwaltungsstelle. Wie für Subventionen gilt auch hier: Das Gesuch gut begründen, umfassend dokumentieren und die Eigenleistungen des Vereins aufzeigen.*

Sport-Toto-Beiträge für Sportvereine

Mit Sportwetten beschafft sich die Sport-Toto-Gesellschaft (STG) Mittel, um den Amateurleistungs-, Jugend- und Breitensport zu unterstützen. Der Reingewinn der STG geht vollumfänglich an den Schweizer Sport. 75% des Gewinns fliesst in die Sport-Toto-Fonds der Kantone. Unterstützt werden: Sportanlagen, kantonale Verbände und Vereine, Materialbeschaffung, Sportanlässe, Kurse und Lager. Für die Verteilung in den Kantonen sind die kantonalen Sport-Toto-Kommissionen zuständig. 25% des Gewinns geht an den Schweizerischen Olympischen Verband «Swiss Olympic». Dieser unterstützt damit im wesentlichen den Amateurleistungssport in den Verbänden und den Bau von Sportanlagen nationaler Bedeutung.

Grundsätzlich wird nur Geld an Institutionen und Projekte verteilt, die in direktem Zusammenhang zum Sport stehen. Institutionen und Projekte, die soziale oder kulturelle Ziele verfolgen, werden mit den Mitteln aus den kantonalen Lotteriefonds unterstützt (siehe oben). Seit ihrer Gründung im Jahr 1938 konnte die Sport-Toto-Gesellschaft dem Sport über 1,6 Milliarden Franken zukommen lassen.

Hinweis *Gesuche um finanzielle Unterstützung richten Sie an das Kantonale Sportamt. Dort können Sie auch ein Antragsformular für einen Sport-Toto-Beitrag beziehen.*

Beiträge aus Stiftungen und Fonds

In der Schweiz existieren Hunderte von Fonds und Stiftungen, die materielle und finanzielle Unterstützung von Personen und Organisationen im gemeinnützigen, kulturellen oder sportlichen Bereich anbieten. Viele davon wirken im Verborgenen, andere sind landesweit bekannt.

Auf Bundesebene besteht ein eidgenössisches Stiftungsverzeichnis. Die Internetversion enthält gemeinnützige Stiftungen, welche – aufgrund ihres gesamtschweizerischen oder internationalen Charakters – unter Bundesaufsicht stehen. Da der Eintrag auf Freiwilligkeit beruht, ist das Verzeichnis nicht vollständig. Zurzeit stehen rund 2300 gemeinnützige Stiftungen unter Bundesaufsicht: Davon sind knapp 50 Prozent in der Internetversion des Eidgenössischen Stiftungsverzeichnisses publiziert, fast 60 Prozent sind in der Buchversion zu finden (siehe auch die Angaben im Anhang).

Nicht aufgeführt sind einige tausend gemeinnützige Stiftungen, die unter der Aufsicht der Kantone beziehungsweise der Gemeinden stehen. Es kann sich für Ihren Verein also lohnen, die in Ihrem Kanton bestehenden Stiftungen und Fonds aktiv zu suchen. Erkundigen Sie sich bei der kantonalen Stiftungsaufsicht oder beim Handelsregisteramt. Für den Kanton Zürich erschien beispielsweise eine Publikation, die 189 Stiftungen und Fonds auflistet, deren Stiftungszweck beschreibt und die Gesuchsadressen sowie die für ein Gesuch erforderlichen Beilagen aufführt (siehe Literaturverzeichnis).

Lass andere Gutes tun: Sponsoring

Der ursprünglich englische Begriff «Sponsoring» wurde in den letzten Jahren für viele Vereinsverantwortliche zu einem verheissungsvollen Wort, das Geld oder Unterstützung in anderer Form verspricht. Anders als «gewöhnliche» Spenderinnen und Spender erwarten Sponsoren aber einen gewissen Gegenwert für ihre Zuwendungen.

Immer öfter ist Sponsoring bei Unternehmen verschiedenster Branchen ein Bestandteil ihres Werbe- und Kommunikationskonzeptes unter dem Titel «Tue Gutes und lass andere darüber sprechen». Sponsoring ist ein klar definiertes Geschäft – es soll beiden Seiten Nutzen bringen: Der Fussballclub erhält vom örtlichen Baugeschäft einen Vereinsbus, dafür prangt auf dem Bus und auf den Match-Plakaten das Firmenlogo des Unternehmens. Die Regionalbank unterstützt die vereinigten Chöre der Gemeinde Wilen finanziell bei der Aufführung des Musicals «Hair», dafür erscheint der Name des Geldinstituts prominent im Programmheft.

Tipp *Wollen Sie Ihren Verein sponsern lassen, so sollte diese Idee von der Mehrheit Ihrer Vereinsmitglieder mitgetragen werden. Diskutieren Sie frühzeitig an einer Versammlung diese moderne und nicht immer unproblematische Form der Unterstützung. Klären Sie ab, ob Ihr Dachverband schon Sponsorenverträge abgeschlossen hat.*

Ein Sponsoringkonzept erstellen

Vor Verhandlungen mit potenziellen Sponsoren erarbeiten Sie mit Vorteil ein Sponsoringkonzept, entweder im Vorstand oder durch eine spezielle Projektgruppe.

Für dieses Konzept brauchen Sie eine klare Zielvorstellung: Wie viel Geld oder welche anderen geldwerten Leistungen sollen Ihrem Verein durch das Sponsoring mindestens zufliessen? Wie hoch darf der Anteil von Sponsorengeldern gemessen an den gesamten Vereinseinnahmen sein, ohne dass der Verein in zu grosse Abhängigkeit gerät? Welche Art von Werbung ist ausgeschlossen (zum Beispiel Alkohol- und Tabakwerbung)?

Machen Sie für sich eine Aufstellung über folgende Punkte:

- die hauptsächlichen Aktivitäten Ihres Vereins;
- die wichtigsten Anlässe;
- die Anzahl der Personen, die in Ihrem Verein engagiert sind, und jener, die Sie zusätzlich über Ihre Aktivitäten und die Vereinsschreiben erreichen;
- die Eigenschaften der durch Ihren Verein vertretenen und erreichbaren Zielgruppen (jung/alt, einkommensstark, ökologisch interessiert, gesundheitsbewusst usw.);
- die finanzielle Situation Ihres Vereins;
- die Bereiche oder Aktivitäten, die durch Sponsoring finanziert oder überhaupt ermöglicht werden sollen;
- die übrigen Finanzquellen Ihres Vereins (Mitgliederbeiträge, Spendensammlungen, Lottomatches, Unterhaltungsabende, Plakettenverkauf usw.);
- die Gegenleistungen, die Ihr Verein für die Sponsoren garantiert erbringen kann (Inserate in der Mitgliederzeitung, Erwähnung im Programmheft, Logopräsenz auf allen Vereinsdrucksachen, Plakaten usw.);
- die erwünschte Art von Sponsoren: Wollen Sie einen Hauptsponsor oder verschiedene gleichberechtigte Sponsoren?

Erarbeiten Sie auf diesen Grundlagen Ihr Sponsoringkonzept und diskutieren Sie es umfassend in Ihrem Verein. Lassen Sie es nach allfälligen Anpassungen von der Hauptversammlung absegnen.

Listen Sie in einem nächsten Schritt im Vorstand zusammen mit der Projektgruppe und weiteren Interessierten jene Firmen und Institutionen auf, die als potenzielle Sponsoren in Frage kommen. Als kleinerer Verein werden Sie sich eher an Firmen der Region wenden. Achten Sie bei der Suche auf das Renommée dieser künftigen Partner. Überlegen Sie sich, ob deren Produkte zu Ihrem Verein passen. Natürlich dürfen Sie nicht mit mehreren Unternehmen, die sich konkurrenzieren, gleichzeitig Sponsorenverträge abschliessen.

Sind Sie sich darüber einig, welche Firmen angegangen werden sollen, klären Sie ab, wer aus Ihrem Verein Kontakt zu wichtigen Personen dieser Firmen hat. Kennt jemand Verwaltungsräte, Direktionsmitglieder oder Leute aus der Marketing- und Sponsoringabteilung? Nutzen Sie solche Verbindungen, vereinbaren Sie aber genau, wer wen anfragt und an wen das Gesuchsdossier geschickt wird.

Stossen Sie mit Ihrer Anfrage auf Interesse und kommt ein Verhandlungstermin zustande (möglichst auf Stufe Direktion), bereiten Sie sich gründlich auf die Zusammenkunft vor. Bestimmen Sie die Delegation Ihres Vereins. Auf jeden Fall sollte der Präsident oder die Präsidentin dabei sein. Erkundigen Sie sich, wie viel Zeit Ihnen für die Präsentation zur Verfügung steht und wie viele Personen anwesend sein werden. Stellen Sie für alle Anwesenden eine Informationsmappe über Ihren Verein zusammen, die neben dem Sponsoringkonzept auch Medienberichte und Referenzen enthält.

Sprechen Sie für die Präsentation innerhalb der Delegation ab, wer über welche Themen informiert. Damit die Präsentation zügig und eindrücklich ablaufen kann, nutzen Sie technische Möglichkeiten (Hellraumprojektor, Powerpoint), oder behelfen Sie sich mit einem Flipchart. Passen Sie Ihr Auftreten und Ihre Kleidung dem Anlass an. Tragen Sie Ihre Anliegen mit Überzeugung und selbstbewusst vor: Sie und Ihr Verein haben dem Unternehmen etwas zu bieten, Sie sind keine Bettler, sondern gleichberechtigte Verhandlungspartner.

War Ihr Auftritt erfolgreich und haben Sie eine mündliche Zusage der Firmenverantwortlichen erhalten, protokollieren Sie die Vereinbarungen genau. Um die getroffenen Abmachungen in einem Vertrag auszuformulieren, ziehen Sie mit Vorteil einen Juristen oder eine Juristin bei. Den Vertragsentwurf legen Sie so bald als möglich Ihrem Sponsoringpartner zur Überprüfung vor. Wie ein solcher Sponsoringvertrag aussehen könnte, entnehmen Sie dem Beispiel im Anhang.

Ein guter Sponsoringvertrag ist so abgefasst, dass beide Parteien von der Vereinbarung profitieren. Ist der Vertrag unterschrieben, sind beide Seiten zur Einhaltung verpflichtet. Ihr Verein ist also auch gefordert. Können Sie wegen irgendwelcher Umstände einen Vertragspunkt nicht erfüllen, informieren Sie sofort Ihren Sponsor. Suchen Sie nach Alternativen, die Sie ihm anbieten können.

Tipp *Pflegen Sie einen regelmässigen Kontakt mit Ihrem Sponsoringpartner. Bei Verträgen, die über mehrere Jahre laufen, empfiehlt es sich, die Erfahrungen einmal pro Jahr an einer gemeinsamen Sitzung auszuwerten.*

Beispiel *Mit welchen Gegenleistungen für den Sponsor kann ein Verein aufwarten? Hier eine Liste der Möglichkeiten:*
- *Werbung mit dem Verein in allen Medienberichten*
- *Firmenlogo auf allen Vereinsdrucksachen und Plakaten*
- *Firmenlogo auf Sponsorentafeln an öffentlichen Anlässen*
- *Werbung auf Mannschaftsbus*
- *Firmenlogo auf Sportdress*
- *Werbung in Vereinszeitschrift und Programmheften*
- *Firmenlogo auf Eintrittsbilletten bei Vereinsveranstaltungen*
- *Erwähnung des Sponsors in allen Medienmitteilungen der Vereinsadministration*
- *Werbung im Vereinsschaukasten*
- *Link zum Sponsor auf der Homepage des Vereins*
- *Werbetransparente bei Veranstaltungen*
- *Möglichkeit, einen Werbestand bei einem Vereinsgrossanlass aufzustellen*
- *Gratisinserat in Vereinszeitschrift*
- *Beilage von Werbematerial in Vereinsversänden*
- *Werbeauftritt während der Pause eines Vereinsanlasses*

Verkauf von Werbeflächen

Auch ohne eigentlichen Sponsorenvertrag kann Ihr Verein Werbeflächen verkaufen. Vor allem Sportvereine nützen diese Einnahmequelle mit Banden- und Leibchenwerbung. Aber auch andere Vereine können gegen Entgelt Werbeinserate in ihrer Mitgliederzeitung einrücken, auf dem Vereinsfahrzeug, dem Mitgliederausweis oder andern Drucksachen einen Firmenslogan platzieren und auf der vereinseigenen Internetseite Bannerwerbung zulassen.

Einmalige Events zur Mittelbeschaffung

Es gibt unzählige Möglichkeiten, mit einer besonderen Aktion zusätzliche Gelder für den Verein zu erwirtschaften, sei es mit einem vereinsinternen Vorhaben oder einem Projekt für die breite Öffentlichkeit. Oft können Sie dabei das Nützliche oder Ertragreiche mit dem Vergnüglichen verbinden. Ein gemeinsamer und lustvoller Einsatz während einer Geldbeschaffungsaktion sorgt auch für Kitt innerhalb des Vereins. Bevor Sie sich in die Vorbereitungsarbeiten für einen solchen Anlass stürzen, sondieren Sie, ob Sie mit der geplanten Veranstaltung in der Bevölkerung auf Interesse stossen. Nichts ist frustrierender, als wenn trotz grossen Engagements statt eines satten Gewinns nur knapp die Auslagen gedeckt sind oder gar ein Verlust resultiert. Einige Ideen für besondere Aktionen finden Sie im Kasten auf Seite 112, Lotto und Tombola ist ein eigenes Kapitel gewidmet (siehe unten).

Was es zur Planung und Durchführung besonderer Anlässe braucht, finden Sie im Kapitel «So gelingen Veranstaltungen» ab Seite 197 beschrieben.

Lotto und Tombola

Viele Vereine bessern ihre Kasse mit einer grossen Lottoveranstaltung oder einer attraktiven Tombola auf. Solch lustvolle Geldbeschaffungsaktionen sind bei vielen Leuten beliebt, kann doch mit relativ kleinem Einsatz ein attraktiver Preis gewonnen werden. Oft locken als Gewinn nicht nur die Speckseite und der Früchtekorb, sondern auch ein Auto oder dreiwöchige Badeferien in der Südsee. Wie für öffentliche Sammlungen brauchen Sie auch für Lotto- und Tombola-Ver-

Ideenkatalog für Aktionen zur Mittelbeschaffung

- Amerikanische Versteigerung
- Arbeitseinsätze (Altpapiersammlung,Veloputztag, See- oder Waldputzete)
- Auftritte (Chor, Blasmusik, Gymnastikgruppe) an öffentlicher Veranstaltung oder Firmenanlass
- Ausstellung (Bilder, Hobbyerzeugnisse, Kleintiere...)
- Backsteinverkauf (symbolisch für Clubhaus)
- Bazar
- Benefiz-Ball
- Benefiz-Gala-Abend
- Chäschüechli-Verkauf am Jahrmarkt
- Chlausabend
- Familienbrunch
- Flohmarkt
- Fremdwährungs-Sammlung
- Grümpelturnier
- Haustürsammlung
- Kerzenziehen
- Konzert
- Lottoabend
- Maskenball
- Münzkässeli in Läden
- Preisjassen
- Racletteplausch
- Risottostand am Jahrmarkt
- Seenachtsfest
- Spaghetti-Abend
- Sponsorenlauf
- Sportartikel-Börse
- Suppentag
- Tombola, Losverkauf
- Umsatzbeteiligung bei Verkauf oder Weitervermittlung bestimmter Waren und Dienstleistungen
- Unterhaltungsabend
- Velo-Börse
- Verkauf spezieller Vereinsartikel, Plaketten
- Versand Spendenaufruf
- Versteigerung (z. B. Bilder, von Sportstar signierte Ausrüstung)
- Waldfest

anstaltungen eine Bewilligung, entweder vom Kanton oder von der Gemeinde. Erkundigen Sie sich bei der Gemeindeverwaltung nach den geltenden Bestimmungen.

Je nach Kanton sind mit dieser Bewilligung verschiedene Auflagen verbunden. Wie diese beispielsweise im Kanton St. Gallen lauten, sehen Sie im Kasten auf Seite 114. Ähnliche Bestimmungen gelten auch in den übrigen Kantonen. Die Bewilligung wird nur Organisationen erteilt, die den Gewinn für gemeinnützige oder wohltätige Zwecke einsetzen. Nach Abschluss der Veranstaltung muss der Bewilligungsbehörde jeweils eine ordnungsgemässe Abrechnung eingereicht werden.

Professionelles Fundraising

Der Spendenmarkt in der Schweiz wird enger und ist deshalb hart umkämpft: Die öffentlichen Mittel fliessen spärlicher, und immer mehr Organisationen möchten ein Stück vom «Spendenkuchen» ergattern. Deshalb gehen grosse Vereine und andere Non-Profit-Organisationen (NPO) dazu über, die Spendensammlung Fachleuten, so genannten Fundraisern zu übertragen.

«Fundraising ist die freundliche Kunst, Menschen davon zu überzeugen, die Freude des Schenkens zu erfahren», definierte Hank Rosso, Begründer des Instituts für Philanthropie, Indiana USA, die professionell durchgeführte Spendensammlung. Die klassische Definition des Begriffs Fundraising umfasst einen sehr breiten Bereich, nämlich alle systematischen, gezielten und geplanten Massnahmen, die der Beschaffung von Geld- und Sachmitteln oder Dienstleistungen für Non-Profit-Organisationen (NPO) dienen. Dazu gehören neben dem eigentlichen Spendensammeln auch Öffentlichkeitsarbeit (Public Relations), Markterforschung (Marketing), Verkauf von Waren (Merchandising) und Unterstützung der Meinungsbildung (Lobbying).

In der Schweiz existiert seit 1994 die Gesellschaft für Fundraising-Fachleute (www.sgff.ch). Deren Mitglieder halten sich an strenge Richtlinien. Sie arbeiten beispielsweise nicht auf Kommissionsbasis, informieren wahrheitsgemäss und ohne Übertreibung, verkaufen Adressen von Spendern nur mit deren ausdrücklicher Zustimmung und löschen Spenderadressen auf Wunsch des Spenders. Für grössere Vereine ist es empfehlenswert, von verschiedenen Fundraising-Fachleuten Offerten einzuholen, sei es für eine gezielte Spendensammlung oder für eine umfassende Beratung zum Thema Fundraising.

Regelungen für Lotto- und Tombola-Veranstaltungen im Kanton St. Gallen

1. Die Gewinnsumme muss mindestens 50% der Verlosungssumme betragen.

2. Mindestens 10% der Lose müssen Treffer sein.

3. Von den Treffern dürfen maximal 50% Gratislose sein.

4. Die Gewinne dürfen nicht in Bargeldpreisen oder Edelmetallen bestehen.

5. Die Lose sind grundsätzlich in Verbindung mit dem Unterhaltungsanlass zu verkaufen. Ein allfälliger Vorverkauf ist bewilligen zu lassen.

6. Auf den Losen und Lottoeinsatzkarten sind folgende Angaben anzubringen:

    6.1. Namen der Veranstalter (Festanlass genügt nicht);

    6.2. Datum und Bezeichnung der Veranstaltung;

    6.3. Zahl und Gesamthöhe der Gewinne;

    6.4. fortlaufende Nummerierung.

    Auf den Losen sind überdies Bezugsort und Zeitpunkt des Verfalls anzugeben.

7. Tombolalose dürfen während höchstens einem Monat vor dem Unterhaltungsanlass verkauft werden. Ein weitergehender Vorverkauf ist nur für Veranstaltungen mit einer Verlosungssumme von über Fr. 20 000.– möglich unter Vorbehalt der Zustimmung des Finanzdepartementes.

8. Der Gewinn aus der Tombola darf nicht für gewerbliche Zwecke verwendet werden.

9. Über die vorgesehenen Naturalpreise ist ein detailliertes Verzeichnis einzureichen.

10. Für einen eventuellen Losverkauf in Nachbargemeinden hat der Veranstalter beim entsprechenden Gemeinderat um eine Verkaufsbewilligung nachzusuchen.

11. Bei der Lottoveranstaltung darf der Verkauf von Einsatzkarten, die Ermittlung der Gewinner und die Ausrichtung der Gewinne nur während der Veranstaltung erfolgen.

12. Die Plansumme bei einer Lottoveranstaltung darf Fr. 15 000.– nicht übersteigen.

13. Die Gewinne sind bei Tombola- und Lottoveranstaltungen während wenigstens eines Monates zum Abholen bereitzuhalten. Für Gewinne von über Fr. 500.– muss eine Abholfrist von drei Monaten vorgesehen werden.

14. Die Gebühren für Tombola- und Lottoveranstaltungen betragen gesamthaft

 5.0 % der Verlosungssumme von bis Fr. 5000.–, wenigstens Fr. 70.–

 4.5 % der Verlosungssumme von über Fr. 5000.–, wenigstens Fr. 300.–

 4.0 % der Verlosungssumme von über Fr. 40 000.–, wenigstens Fr. 2000.–

Das ZEWO-Gütesiegel

Die Stiftung ZEWO (Schweizerische Fachstelle für gemeinnützige, Spenden sammelnde Organisationen) verleiht seit 1942 ihr Gütesiegel als Qualitätsausweis an gemeinnützige Organisationen. Dadurch auferlegt sie der privaten, gemeinnützigen Tätigkeit in der Schweiz hohe Qualitätsstandards und überprüft diese regelmässig. Sie führt einen neutralen, kostenlosen Informationsdienst über Spenden sammelnde, gemeinnützige Organisationen mit und ohne Gütesiegel. Alle Organisationen werden nach den gleichen Richtlinien beurteilt. Die Stiftung koordiniert die Daten der landesweiten Sammlungen von ZEWO-anerkannten Organisationen und erstellt zu diesem Zweck jährlich den Schweizer Sammlungskalender.

Vereine, die das Gütesiegel verwenden möchten, müssen hohe Standards erfüllen hinsichtlich Gemeinnützigkeit, transparenter Tätigkeit und Rechnungslegung, Lauterkeit in der Mittelbeschaffung und Kommunikation sowie funktionierender interner und externer Kontrollstrukturen. Der Anforderungskatalog für das Gütesiegel ist in verschiedenen Reglementen festgehalten, die bei der ZEWO-Geschäftsstelle erhältlich oder über das Internet unter www.zewo.ch abrufbar sind.

Bewilligungen für öffentliche Sammlungen

Für Sammlungen im breiteren Rahmen brauchen Sie eine Bewilligung durch den Kanton oder die Gemeinde. Die Regelungen sind von Kanton zu Kanton unterschiedlich. So legt beispielsweise das Thurgauer Sozialhilfegesetz fest: «Öffentliche Sammlungen für gemeinnützige oder wohltätige Zwecke bedürfen der Bewilligung des zuständigen Departementes des Regierungsrates. Beschränkt sich die Sammlung auf das Gebiet einer Gemeinde, genügt die Bewilligung des Gemeindeammanns.»

Die Kasse füllen mit einer wirtschaftlichen Tätigkeit

Vereine dürfen sich laut Gesetz nur nichtwirtschaftlichen Aufgaben widmen. Sie können sich jedoch wirtschaftlicher Mittel bedienen, um ihren idealistischen Zweck zu verfolgen:

- Ein Verein, der den Alkoholismus bekämpfen will, kann ein alkoholfreies Restaurant führen und mit dem Erlös seinen ideellen Vereinszweck verfolgen.
- Ein Sportclub vermietet sein Clublokal an andere Vereine und Private und kann dank der Mieteinnahmen seine Jugendförderung verstärken.
- Ein Verband, der eine bestimmte Berufsgruppe vertritt, führt ein Beratungsbüro, an das sich gegen Entgelt auch Nichtmitglieder wenden können.
- Ein Verein, der alternative Energien fördern will, bietet Kurse über den Bau von Solaranlagen an. Von Nichtmitgliedern wird ein höheres Kursgeld verlangt. Mit dem Gewinn wird eine Biogasanlage finanziert.

Nur bedingt zu empfehlen: Darlehen und Kredite

Auch Ihr Verein kann Darlehen und Kredite aufnehmen. Wie für den Privathaushalt gilt auch hier: Laufende Ausgaben sollten mit ordentlichen Mitteln gedeckt werden. Was Ihr Verein also für die allgemeine Geschäftsführung zur Erfüllung des Vereinszwecks braucht, müssten Sie mit den üblichen und budgetierbaren Einnahmen decken können. Ein Darlehen für eine besondere, einmalige Aufwendung oder zur Überbrückung eines vorübergehenden Engpasses ist nur zu empfehlen, wenn eine genaue Finanzplanung aufzeigt, dass die Rückzahlung und Verzinsung innert vernünftiger Frist möglich ist. Schulden können für die Vereinskasse zur Belastung werden. Die Zinsen drücken, der Verein wird vom Geldgeber abhängig, Rückzahlungen müssen geleistet werden: Dies alles engt den Finanzspielraum des Vereins ein. Vor allem Sportvereine können durch zu hohe Schulden in eine prekäre Situation geraten, denn bei Überschuldung droht ihnen der Lizenzentzug durch den Dachverband.

Hypotheken

Wenn Ihr Verein den Erwerb oder den Bau eines Clubhauses plant, werden Sie die ganze Kauf- oder Bausumme kaum durch Mitgliederbeiträge, Spenden und eventuell Subventionen aufbringen können. Sie müssen daher eine Hypothek aufnehmen. Damit die Belastung durch die Hypothekarzinsen für Ihren Verein tragbar bleibt, muss die Hypothekarsumme Ihren finanziellen Möglichkeiten angepasst sein. Die Kredit gebende Bank wird deshalb von Ihnen genügende Sicherheit und eine seriöse Finanzplanung verlangen.

Vermögen und Steuern

Die Bewirtschaftung des Vermögens

Ein Balanceakt: Vereinsgelder so bewirtschaften, dass sie maximalen Gewinn bei minimalen Risiken abwerfen! Hat Ihr Verein nur wenige tausend Franken an Vermögen, werden Sie keine ausgefeilten Anlagestrategien brauchen, und das Auf und Ab der Börsen bereitet Ihnen keine Kopfschmerzen. Die anfallenden Zinsen sind dann auch nur ein nebensächlicher Posten bei den Vereinseinnahmen. Machen Sie trotzdem eine sorgfältige Liquiditätsplanung. So haben Sie jederzeit genug flüssige Mittel, um die anfallenden Kosten zu decken, horten aber auch nicht unnötig hohe Beträge auf einem Kontokorrent- oder Postkonto mit geringem Zinsertrag.

Haben Sie grössere Beträge zu verwalten, brauchen Sie je nach Statuten ein vom Vorstand oder den Mitgliedern abgesegnetes Konzept für die kurz- und langfristigen Vermögensanlagen. Grundlagen für dieses Konzept sind die Liquiditätsplanung und die längerfristige Finanzpolitik Ihres Vereins. Sie werden auch die ethische Ausrichtung Ihres Vereins einbeziehen. Ein Verein, der die Förderung von Alternativenergien als Zweck in seinen Statuten verankert hat, wird nicht in einen Fonds einsteigen wollen, der in den Bau von Atomkraftwerken investiert. Und jener Verein, der sich aktiv für den Frieden einsetzt, wird kaum Aktien einer Waffenfabrik erwerben.

Erläutern Sie Ihren Antrag zur Geldanlage der Hauptversammlung sehr gründlich, dann wird Ihnen und dem Vorstand für dieses Geschäft auch Décharge erteilt und die Mitglieder können später keine Ansprüche mehr gegenüber dem Vorstand erheben (mehr dazu Seite 214).

Hinweis 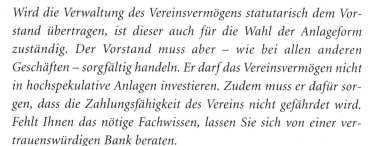 *Wird die Verwaltung des Vereinsvermögens statutarisch dem Vorstand übertragen, ist dieser auch für die Wahl der Anlageform zuständig. Der Vorstand muss aber – wie bei allen anderen Geschäften – sorgfältig handeln. Er darf das Vereinsvermögen nicht in hochspekulative Anlagen investieren. Zudem muss er dafür sorgen, dass die Zahlungsfähigkeit des Vereins nicht gefährdet wird. Fehlt Ihnen das nötige Fachwissen, lassen Sie sich von einer vertrauenswürdigen Bank beraten.*

Verrechnungssteuer

Dank Ihrer klugen Anlagestrategie werfen die Vermögenswerte Ihres Vereins Erträge ab, welche häufig verrechnungssteuerpflichtig sind. Das trifft unter anderem zu auf die Erträge von Guthaben bei inländischen Banken, Sparkassen und bei der Post (Sparkonti usw.), Obligationen, Aktien von inländischen Aktiengesellschaften, Genossenschaftsanteilen, Partizipationsscheinen, Anteile an Anlagefonds oder Vermögen ähnlicher Art.

Die Verrechnungssteuer ist eine Quellensteuer. Sie wird bei der Schuldnerin (Bank, Aktiengesellschaft, Genossenschaft usw.) und nicht beim Empfänger oder der Empfängerin erhoben. So kürzt beispielsweise die Bank den Bruttozinsertrag der Gelder auf Ihrem Vereinskonto um 35 Prozent und überweist diesen Betrag an die Eidgenössische Steuerverwaltung. Ihr Verein erhält eine Bescheinigung der Bank, auf der bestätigt wird, dass die Verrechnungssteuer ordnungsgemäss abgezogen wurde. Als juristische Person kann Ihr Verein die Verrechnungssteuer bei der Eidgenössischen Steuerverwaltung zurückfordern. Dies im Gegensatz zu den natürlichen Personen, die sich für die Rückerstattung an die Steuerbehörde ihres Wohnkantons wenden müssen.

Die Verrechnungssteuer wird Ihrem Verein zurückerstattet, sofern folgende Voraussetzungen erfüllt sind:

- Der Verein hat seinen Wohnsitz in der Schweiz.
- Der Verein ist berechtigt, das entsprechende Vermögen zu nutzen.
- Der Verein hat die Vermögenserträge in seiner Buchhaltung ordnungsgemäss erfasst.

Den Rückerstattungsantrag müssen Sie mit dem Formular 25 an die Steuerbehörde stellen. Dieses Formular können Sie direkt bei der Eidgenössischen Steuerverwaltung online bestellen (www.estv. admin.ch), oder Sie laden über dieselbe Internetadresse eine entsprechende PC-Maske zum Ausfüllen herunter. Der Antrag kann frühestens dann gestellt werden, wenn jenes Kalenderjahr abgelaufen ist, in dem der zu versteuernde Ertrag fällig geworden ist.

Hinweis *Warten Sie mit der Rückforderung der Verrechnungsteuer nicht zu lange, sonst verlieren Sie den Anspruch. Der Antrag muss spätestens bis zum Schluss des dritten der Fälligkeit nachfolgenden Kalenderjahres gestellt werden.*

Gewinn- und Kapitalbesteuerung

In der Schweiz bestehen von Kanton zu Kanton unterschiedliche Gesetze zur Besteuerung von Einkommen und Vermögen, Gewinn und Kapital. Seit das Bundesgesetz über die Harmonisierung der direkten Steuern bei Kantonen und Gemeinden (StHG) in Kraft ist, werden die Unterschiede kleiner. Die Kantone sind verpflichtet, ihre Steuergesetze innerhalb des vom Bund vorgegebenen Rahmens anzupassen.

Befreiung von der Steuerpflicht

Laut dem Harmonisierungsgesetz unterliegen Vereine wie andere juristische Personen der Gewinn- und Kapitalbesteuerung. Von der Besteuerung befreit werden können jene Vereine und juristischen

Personen, die öffentliche oder gemeinnützige Zwecke verfolgen. Die Steuerbefreiung beschränkt sich auf den Gewinn und das Kapital, die ausschliesslich und unwiderruflich diesen Zwecken gewidmet sind. Unternehmerische Zwecke gelten grundsätzlich nicht als gemeinnützig. Die Steuerbefreiung gilt auch nicht für allfällige Gewinne aus Grundstückverkäufen.

Wenn Sie wissen wollen, wie die Besteuerung im Sitzkanton Ihres Vereins geregelt ist, wenden Sie sich an die zuständige kantonale Steuerbehörde. Im thurgauischen Steuergesetz etwa findet sich folgende Bestimmung: «Juristische Personen mit Sitz in der Schweiz, die sich im Interesse des Kantons oder im allgemeinen schweizerischen Interesse öffentlichen, ausschliesslich gemeinnützigen, religiösen, wohltätigen, kulturellen, geselligen oder sportlichen Zwecken widmen und keine Erwerbs- oder Selbsthilfezwecke verfolgen, sind von der Steuerpflicht befreit.»

Hinweis *Sie haben ein offizielles Gesuch einzureichen, um von den Steuern befreit zu werden. Anhand der Statuten und der Vereinsrechnung müssen Sie belegen, dass Ihr Verein gemeinnützig ist oder einen öffentlichen Zweck verfolgt. Dieser Nachweis ist jährlich zu erbringen. Je nach Regelung in Ihrem Kanton werden auch Spenden an Ihren Verein in der Steuererklärung der Spender und Spenderinnen bei den Abzügen als «freiwillige Zuwendungen» anerkannt (siehe auch Seite 103).*

Steuerpflicht

Unterliegt Ihr Verein der Steuerpflicht, gelten nach dem Steuerharmonisierungsgesetz grundsätzlich recht grosszügige Regelungen für die Berechnung des Gewinns. So werden die Mitgliederbeiträge an die Vereine nicht zum steuerbaren Gewinn gezählt. Von den steuerbaren Erträgen können die zur Erzielung dieser Erträge erforderlichen Aufwendungen abgezogen werden. Andere Aufwendungen können insoweit abgesetzt werden, als sie die Mitgliederbeiträge übersteigen. Im Übrigen stehen Ihrem Verein alle steuerlichen Möglichkeiten offen, die «normale», gewinnorientierte, juristische Personen haben: Abschreibungen, Rückstellungen, Verlustvortrag usw. Wie Sponsorenbeiträge und zweckgebundene Subventionen steuerlich zu behandeln sind, geht aus dem Bundesgesetz nicht hervor. Die Kantone haben hier also einen Handlungsspielraum.

Die Vermögenssteuer ist in den Kantonen laut Steuerharmonisierungsgesetz nach den Bestimmungen der natürlichen Personen zu berechnen. Beispielsweise gilt im Kanton St. Gallen für die Kapitalsteuer von Vereinen folgendes: Als steuerbares Eigenkapital gilt das Reinvermögen, das nach den Regeln für natürliche Personen ermittelt wird. Bei Liegenschaften, Wertschriften und sonstigen Kapitalanlagen gilt nicht der Buchwert, sondern der aktuelle Verkehrswert. Beträgt das steuerbare Eigenkapital weniger als 50 000 Franken, bleibt es unbesteuert. Übersteigt es diese Freigrenze, ist das ganze Kapital steuerbar. Die einfache Kapitalsteuer beträgt proportional 0,3 Promille des steuerbaren Eigenkapitals.

Mehrwertsteuer

Die Mehrwertsteuer (MWSt) ist eine allgemeine Verbrauchssteuer. Ihre gesetzliche Grundlage ist das Bundesgesetz über die Mehrwertsteuer vom 2. September 1999. Sie wird auf allen Phasen der Produktion und Verteilung, bei Dienstleistungen sowie bei der Einfuhr von Gegenständen erhoben. Abrechnungspflichtig wird, wer einen Umsatz von jährlich mehr als 75 000 Franken aus steuerbaren Leistungen erzielt. Für nicht gewinnstrebige, ehrenamtlich geführte Sportvereine und gemeinnützige Institutionen liegt die Grenze bei 150 000 Franken Jahresumsatz.

Die Steuer ist aufgrund der Bruttoeinnahmen zu entrichten. Anderseits darf man in der Abrechnung jene Steuer abziehen, die auf selber bezogenen Gegenständen und Dienstleistungen lastet (Vorsteuerabzug).

Nicht alle Leistungen werden gleich hoch besteuert. Für die meisten Lieferungen von Gegenständen und für nahezu alle Dienstleistungen gilt der Normalsatz von 7,6%. Waren des täglichen Bedarfs, vor allem Ess- und Trinkwaren (ausgenommen alkoholische Getränke), Medikamente, aber auch gewisse Zeitungen, Zeitschriften und Bücher, werden nur mit dem reduzierten Satz von 2,4% belastet.

Eine ganze Reihe von Leistungen sind von der Mehrwertsteuer ausgenommen, so in den Bereichen Gesundheit, Sozialwesen, Unterricht, Kultur, Geld- und Kapitalverkehr, Versicherungen, Vermietung von Wohnungen und Verkauf von Liegenschaften.

Mehrwertsteuerpflicht für Vereine

Damit Vereine von der Mehrwertsteuer bis zu einer Umsatzgrenze von 150 000 Franken ausgenommen sind, müssen sie verschiedene Bedingungen erfüllen. Sie variieren, je nachdem, ob es sich um einen Sportverein oder um eine gemeinnützige Institution handelt.

Die Bedingungen für Sportvereine lauten:
- Es muss sich zwingend um eine juristische Person in der Form eines Vereins handeln (Genossenschaften, Aktiengesellschaften usw. sind von dieser vorteilhaften Regelung ausgenommen).
- Die Vereinsleitung obliegt Personen, welche weder vom Verein angestellt sind noch für ihre Tätigkeit vom Verein entschädigt werden.
- Der Verein handelt nicht gewinnorientiert. Wird durch die Ausübung einer entsprechenden Vereinstätigkeit dennoch ein Gewinn erzielt, muss dieser zur Finanzierung anderer Vereinstätigkeiten verwendet werden.
- Wird der Verein aufgelöst, muss das gesamte Vermögen zwingend an eine andere, nicht gewinnorientierte und ehrenamtlich geführte Institution im Bereich des Sports fallen.

Für gemeinnützige Institutionen gelten folgende Bedingungen:
- Es muss sich um eine juristische Person handeln (z. B. Verein, Stiftung, Genossenschaft).
- In den Statuten muss der Verzicht auf eine Gewinnverteilung bzw. auf die Ausschüttung von Dividenden und Tantiemen festgehalten sein.
- Bei einer Auflösung muss das gesamte Vermögen zwingend an eine andere gemeinnützige Institution mit gleichem Zweck fallen.

Bei nicht gewinnstrebigen Vereinen sind die von der zuständigen Generalversammlung festgesetzten Mitgliederbeiträge von der Mehrwertsteuer ausgenommen. Sind alle Mitglieder durch die Statuten verpflichtet, einen ausserordentlichen Beitrag zu leisten, um das Defizit zu decken oder ein spezielles Projekt zu finanzieren, sind auch diese Einnahmen nicht der Mehrwertsteuer unterstellt.

Hinweis *Nicht zum steuerbaren Umsatz zählen Spenden, Gönnerbeiträge und Legate von Privatpersonen, Institutionen oder Unternehmen, sofern durch den Verein keine Gegenleistungen erbracht werden (siehe auch Grafik auf Seite 124). Auch Einnahmen aus Sponsorenläufen sind nicht steuerbar.*

Beispiel *Die Aktivmitglieder des Frauenturnvereins Wilen laufen während einer Stunde auf einer Leichtathletikbahn. Jede Frau sucht Spenderinnen und Spender, die dem Turnverein für jede Runde, die sie läuft, einen bestimmten Betrag spenden (beispielsweise 1 Franken oder 5 Franken pro Runde). Die so erzielten Einnahmen sind Spenden und unterliegen nicht der Mehrwertsteuer.*

Führt ein als gemeinnützig anerkannter Verein einen Basar oder einen Flohmarkt durch, sind diese Einnahmen von der Mehrwertsteuer ausgenommen, ebenso die Erträge von Abzeichenverkäufen und Ähnlichem. Solche Einkünfte müssen aber immer der Finanzierung des Vereinszweckes dienen.

Subventionen und andere Beiträge der öffentlichen Hand (zum Beispiel Defizitgarantien) müssen ebenfalls nicht versteuert werden.

Tipp *Ein Verein kann freiwillig auch jene Umsätze, die eigentlich steuerbefreit sind, versteuern. Dies ist sinnvoll, wenn dadurch mehr Vorsteuern abgezogen werden können, als neue Steuern zusätzlich zu entrichten sind. Für eine solche Option muss bei der Steuerverwaltung frühzeitig ein Gesuch gestellt werden.*

Mehrwertsteuer bei einer Veranstaltung

Viele Vereine erreichen keinen Umsatz an steuerbaren Leistungen, der die Grenze von 150 000 Franken überschreitet. Führen sie jedoch eine grosse Veranstaltung durch, stossen sie in diesen Bereich vor. Bei ausserordentlichen (nicht jährlich wiederkehrenden) Veranstaltungen werden zur Berechnung der Mehrwertsteuer nur die Umsätze dieses Anlasses beigezogen. Die übrigen Umsätze des Vereins müssen nicht deklariert werden.

Für Grossanlässe (Trachtenfest, Festival, Stadtfest, Dorfjubiläum) wird in der Regel für die Organisation und Durchführung ein spezi-

Umsätze bei Anlässen und Mehrwertsteuerpflicht

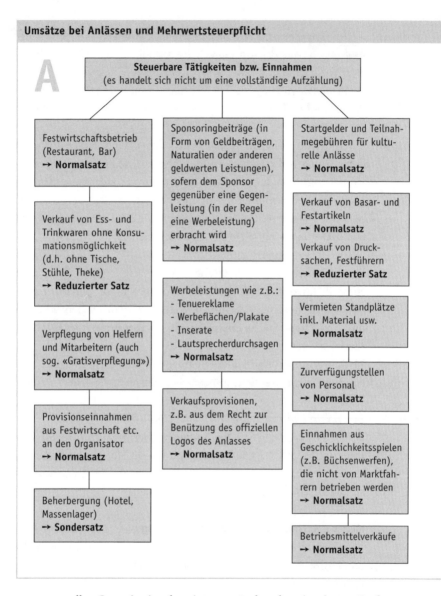

A **Steuerbare Tätigkeiten bzw. Einnahmen**
(es handelt sich nicht um eine vollständige Aufzählung)

Festwirtschaftsbetrieb
(Restaurant, Bar)
→ **Normalsatz**

Verkauf von Ess- und
Trinkwaren ohne Konsu-
mationsmöglichkeit
(d.h. ohne Tische,
Stühle, Theke)
→ **Reduzierter Satz**

Verpflegung von Helfern
und Mitarbeitern (auch
sog. «Gratisverpflegung»)
→ **Normalsatz**

Provisionseinnahmen
aus Festwirtschaft etc.
an den Organisator
→ **Normalsatz**

Beherbergung (Hotel,
Massenlager)
→ **Sondersatz**

Sponsoringbeiträge (in
Form von Geldbeiträgen,
Naturalien oder anderen
geldwerten Leistungen),
sofern dem Sponsor
gegenüber eine Gegen-
leistung (in der Regel
eine Werbeleistung)
erbracht wird
→ **Normalsatz**

Werbeleistungen wie z.B.:
- Tenuereklame
- Werbeflächen/Plakate
- Inserate
- Lautsprecherdurchsagen
→ **Normalsatz**

Verkaufsprovisionen,
z.B. aus dem Recht zur
Benützung des offiziellen
Logos des Anlasses
→ **Normalsatz**

Startgelder und Teilnah-
megebühren für kultu-
relle Anlässe
→ **Normalsatz**

Verkauf von Basar- und
Festartikeln
→ **Normalsatz**

Verkauf von Druck-
sachen, Festführern
→ **Reduzierter Satz**

Vermieten Standplätze
inkl. Material usw.
→ **Normalsatz**

Zurverfügungstellen
von Personal
→ **Normalsatz**

Einnahmen aus
Geschicklichkeitsspielen
(z.B. Büchsenwerfen),
die nicht von Marktfah-
rern betrieben werden
→ **Normalsatz**

Betriebsmittelverkäufe
→ **Normalsatz**

elles Organisationskomitee gegründet, das ein eigenes Budget verwaltet. Es kann sich um eine einfache Gesellschaft handeln, die sich
aus Vorstandsmitgliedern der verschiedenen beteiligten Vereine
zusammensetzt, um einen Verein oder eine Aktiengesellschaft. In
diesem Fall wird das Organisationskomitee für diesen Anlass zum
«Mehrwertsteuer-Subjekt», und nicht die beteiligten Vereine.

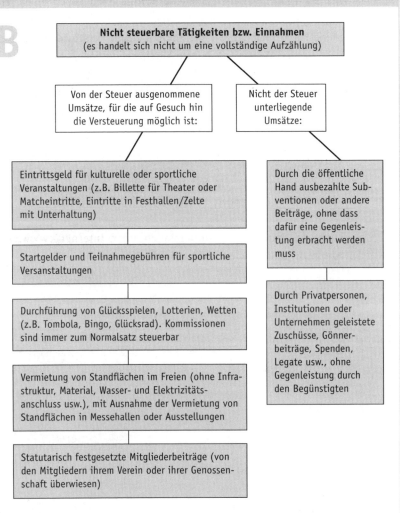

Quelle: Merkblatt 610.545-10 der Eidg. Steuerverwaltung,
«Kulturelle, sportliche und andere Festanlässe»

Bei Grossanlässen gilt es eine ganze Reihe von Regelungen und Ausnahmen zu beachten, die im Rahmen dieses Buches nicht weiter ausgeführt werden können. Die grafische Darstellung auf dieser Doppelseite zeigt eine Auswahl von Einnahmemöglichkeiten an einer solchen Veranstaltung. Aus der Grafik ersehen Sie, welche Umsätze von der Mehrwertsteuer erfasst werden und welche davon ausgenommen sind.

Bei der Eidgenössischen Steuerverwaltung sind neben einer sehr umfangreichen allgemeinen Wegleitung spezielle Broschüren und Merkblätter erhältlich, die sich unter anderem verschiedenen Fragen rund um die Mehrwertsteuer für Vereine widmen.

Spezialbroschüren bestehen für

- Hilfsorganisationen, sozial tätige und karitative Einrichtungen
- Kultur
- Sport

Merkblätter behandeln

- kulturelle, sportliche und andere Festanlässe
- Subventionen und andere Beiträge der öffentlichen Hand

Diese Informationen können auch über Internet (www.estv. admin.ch) bestellt oder direkt ausgedruckt werden.

« Die Konten reden, die Bilanzen schweigen. »

Erich Kästner

7. Die Vereinsversammlung

Die Hauptversammlung ist das oberste Organ des Vereins. Hier kann jedes Mitglied direkt Einfluss nehmen auf die Entwicklung in «seinem» Verein. Die Organisation des Anlasses entscheidet darüber, ob die Versammlung staubtrocken bleibt oder zum Erlebnis für alle Beteiligten wird. Gefragt sind Effizienz und Einfallsreichtum.

Die Kompetenzen der Hauptversammlung

Wörter wie «Generalversammlung», «Mitgliederversammlung», «Hauptversammlung», «Jahresversammlung» bezeichnen alle dasselbe, aber sie tönen nicht gerade nach Lust und Vergnügen. Solche Veranstaltungen finden zwar landauf, landab statt, sie sind jedoch meistens keine Renner. Dabei sind sie das wichtigste Organ eines Vereins. Weil die Beteiligung oft zu wünschen übrig lässt, bestimmt eine Minderheit über wichtige Vereinsgeschäfte. Als Vorstand liegt es an Ihnen, mit einer guten Vorbereitung und beispielsweise einem zugkräftigen Rahmen- oder Begleitprogramm die Versammlung attraktiv zu machen.

Die Hauptversammlung (Generalversammlung, Jahresversammlung, Mitgliederversammlung) hat durch das Gesetz vorgegebene wichtige Kompetenzen:

- Sie kontrolliert die übrigen Organe (insbesondere den Vorstand).
- Sie entscheidet über Beschwerden.
- Sie genehmigt den Jahresbericht und die Jahresrechnung (oder weist sie zurück).
- Sie erteilt (oder verweigert) dem Vorstand Décharge, das heisst, sie entlässt ihn aus seiner Verantwortung (oder eben nicht).
- Sie ist zuständig für den Erlass und die Änderung der Statuten.
- Sie setzt den Mitgliederbeitrag fest (je nach Statuten).
- Sie wählt den Vorstand (je nach Statuten).
- Sie kann den Vorstand oder andere Vereinsorgane aus wichtigen Gründen abberufen.
- Sie kann Mitglieder aufnehmen oder ausschliessen (je nach Statuten).
- Sie bestimmt über die Auflösung des Vereins.

Die ordentliche Hauptversammlung findet normalerweise einmal pro Jahr statt. Sie wird vom Vorstand nach Abschluss des Rechnungsjahres einberufen. Das Rechnungsjahr stimmt meist mit dem Vereinsjahr überein, ausser dies sei in den Statuten anders geregelt. Das Vereinsjahr wiederum kann sich mit dem Kalenderjahr (1. Januar bis 31. Dezember) decken oder beispielsweise nach den Statuten vom 1. April bis 31. März dauern. Wenn über wichtige Angelegenheiten rasch entschieden werden muss, kann eine ausserordentliche Hauptversammlung durch die Hauptversammlung selber, den Vorstand oder ein Fünftel der Mitglieder (nach Gesetz) oder einem geringeren Quorum (laut Statuten) einberufen werden.

Geeignete Rahmenbedingungen schaffen

Nicht nur die Hauptversammlung, auch ganz gewöhnliche Vereinsversammlungen, an denen Traktanden von einiger Bedeutung zur Sprache und Abstimmung kommen, müssen korrekt durchgeführt werden. Damit sie gelingen, braucht es gründliche Vorbereitungen durch den Vorstand. Beginnen Sie daher so frühzeitig wie möglich mit den Organisationsarbeiten. Die Hinweise zu den zusätzlichen Vorbereitungsarbeiten für eine Grossveranstaltung mit mehreren Hundert Teilnehmenden finden Sie in einem speziellen Abschnitt (Seite 164). Sie haben sich nicht nur inhaltlich auf die Versammlung vorzubereiten, sondern müssen auch an alles Drum und Dran denken. Stellen Sie ein genaues Budget auf, vor allem dann, wenn der Anlass im grösseren Rahmen, mit Referat und Unterhaltungsprogramm, geplant wird. In einem solchen Fall empfiehlt es sich sogar, ein Organisationskomitee einzusetzen.

Tipp

Fassen Sie alle Ihre Erfahrungen, Tops und Flops vor, während und nach der Versammlung in einer Checkliste zusammen, und ergänzen Sie diese Liste laufend. Sie werden nächstes Jahr gerne darauf zurückgreifen, und Ihr Nachfolger oder Ihre Nachfolgerin wird Ihnen für dieses «Erbe» dankbar sein.

Terminkollisionen vermeiden: Versammlungsdatum

Wenn Sie das Datum für Ihre Versammlung festlegen, achten Sie darauf, dass am selben Tag nicht noch andere kulturelle oder sportliche Veranstaltungen stattfinden oder gerade Schulferien sind. In vielen Gemeinden gibt es so genannte «Vereinskonferenzen», wo alle Ortsvereine die Terminwünsche für Ihre Veranstaltungen im kommenden Jahr bekannt geben. Sie einigen sich auf einen gemeinsamen Veranstaltungskalender und vermeiden so unliebsame Terminkollisionen.

Geben Sie den Termin Ihren Mitgliedern möglichst früh bekannt. Es genügt eine kurze Voranzeige mit dem Hinweis, die detaillierte Einladung folge später. Weisen Sie auch schon darauf hin, bis zu welchem Zeitpunkt noch Anträge eingereicht werden können. Vielleicht doppeln Sie mit einer Mitteilung im Vereinsbulletin und in der Lokalzeitung nach.

Diese Vorinformation lassen Sie auch Medien, Sponsoren und Gästen (Persönlichkeiten aus Politik und Wirtschaft, befreundeten Vereinen usw.) zukommen. Holen Sie Zusagen für Referate und Präsentationen ein, und führen Sie frühzeitig Verhandlungen mit Künstlern und Künstlerinnen, die eventuell im Rahmenprogramm auftreten sollen. Suchen Sie auch schon freiwillige Helferinnen und Helfer für die Veranstaltung.

Die definitive Einladung zur Hauptversammlung muss dann so rechtzeitig verschickt werden, dass den Mitgliedern genügend Zeit bleibt, sich auf die Geschäfte vorzubereiten oder zusätzliche Traktandenwünsche einzureichen. Ist in den Statuten nicht vermerkt, wie früh die Einladung zu erfolgen hat, fahren Sie gut, wenn Sie eine Frist von mindestens acht bis zehn Tagen einhalten. Wird an der Versammlung ein Essen serviert, werden Sie auf eine Anmeldung angewiesen sein, damit sich die Küche vorbereiten kann. In diesem Fall müssen Sie die Einladung natürlich früher verschicken.

Prägt den Anlass: der Versammlungsort

Legen Sie Versammlungszeit und Versammlungsort so fest, dass alle Mitglieder rechtzeitig eintreffen und zu vernünftiger Zeit wieder heimkehren können. Dabei nehmen Sie Rücksicht auf die hauptsächlichen Berufsgruppen, die unter Ihren Mitgliedern vertreten sind. Berufstätige Frauen werden Sie nicht an einem Donnerstagnachmittag und Bauern nicht schon abends um 18 Uhr zusammenrufen. Achten Sie auch auf den Fahrplan des öffentlichen Verkehrs und vermerken Sie die Bus- und Bahnverbindungen auf der Einladung.

Tipp

Erwarten Sie zu Ihrer Versammlung Eltern oder Alleinerziehende mit kleineren Kindern, so organisieren Sie einen Betreuungsdienst. Vielleicht lässt sich eine Jugendgruppe dafür engagieren.

Legen Sie der Einladung für Ortsunkundige einen Ortsplan bei, auf dem die Parkplätze angeben sind, und beschildern Sie am Versammlungstag den Weg vom Bahnhof und den Parkplätzen zum Versammlungsort.

Reservieren Sie frühzeitig passende Räumlichkeiten, und lassen Sie sich Datum, Benützungsdauer, bereitstehende Infrastruktur, Preis und eventuell Verpflegung schriftlich bestätigen.

Die Grösse des Raumes kann einen Einfluss auf die Stimmung an der Versammlung haben. Ein kleiner, gut gefüllter Saal verleiht den Versammlungsteilnehmenden ein Gefühl von Stärke und Bedeutung und schafft eine gute Atmosphäre. In einem grossen, nur halb gefüllten Saal fühlen sich die Leute verloren und angreifbar. Diese unterschiedlichen Stimmungen beeinflussen auch die Berichterstattung durch anwesende Medienleute und damit das Ansehen des Vereins in der Öffentlichkeit. Es ist ärgerlich, wenn nachher in der Zeitung von der «nur mässig besuchten Versammlung» die Rede ist, positiv liest sich dagegen die Meldung: «Der Ochsen-Saal mochte die zahlreichen Interessierten kaum zu fassen.»

Wird keine Anmeldung verlangt, ist es schwierig, im Voraus die Zahl der Versammlungsteilnehmerinnen und -teilnehmer abzuschätzen. Auch die Erfahrungen früherer Jahre können täuschen. Ein besonders zugkräftiges Programm neben den üblichen Traktanden, eine umstrittene Abstimmung oder eine Kampfwahl führen vielleicht zu einem unerwartet grossen Publikumsaufmarsch.

Tipp   *Wählen Sie im Zweifelsfall den Saal lieber etwas zu gross. Eventuell lässt sich der Raum mit mobilen Wänden verkleinern, oder Sie können mit eigenen Plakatständern den hinteren Teil abgrenzen. Stellen Sie schon vorher sicher, dass Sie bei grossem Andrang zusätzliche Stühle auftreiben können, damit während der Versammlung niemand stehen muss.*

Die Ausstattung des Versammlungssaales

Machen Sie sich zum Voraus Gedanken zur Bestuhlung des Saales, und sprechen Sie sie genau mit dem Saalvermieter ab. Alle Versammlungsteilnehmenden sollten einen ungehinderten Blick zum Vorstandstisch oder Rednerpult haben. Eine Anordnung im Halbrund oder in Hufeisenform ist deshalb ideal. Die Anwesenden werden eine Ablagefläche für Unterlagen und zum Schreiben schätzen, was für Tische spricht. Eine Saalbestuhlung mit Tischen hat jedoch den Nachteil, dass einige mit dem Rücken zum Podium sitzen. Eine ideale Zwischenlösung sind Stühle mit einer verbreiterten Armlehne als Schreibunterlage, wie es sie in grossen Hörsälen gibt.

Gibt es wegen der Sitzordnung Sichtprobleme, so stellen Sie ein erhöhtes, für alle sichtbares Podium auf. Hier kann der ganze Vorstand Platz nehmen oder zumindest jene, die die Versammlung leiten und das Protokoll führen.

Tipp

Wer auf dem erhöhten Podium sitzt, schätzt es, wenn der Tisch vorne mit Tüchern oder Tischpapier kaschiert wird. Bringen Sie Namenstafeln in grosser Schrift an, damit das Publikum erkennen kann, wer auf dem Podium sitzt.

Audiovisuelle Geräte wie Hellraumprojektor, Beamer, Dia- und Videoprojektoren sind beliebte Hilfsmittel, um Referate bildhafter zu gestalten und bei trockenen Traktanden die Aufmerksamkeit des Publikums zu gewinnen. Setzen Sie diese Mittel aber gezielt und sparsam ein, sie können auch zu einer Übersättigung führen. Beachten Sie, dass Hellraumbilder in grossen Sälen an Wirkung verlieren. Eine grosse fette Schrift ist deshalb unabdingbar. Damit die Bilder nicht verzerren, muss die Leinwand schräg gestellt werden können. Um unliebsame Überraschungen zu vermeiden, testen Sie die Projektionen vor der Versammlung aus. Wollen Sie Dias oder Videofilme zeigen, muss der Saal verdunkelt werden können.

Prüfen Sie frühzeitig, ob all die elektronischen Geräte auch wirklich funktionieren. Bestimmen Sie eine Person, die für deren Bedienung und die Saalverdunkelung verantwortlich ist. Legen Sie Ersatzbirnen für den Hellraum- oder Diaprojektor bereit. Es gibt nichts Ärgerlicheres, als wenn bei Referaten, die ganz auf Folien oder Dias aufgebaut sind, der Projektor ausfällt.

Bei jeder Versammlung können Pannen passieren. Wenn man mit Einfallsreichtum und Flexibilität darauf reagiert, tun sie dem Gelingen der Veranstaltung keinen Abbruch. Das illustriert das folgende Beispiel.

Beispiel *Eine Ortspartei feiert ihr 75-jähriges Bestehen. Zum Festprogramm* *gehört ein Diavortrag zum Thema «Politische Plakate einst und heute». Der Referent sammelt leidenschaftlich Plakate. Aus seinem riesigen Fundus hat er rund hundert ausgewählt und fotografiert. Anhand der Dias will er die Entwicklung der Plakatkunst sowie die Geschichte und die Bildsprache der politischen Werbung in den vergangenen hundert Jahren aufzeigen. Während des Apéros baut der Referent seine technische Installation mit zwei Diaprojektoren auf. Als ein Kellner ein Tablett mit Gläsern durch den Saal balanciert, stösst er ans wacklige Tischchen mit den Projektoren – die fein säuberlich eingeordneten Diakassetten fallen zu Boden. Der Referent ist ausser sich. Wütend will er zusammenpacken und verschwinden. Einer der Besucher versucht ihn zu beruhigen, schickt die Gäste in einen anderen Raum und hilft, die Dias wieder einzuordnen. Eine Stunde später beginnt das Referat. Die Abfolge der Bilder stimmt zwar nicht immer, was den Referenten mehr stört als das Publikum, aber der Vortrag fesselt alle und gehört zum Höhepunkt der Festlichkeiten.*

Bei einer grösseren Versammlung und einem akustisch ungünstigen Saal sind Sie auf eine Verstärkeranlage angewiesen. Dazu gehören Mikrofone, Verstärkeranlage und Lautsprecher. Die Audiotechnik ist zwar weit fortgeschritten, moderne Anlagen verfügen sogar über drahtlose Mikrofone, aber vor Pannen sind sie deswegen noch lange nicht gefeit. Darum erntete auch der Wunsch eines Politikers, dessen Mikrofon während seiner Rede mehrmals versagte, beim Publikum viel Applaus: «Drei Dinge möchte ich erfinden: Eine Motorsäge, die beim ersten Startversuch anspringt, Damenschuhe, die innen eine Nummer grösser sind als aussen, und ein Mikrofon, das immer funktioniert.» Testen Sie die Anlage schon vor der Versammlung. Im Saal Mikrofone zu verteilen spart Zeit, weil nicht alle, die sich zu Wort melden, aufs Podium steigen müssen. Gewiefte Rednerinnen und Redner wählen trotzdem ein Mikrofon, das vorne im Saal steht, weil ihnen so eher Aufmerksamkeit geschenkt wird. Das Auspendeln der Lautstärke ist ein weiterer Knackpunkt. Mehrere schwach eingestellte Lautsprecher sind angenehmer als wenige voll aufgedrehte, die das Trommelfell der in der Nähe Sitzenden erschüttern.

Auch bei einer gut vorbereiteten Versammlung kann es vorkommen, dass Sie kurzfristig auf einen Fotokopierer oder ein Faxgerät angewiesen sind. Stellen Sie also vorgängig sicher, dass diese Hilfsmittel vorhanden sind.

Atmosphäre im Versammlungssaal

Ein guter Verhandlungsverlauf wird von der Atmosphäre des Saales beeinflusst. Verwandeln Sie mit einfachen Mitteln einen eher tristen Raum in einen einladenden, stimmungsvollen Saal. Blumenarrangements, von der Decke hängende Windspiele, die das Thema des Anlasses aufnehmen, geschmückte Tische, ein kleines «Bhaltis» an jedem Platz und grossformatige Fotos und Plakate aus der Vereinsgeschichte bringen Farbe und Fröhlichkeit in den Raum. Eventuell wollen Sie auch den Vereinssponsoren die Gelegenheit zu einer Präsentation geben.

Achten Sie auf eine ausreichende und angenehme Beleuchtung, und stellen Sie die Frischluftzufuhr sicher. Aufs Rauchen im Saal sollte während der Versammlung verzichtet werden. Weisen Sie ausdrücklich darauf hin. Planen Sie aber Pausen ein, und geben Sie die Auszeiten zu Sitzungsbeginn bekannt. So verhindern Sie ein ständiges Kommen und Gehen.

Vor Versammlungsbeginn muss auch der Service für Getränke und Essen abgeschlossen sein, damit die Veranstaltung nicht durch das Bedienungspersonal gestört wird. Sind Tische vorhanden, gehören Getränke und Gläser von Beginn weg auf den Tisch. Pausenerfrischungen sollten ausserhalb des Tagungssaals angeboten werden. Planen Sie einen Begrüssungsapéro, offerieren Sie auch genügend alkoholfreie Getränke, damit Ihr Publikum für die nachfolgenden Verhandlungen frisch und aufnahmebereit bleibt.

Legen Sie fest, wer für die Betreuung der Gäste und der Medienleute zuständig ist. Fertigen Sie eventuell Namensschildchen an, die vor dem Eingang auf einem Tisch bereitliegen.

Sich auf den Versammlungsablauf vorbereiten

Beschliessen Sie im Vorstand, welche Geschäfte an der Versammlung traktandiert werden, und wer für welches Geschäft verantwortlich ist. Für eine Haupt-, Jahres- oder Generalversammlung ist klar, dass Jahresbericht, Jahresrechnung (mit Revisorenbericht) zur Genehmigung vorgelegt werden und um Décharge des Vorstandes ersucht wird. Vielleicht stehen auch Wahlen an. Erörtern Sie frühzeitig, wer aus dem Vorstand zurücktreten wird und wer bleibt. Planen Sie die Nachfolgen langfristig. Wenn feststeht, wer sich als neues Vorstandsmitglied zur Verfügung stellt, besprechen Sie mit den Kandidierenden, wie sie sich an der Versammlung persönlich vorstellen wollen. Legen Sie der Traktandenliste ein Blatt mit Informationen (eventuell samt Fotos) über die Kandidatinnen und Kandidaten bei.

Anhand dieser Abklärungen entwerfen Sie nun die Traktandenliste und erstellen einen vorläufigen Ablaufplan oder ein Drehbuch für die Versammlung. Sie halten sich dabei an Ihre Statuten und, sofern Ihr Verein darüber verfügt, an Ihre Geschäftsordnung (Muster einer Geschäftsordnung siehe Anhang).

Hinweis *Fehlt eine Geschäftsordnung, haben sich in Ihrem Verein vielleicht*
 über Jahre hinweg entsprechende Bräuche herangebildet, die so genannten Vereinsusanzen. Fehlen auch diese, halten Sie sich wenigstens an folgende Grundsätze:
- *Die Versammlung wird vom Präsidenten oder von der Präsidentin eröffnet und geleitet, im Verhinderungsfall vom Stellvertreter oder von der Stellvertreterin.*
- *Bei der Wahl des Präsidenten oder der Präsidentin übernimmt die Stellvertretung vorübergehend den Vorsitz.*
- *Unter Umständen kann auch eine Tagespräsidentin oder ein Tagespräsident die Versammlung leiten.*
- *Der oder die Vorsitzende leitet die Debatten und achtet auf Fairness und Ordnung im Diskussionsverlauf.*
- *Er oder sie schliesst die Versammlung wieder. Es ist wichtig, dass die Verhandlungen formell eröffnet und auch wieder geschlossen wer-*

*den, damit die formelle Versammlung von informellen Gesprächen
abgegrenzt ist. Dies gilt auch bei Pausen und Unterbrechungen.*

- *Jedes Mitglied darf sich frei zu den Geschäften äussern, es muss
  dabei aber sachlich bleiben. Es hat ein Recht auf Wortmeldung und
  darf Anträge zu den vorgelegten Traktanden stellen.*
- *Über wichtige Verfahrensfragen (Rückweisung oder Verschiebung
  von Geschäften) entscheidet die Versammlung.*
- *Es muss mindestens ein Beschlussprotokoll geführt werden.*

Protokollführung: Das gilt es zu beachten

Bestimmen Sie frühzeitig, wer das Versammlungsprotokoll führt.
Dies kann der Aktuar, die Aktuarin oder der Sekretär, die Sekretärin
sein. Es kommt auch vor, dass die Protokollführung jedesmal einer
anderen Person aus dem Vorstand oder dem Kreis der Mitglieder
anvertraut wird. In kleinen Vereinen ohne Sekretariat oder Aktuariat,
wo nur ein so genanntes Beschlussprotokoll erstellt wird, mag eine
wechselnde Protokollführung von Vorteil sein. Grössere Vereine sind
auf detailliertere Protokolle angewiesen und setzen daher eher auf
Professionalität. Das Protokoll soll so geführt werden, dass alle Wil-
lensbildungsprozesse später nachvollzogen werden können. So sind
unter anderem sämtliche Abstimmungsergebnisse und Wortmeldungen schriftlich festzuhalten. Hilfreich fürs Protokollieren ist, die Versammlung auf Tonband aufzuzeichnen. Die wichtigsten Protokoll-
inhalte umfassen:

- Datum, Zeit und Ort der Versammlung
- Leitung der Versammlung
- Gästeliste
- Festhalten der Präsenz
- Namen der Stimmenzähler/Stimmenzählerinnen
- Traktandenliste
- Wortmeldungen mit Namen der Votantinnen/Votanten
- Sämtliche Abstimmungs- und Wahlergebnisse (genauen Wortlaut
  von Abstimmungen festhalten)
- Schluss der Versammlung
- Hinweis, wer das Protokoll verfasst hat, mit Ort, Datum und Unter-
  schrift

Weitere Hinweise zum Protokollieren finden Sie in der Checkliste auf
Seite 62.

Einladung und Traktandenliste

Auf der definitiven Einladung können Sie die Traktandenliste aufführen oder einen Einladungsbrief schreiben und diesem die Traktandenliste beilegen. Entscheiden Sie im Vorstand, welche weiteren
Unterlagen Sie mit der Einladung verschicken wollen (beispielsweise
Jahresbericht, Jahresrechnung, Jahresplanung mit Budgetentwurf,
Informationen zu den Kandidatinnen und Kandidaten, die sich
zur Wahl stellen, weitere Unterlagen zu den einzelnen Traktanden,
spezielle Beilagen zum Rahmenprogramm, Hinweise zum Versammlungsort mit Fahrplan, eventuell Anmeldetalon und Stimmkarte).
Decken Sie Ihre Mitglieder aber nicht mit einem ungeordneten
Papierwust ein. Jede Beilage sollte die Nummer und den Titel des entsprechenden Traktandenpunktes tragen. Verwenden Sie verschiedenfarbige Blätter für die Unterlagen. Ansprechend und praktisch ist es,
wenn Sie aus der gesamten Dokumentation eine kleine Broschüre
herstellen. So gewinnen die Mitglieder leichter den Überblick, und
nichts geht verloren.

Ein Muster für ein Einladungsschreiben finden Sie im Anhang,
ebenso ein Muster für eine Traktandenliste. Im Kasten auf Seite 138
befindet sich eine Checkliste für die Traktandenliste.

Tipp

*Für Anträge von Mitgliedern, die an der Versammlung behandelt
werden müssen, ist in den Statuten eine entsprechende Eingabefrist
vorzusehen, beispielsweise bis fünf Tage vor der Versammlung.*

Taktische Absprachen im Vorstand

Besprechen Sie im Vorstand eingehend die vorgesehenen Traktanden
und die von den Mitgliedern eingereichten Anträge. Gibt es umstrittene Geschäfte oder heikle Themen? Beraten Sie über Ihre Stellungnahmen und Haltungen zu den einzelnen Punkten und sprechen Sie
Ihre Taktik untereinander ab. Eventuell nehmen Sie auch Rücksprache mit den antragstellenden Mitgliedern.

Damit die Versammlung zügig und juristisch korrekt durchgeführt werden kann, sollten Sie sich auch schon auf verschiedene Reaktionen der Anwesenden gefasst machen. Wenn Sie die möglichen Szenarien vorher durchspielen, werden Sie im Ernstfall nicht so schnell überrumpelt. Dies stärkt Ihr Auftreten und verleiht Ihnen Sicherheit.

Normalerweise leitet der Vereinspräsident oder die -präsidentin die Versammlung. Bei bestimmten Traktanden kann die Leitung an einzelne Vorstandsmitglieder delegiert werden (insbesondere bei der Wiederwahl des Präsidenten/der Präsidentin). Es gibt auch Vereine, die in ihren Statuten vorsehen, dass der Vorsitz unter den Vorstandsmitgliedern rotiert. Jede Versammlung wird jeweils wieder von einem andern Präsidenten, einer andern Präsidentin geleitet. Dieses System hat Vor- und Nachteile. Zu den Vorteilen zählt, dass bei einem unvorhergesehenen Ausfall der Leitung immer jemand einspringen kann und dass sich Einzelne weniger profilieren und den Verein dominieren können. Als Nachteil wirkt sich aus, dass niemand die nötige Routine für die Versammlungsleitung erwirbt und dass gegen aussen und innen unklar sein könnte, wer für welche Fragen zuständig ist.

Checkliste: Gliederung der Traktandenliste

Gliedern Sie Ihre Traktandenliste sorgfältig. Bei einer Hauptversammlung werden sich darauf wenigstens die folgenden Punkte befinden:

- Genehmigung Protokoll der letzten Hauptversammlung
- Rechenschaftslegung des Vorstandes (Jahresbericht, Jahresrechnung, Bericht der Kontrollstelle)
- Entlastung des Vorstandes (Décharge)
- Behandlung sämtlicher Traktandenpunkte, welche sich auf das Budget auswirken, zum Beispiel Jahresprogramm, Beitragserhöhungen
- Jahresbudget
- Behandlung von Statutenänderungen und weiteren Geschäften im Kompetenzbereich der Hauptversammlung
- Wahlen (Vorstand, Revisoren/Revisorinnen)
- Behandlung von Anträgen der Mitglieder, welche sich nicht auf die erwähnten Geschäfte beziehen (Fristen, Zuständigkeit und Themenbezug zu Vereinsaufgaben beachten)
- Verschiedenes wie Informationen von allgemeinem Interesse, Abschluss des offiziellen Teils der Hauptversammlung.

Rechte und Pflichten der Versammlungsleitung

Ein Versammlungsleiter, eine Versammlungsleiterin hat eine Reihe von Rechten und Pflichten. Zu den allgemein gültigen Grundsätzen zählen:

- Als Leiter oder Leiterin eröffnen Sie die Versammlung und sorgen für eine speditive, sachgemässe, gesetzes- und statutenkonforme Erledigung der Geschäfte.
- Sie haben alle Befugnisse und Rechte, um einen ordnungsgemässen Ablauf sicherzustellen und durchzusetzen.
- Sie leiten die Diskussionen, erteilen das Wort und sprechen Ordnungsmassnahmen aus (z. B. Ordnungsaufruf, Wortentziehung, Saalverweis an Störenfriede).
- Sie können eine Redezeitbeschränkung vorschlagen, um den Versammlungsablauf zügiger zu gestalten.
- Sie müssen sich unparteiisch verhalten, dürfen sich aber an den Diskussionen beteiligen und den Standpunkt des Vorstandes vertreten.
- Bei Wahlen fragen Sie die Gewählten: «Nehmen Sie das Amt an?»
- Sie schliessen die Versammlung.

Die Versammlung wird eröffnet

Offizielle Eröffnung und Begrüssung

Es ist wichtig, dass Sie die Versammlung offiziell (und möglichst pünktlich) eröffnen. Ab diesem Zeitpunkt können später grobe Verstösse gegen das Reglement vor Gericht angefochten werden. Jetzt hat auch die Protokollführung zu beginnen, und für alle Anwesenden ist klar, dass die privaten Plaudereien einzustellen sind.

Oft werden an solche Versammlungen Gäste eingeladen (Vertretungen von Behörden, Politik, Kirchen, Kultur, Sport und Wirtschaft). Für die Begrüssung dieser «VIPs» (**V**ery **I**mportant **P**erson) gibt es spezielle Begrüssungsprotokolle. Ob Sie sich daran halten und jeden einzelnen Gast mit Namen und Funktion speziell begrüssen wollen, müssen Sie und Ihr Vorstand entscheiden. Ein mehr summarisches Verfahren, dafür herzlich und originell, wird sicher eher geschätzt als eine minutenlange Begrüssungslitanei.

Vergessen Sie bei Ihrer Begrüssung die Vertreterinnen und Vertreter der Medien nicht, denn diese sind wichtig für das Bild Ihres Vereins in der Öffentlichkeit. Auch die Ehrenmitglieder verdienen besondere Aufmerksamkeit. Vermeiden Sie jedoch beim Begrüssungsritual den Eindruck, «gewöhnliche» Vereinsmitglieder seien bei dieser Veranstaltung nur Anwesende zweiter Klasse. Sie sollen im Gegenteil im Mittelpunkt stehen, denn ein Verein ist nur lebensfähig, wenn er von seinen Mitgliedern getragen wird.

Tipp

Die wichtigsten Gäste möchten häufig Grussworte an die Versammlung richten. Vereinbaren Sie vorher, wann und wie lange – oder besser: wie kurz – diese Gäste sprechen sollen. Solche Grussworte können zu Beginn oder, vor allem wenn mehrere Leute sprechen wollen, zwischen einzelnen Traktanden platziert werden.

Formelles: Am Anfang zu klären

Zu Beginn sind einige formelle Punkte zu klären. Weisen Sie darauf hin, dass die Versammlung ordnungsgemäss einberufen und die Vorgaben und Fristen der Statuten eingehalten wurden. Halten Sie fest, wie viele stimmberechtigte Mitglieder anwesend sind (durch Eintrag in die Präsenzliste, Kontrolle der Stimmkarten usw.), und geben Sie die Entschuldigungen bekannt.

Wird in Ihren Vereinsstatuten eine Mindestzahl von anwesenden Mitgliedern vorgeschrieben, muss diese Zahl erreicht sein, damit die Versammlung beschlussfähig ist.

Hinweis

Darf sich ein stimmberechtigtes Vereinsmitglied durch eine andere Person an der Versammlung vertreten lassen? Die Statuten können eine solche Stellvertretung generell gestatten, von bestimmten Voraussetzungen abhängig machen oder auch verbieten. Enthalten die Statuten keine Bestimmungen zu dieser Frage, kommt es auf die bisherige langjährige Praxis, die Vereinsusanz, an. Ist die Stellvertretung in Ihrem Verein seit jeher üblich, ist sie auch zulässig. War dies in Ihrem Verein bisher nicht der Fall, ist die Stellvertretung nicht möglich, denn nach Gesetz ist ein Verein stark auf die Persönlichkeit der einzelnen Mitglieder bezogen.

Gedenken der verstorbenen Vereinsmitglieder

Entweder bei der Begrüssung oder unter dem Traktandum Jahresbericht erinnern Sie die Anwesenden an jene Vereinsmitglieder, die seit der letzten Versammlung gestorben sind. Je nach Vereinstradition werden Sie auf die Persönlichkeit und die Verdienste der Verstorbenen eingehen und um eine Schweigeminute bitten. In Musikvereinen wird zum Andenken oft ein besonderes Musikstück gespielt.

Stimmenzählerinnen – Stimmenzähler

In grösseren Vereinen brauchen Sie für Wahlen und Abstimmungen Stimmenzähler und Stimmenzählerinnen. Zur Wahl dürfen Sie nur Stimmberechtigte vorschlagen. Teilen Sie nach der Wahl jedem und jeder einen Sektor im Saal – inklusive Vorstandstisch – oder eine Anzahl Sitzreihen zum Zählen zu. Wenn Sie Stimmkarten ausgeteilt haben, erleichtert dies das Zählen. Achten Sie darauf, dass die Stimmenzählerinnen und -zähler auch ihre eigene Stimme mitzählen und klar erkennbar ist, wer nicht stimmberechtigt ist. Unter Umständen ist es sinnvoll, nicht Stimmberechtigte in einem separaten Sektor zu platzieren. Wird offen, das heisst mit erhobener Hand, durch Aufstrecken der Stimmkarte oder durch Aufstehen gestimmt und gewählt, lassen Sie nur auszählen, wenn das Resultat nicht offensichtlich ist. Für geheime Wahlen und Abstimmungen lassen Sie Stimmzettel austeilen.

Tipp

Halten Sie für jede Abstimmung andersfarbige Zettel bereit und protokollieren Sie bei jedem Durchgang die Zahl der ausgeteilten Stimmzettel.

Die Traktandenliste genehmigen lassen

Die vorliegende Traktandenliste muss von der Versammlung genehmigt werden. Sollen auf Antrag aus der Versammlungsmitte noch zusätzliche Geschäfte mit erheblicher Tragweite (Statutenänderungen oder Beitragserhöhungen) behandelt werden, konsultieren Sie zuerst die Bestimmungen in den Vereinsstatuten. Prüfen Sie auch, ob die Hauptversammlung für die Behandlung dieser Geschäfte überhaupt zuständig ist. Anträge zu einzelnen Traktandenpunkten behandeln Sie erst beim betreffenden Geschäft.

Der Ablauf der Hauptversammlung

Sind die nötigen Vorbereitungshandlungen erledigt, läuft die Hauptversammlung nach einem bestimmten Muster ab. Am Anfang steht die Genehmigung des Protokolls.

Das Protokoll genehmigen lassen

Sie können bei der Protokollgenehmigung verschieden vorgehen:
- Sie lassen das Protokoll vorlesen (zeitraubend!).
- Sie legen es der Einladung bei.
- Sie lassen es unter den Anwesenden zirkulieren und erst später genehmigen.
- Sie lassen dem Vorstand die Kompetenz zur Genehmigung übertragen.

Werden Abänderungs- oder Ergänzungsanträge zum Protokoll gestellt, lassen Sie darüber diskutieren und abstimmen. Werden die Änderungen gutgeheissen, kommen sie unter dem Titel «Protokollberichtigung» ins Protokoll der laufenden Vereinsversammlung.

Einführung in die einzelnen Traktanden

Erläutern Sie kurz, worum es bei dem Geschäft geht und worüber abgestimmt werden soll. Eventuell haben Sie zusammen mit der Einladung schon zusätzliche Informationen zur Vorlage abgegeben. Handelt es sich um ein gewichtiges Geschäft, führen Sie zuerst eine Grundsatzdiskussion, eine so genannte «Eintretensdebatte». Soll dieses Geschäft überhaupt behandelt werden?

Beispiel *Das Kulturforum Wilen hat sich mit seiner Musikschule bisher günstig in verschiedenen Räumen und Schulzimmern eingemietet. Nun stellt der Vorstand den Antrag, ein geeignetes Haus zu kaufen* *und für die Bedürfnisse der Musikschule umzubauen. Dieses Vorhaben wirft viele Fragen auf und ist für die Weiterentwicklung des Kulturforums entscheidend. Darum wird die Vereinsversammlung zuerst über das Für und Wider eines Kaufes diskutieren wollen.*

Legen Sie die Position und die Empfehlung des Vorstandes dar und geben Sie die Diskussion zum Eintreten frei. Vielleicht wird schon jetzt klar, dass das Vorhaben keine Chance hat, dann kann man sich die langwierige Debatte um Details sparen. Am Schluss stimmen Sie ab über Eintreten, ja oder nein. Wird Eintreten abgelehnt, fällt das Geschäft aus der Traktandenliste. Ist die Mehrheit für Eintreten, geht es bei grösseren und kleineren Geschäften nach dem selben Muster weiter:

Die Diskussion eröffnen

Alle Mitglieder haben das Anrecht auf Wortmeldungen. Als Versammlungsleiterin oder -leiter erklären Sie die Diskussion für eröffnet und erteilen das Wort in der Reihenfolge, wie sich die Anwesenden gemeldet haben. Dabei haben jene, die noch nicht zum Verhandlungsthema gesprochen haben, Vorrang vor jenen, die ihre Meinung bereits kundgetan haben. Wenn Sie den Eindruck haben, es sei nun wirklich alles gesagt, erklären Sie «Schluss der Debatte». Jetzt hat niemand mehr das Recht, sich zum Geschäft zu äussern, es sei denn, es müssten noch Missverständnisse geklärt oder persönliche Angriffe abgewehrt werden.

Je nach Komplexität eines Geschäftes strukturieren Sie es und lassen über einzelne Punkte separat diskutieren und abstimmen (z. B. einzelne Artikel eines Reglementes, einzelne Posten eines Budgets). Auf jeden Fall müssen Sie am Ende des Traktandums nochmals über den Antrag als Gesamtes (mit den beschlossenen Änderungen) abstimmen lassen.

Geschäfte mit Sach- und Ordnungsanträgen

Grundsätzlich ist zu unterscheiden zwischen Ordnungsanträgen und Sachanträgen.

- **Ordnungsanträge** beziehen sich auf das Verfahren, das heisst die Art und Weise, wie ein Thema behandelt werden soll. Ordnungsanträge können Sie jederzeit stellen. Über sie muss sofort abgestimmt werden.

Beispiele *Hier eine Reihe von Ordnungsanträgen:*

- *Antrag auf Verschiebung des Traktandums (z.B. an den Schluss der Versammlung oder auf eine nächste Versammlung)*
- *Antrag auf Abbruch der Debatte (wenn alles gesagt ist)*
- *Antrag auf Redezeitbeschränkung (wenn zu erwarten ist, dass sich noch sehr viele Mitglieder zu Wort melden werden)*
- *Antrag auf geheime Abstimmungen (bei sehr umstrittenen Geschäften)*
- *Antrag, ein Geschäft zu unterteilen (über einzelne Punkte separat zu beraten und abzustimmen)*
- *Antrag, zwei Geschäfte zu verbinden (über zwei oder mehr Traktandenpunkte gleichzeitig zu beraten und abzustimmen)*
- *Antrag auf Rückweisung des Geschäftes (z. B. zur Überarbeitung an den Vorstand oder die Projektgruppe)*
- *Antrag, auf ein Geschäft zurückzukommen, das bereits behandelt wurde*
- *Antrag auf Abbruch der Versammlung (weil nur noch wenige Mitglieder anwesend sind)*

- **Sachanträge** betreffen den Inhalt eines Traktandums. Soll das Haus für die Musikschule gekauft werden oder nicht? Bei Sachanträgen unterscheiden wir Hauptanträge, Gegenanträge, Abänderungsanträge und Unterabänderungsanträge:
  - Ein Hauptantrag ist der Vorschlag des Vorstandes oder eines Vereinsmitgliedes, wie ein auf der Traktandenliste aufgeführtes Problem zu entscheiden sei.
  - Ein Gegenantrag ist eine Alternative zum Hauptantrag. Er steht in der Hierarchie bei der Abstimmung im gleichen Rang wie der Hauptantrag.
  - Ein Abänderungsantrag ist ein Verbesserungsvorschlag zum Haupt- oder Gegenantrag.
  - Ein Unterabänderungsantrag ist ein Verbesserungsvorschlag zu einem Abänderungsantrag.

Beispiel

Der Vorstand des Kulturforums Wilen beantragt der Hauptversammlung, im Sommer 2007 vom 18. bis 25. Juni eine Kulturwoche durchzuführen mit verschiedenen klassischen Konzerten, drei Theatergastspielen, einem Kabarettprogramm und einer Kunstausstellung. Paula Grütter möchte am breiten Angebot festhalten, die Kulturwoche aber auf den Spätherbst verschieben, weil im Juni in der Region sonst schon viel los sei. Reto Meier will auch auf den Spätherbst verschieben, sich aber auf Musik beschränken, dafür Konzerte aus verschieden Sparten (Klassik, Volksmusik, Jazz) anbieten. Vreni Fischer unterstützt den Antrag Meier, möchte aber die Volksmusik aus dem Programm streichen. Nicole Schuster findet den Termin Juni 2007 gut für die Kulturwoche. Sie möchte das Programm aber noch durch ein Literatur-Symposium erweitern.

– Der Antrag des Vorstandes ist ein Hauptantrag.
– Der Antrag von Paula Grütter ist ein Gegenantrag.
– Der Antrag von Reto Meier ist ein Abänderungsantrag zum Gegenantrag.
– Der Antrag von Vreni Fischer ist ein Unterabänderungsantrag zum Antrag von Reto Meier (zum Abänderungsantrag des Gegenantrages).
– Der Antrag von Nicole Schuster ist ein Abänderungsantrag zum Hauptantrag.

Die Präsidentin Monika Huber sammelt alle Anträge. Diese müssen klar formuliert sein. Darum fragt sie bei Unklarheiten nach. Dann erklärt sie der Versammlung, wie sie die Abstimmung vornehmen will, und fragt, ob alle einverstanden sind. Damit alle das Vorgehen nachvollziehen können, zeichnet sie auf dem Hellraumprojektor ein Schema. Gibt es Opposition zum Verfahren, muss sie zuerst darüber eine Einigung erzielen. Nun lässt die Präsidentin abstimmen. Sie geht so vor:

1. Abstimmung:
Antrag Fischer wird Antrag Meier gegenüber gestellt: Soll das Programm nur Klassik und Jazz (Fischer) oder Klassische Musik, Volksmusik und Jazz enthalten (Meier)?
Ergebnis: Antrag Fischer 115 Stimmen, Antrag Meier 122 Stimmen

Abstimmungsschema:

1. Abstimmung
Unterabänderunsantrag Fischer ⬅➡ Abänderungsantrag Meier

2. Abstimmung
obsiegender Antrag aus 1. Abstimmung ⬅➡ Gegenantrag Grütter

3. Abstimmung
Abänderungsantrag Schuster ⬅➡ Hauptantrag Vorstand

4. Abstimmung
ev. modifizierter Antrag Vorstand ⬅➡ ev. modifizierter Antrag Grütter

5. Abstimmung
obsiegender Antrag aus 4. Abstimmung Ja oder Nein

2. Abstimmung:
Antrag Meier wird Antrag Grütter gegenüber gestellt: Volles Programm im Herbst (Grütter) oder nur Musikprogramm im Herbst (Meier)?
Ergebnis: Antrag Grütter 125 Stimmen, Antrag Meier 112 Stimmen

3. Abstimmung:
Antrag Schuster wird Antrag Vorstand gegenüber gestellt: Um Literatur-Symposium erweitertes Programm (Schuster) oder «Normalprogramm» (Vorstand)?
Ergebnis: Schuster 124 Stimmen, Vorstand 113 Stimmen

4. Abstimmung:
Abgeänderter Hauptantrag des Vorstandes wird abgeändertem Gegenantrag Grütter gegenüber gestellt: Kulturwoche mit erweitertem Programm im Sommer (Vorstand) oder Normalprogramm im Spätherbst (Grütter)?
Ergebnis: modifizierter Antrag Vorstand 128 Stimmen, Antrag Grütter 109 Stimmen

5. Schlussabstimmung:
modifizierter Antrag Vorstand Ja oder Nein?
Ergebnis: Ja 230 Stimmen; Nein 5 Stimmen; Enthaltungen: 2

Die Vereinsversammlung des Kulturforums Wilen beschliesst also, vom 18. bis 25. Juni 2007 eine Kulturwoche mit breitem Programm (klassische Konzerte, Theater, Kabarett, Literatur-Symposium) durchzuführen.

Üblich ist, wie im Beispiel dargelegt, über Unterabänderungsanträge vor den Abänderungsanträgen und über diese vor den Hauptanträgen zu entscheiden. Wer für einen Unterabänderungsantrag stimmt, ist nicht verpflichtet, dem Abänderungsantrag zuzustimmen. Dasselbe gilt, wenn es um Abänderungsanträge zum Hauptantrag geht. Wer also im obigen Beispiel in der zweiten Abstimmungsrunde für den Antrag Grütter stimmte, muss in der 4. Abstimmung nicht zwangsläufig wieder für ihn stimmen.

Einfacher sind natürlich Abstimmungen ohne Gegen- oder Abänderungsanträge. Da lautet beispielsweise die Frage des Präsidenten oder der Präsidentin beim Genehmigen des Budgets einfach:

- «Wer das vorgelegte Budget für das Jahr 2003 genehmigen will, bezeuge dies durch Handerheben.»
- «Gegenstimmen?» (Nein-Stimmen)
- «Enthaltungen?» (Nur nötig, wenn in den Statuten vorgesehen ist, dass die Mehrheit der anwesenden stimmberechtigten Mitglieder zustimmen muss.)

Das Auszählen der Stimmen ist nur notwendig, wenn kein klares Mehrheitsverhältnis erkennbar ist.

Mit den Worten: «Ich stelle fest, dass der Antrag mit überwiegendem Mehr bei wenigen Nein-Stimmen und einigen Enthaltungen gutgeheissen worden ist» kann der oder die Vorsitzende die Abstimmung abschliessen. Diese Feststellung wird ins Versammlungsprotokoll aufgenommen und dokumentiert so den gültig gefassten Vereinsbeschluss.

Hinweis *An die von der Versammlung gefassten Beschlüsse sind sämtliche Mitglieder gebunden, auch jene, die dagegen stimmten oder abwesend waren. Natürlich ist auch der Vorstand an diese Beschlüsse gebunden und hat sie zu vollziehen, selbst wenn er sie nicht unterstützte.*

Engagements würdigen: Ehrungen

Tritt ein Vorstandsmitglied zurück, ist ein Mitglied während einer «feierungswürdigen» Anzahl Jahre beim Verein (20, 25, 30 Jahre) oder hat ein Funktionär, eine Funktionärin sich durch besonderes Engagement in der Vereinsarbeit hervorgetan, so ist es sicher am Platz, diese Person an der Versammlung zu ehren. Je nach Vereinstradition werden Sie diese Ehrung mehr oder weniger feierlich vornehmen. Dazu gehören anerkennende Worte, gewürzt mit Anekdoten aus dem Vereinsleben und ein kleines Geschenk. Sicherlich schätzen es die Geehrten, wenn nicht einfach der obligate Blumenstrauss oder die Weinflasche überreicht wird, sondern ein auf die Persönlichkeit abgestimmtes originelles Geschenk. (Siehe auch «Reden an Vereinsanlässen lebendig gestalten», Seite 181.)

Formlos oder turbulent: Wahlen

Ist die in den Statuten vorgesehene Amtsdauer vorüber, müssen die verbleibenden Vorstandsmitglieder an der Hauptversammlung für eine weitere Amtsdauer bestätigt werden. Gibt es im Verein keine Unstimmigkeiten und sind alle mit der Arbeit des Vorstandes zufrieden, laufen solche Bestätigungswahlen ohne Probleme ab. Meistens werden der Vorstand als Ganzes und der Präsident oder die Präsident einzeln durch Akklamation im Amt bestätigt. Der Vorgang muss aber auch bei dieser formlosen Art durch den Vizepräsidenten oder die Vizepräsidentin geleitet werden. Dies wird er oder sie natürlich mit einer Würdigung der präsidialen Arbeit und einem herzlichem Dankeschön im Namen des Vereins verbinden.

Erreichen ein oder mehrere Vorstandsmitglieder die maximale Zahl von Amtsjahren oder treten Vorstandsmitglieder zurück, kommt es zu Neuwahlen. Sie haben schon frühzeitig geeignete Personen für die Nachfolge gesucht und mit diesen vereinbart, wie sie sich an der Hauptversammlung vorstellen. Sie können die Kandidierenden auch auf der Traktandenliste aufführen oder sie den Mitgliedern auf einem Beiblatt mit Foto und persönlichen Angaben präsentieren.

Bewerben sich mehrere Personen für einen Sitz im Vorstand, kommt es zur Kampfwahl. Fairerweise werden Sie allen Kandidierenden die Gelegenheit geben, sich persönlich der Versammlung vorzustellen und Fragen aus dem Publikum zu beantworten. Machen Sie klare Vorgaben für diese Vorstellungsrunden, damit die Spiesse für alle gleich lang sind. Danach sollten die Kandidierenden den Saal verlassen, damit die Vereinsmitglieder offen über die zur Wahl stehenden Personen diskutieren können. Je nach Statutenregelung oder Vereinsusanz dürfen die Kandidierenden bei der Wahl ihre Stimme auch abgeben oder müssen sich enthalten.

Wird eine geheime Wahl beantragt und von der Versammlung gewünscht, teilen die Stimmenzähler Stimmzettel aus. Die Zahl der eingesammelten Stimmzettel darf die Zahl der ausgeteilten nicht übersteigen, sonst ist die Wahl ungültig. Zettel, die mehr Namen enthalten, als Sitze zu besetzen sind, sind ebenfalls ungültig.

Sobald sich mehr als zwei Personen für ein Amt bewerben, empfiehlt es sich, im ersten Wahlgang am absoluten Mehr festzuhalten. Erreicht niemand das absolute Mehr, muss ein zweiter Wahlgang durchgeführt werden. Gewählt ist dann, wer das relative Mehr erhält. Lesen Sie zu den Begriffen absolutes und relatives Mehr auch die Ausführungen auf Seite 151.

Beispiel *Beim Kulturforum Wilen tritt Urs Wanzenried aus dem Vorstand*

zurück. Er betreute das Ressort «Marketing/Kommunikation». Zu seinem Nachfolger schlägt der Vorstand den diplomierten PR-Berater Otto Arber vor. Aus der Mitte der Versammlung wird Pia Stähli, Redaktorin beim Wilener Anzeiger, nominiert. Zudem meldet Reto Meier Interesse an der Mitarbeit im Vorstand an. Die Vorstellungsrunde zeigt, dass alle drei Kandidierenden über die nötigen Fähigkeiten zur Führung des Ressorts «Marketing/Kommunikation» verfügen. Nach einer ausgiebigen Diskussion in Abwesenheit der zur Wahl stehenden Personen schreitet die Präsidentin Monika Huber zur Wahl. Weil in der Diskussion die Wellen hoch gingen, schlägt Vreni Fischer geheime Wahlen vor. Die Versammlung ist damit einverstanden. Es werden 237 Stimmzettel ausgeteilt.

1. Wahlgang: 237 gültig abgegebene Stimmen, absolutes Mehr 119
– Otto Arber 96 Stimmen
– Pia Stähli 82 Stimmen
– Reto Meier 59 Stimmen

Keine Person erreicht das absolute Mehr von 119 Stimmen. Es ist ein zweiter Wahlgang nötig.

2. Wahlgang: 237 gültig abgegebene Stimmen
– Otto Arber 118 Stimmen
– Pia Stähli 70 Stimmen
– Reto Meier 49 Stimmen

Gewählt ist Otto Arber, weil er am meisten Stimmen erreicht hat (relatives Mehr). Die Präsidentin fragt Otto Arber nun ordnungshalber: «Nehmen Sie die Wahl an?» Erst nach Arbers «Ja» ist die Wahl gültig.

Das wichtigste Recht der Mitglieder: Stimmen

Das Stimm- und Wahlrecht ist das wichtigste Recht der Mitglieder. Eine Pflicht zur Stimmabgabe besteht nur, wenn dies in den Statuten so verankert ist. Grundsätzlich gilt in einem Verein das Kopfstimmen-Prinzip: ein Vereinsmitglied – eine Stimme. Abweichungen müssen in den Statuten geregelt sein. So führt beispielsweise das Kulturforum Wilen eine Kulturbeiz. Die Wirtin hat beim Bestimmen des Kulturprogramms, das im Säli der Kulturbeiz durchgeführt wird, ein doppeltes Stimmrecht. Sie weiss aus Erfahrung, was bei ihren Gästen gut ankommt.

In den Statuten sollte festgehalten sein, ob ein Mitglied stellvertretend die Stimme für ein anderes Mitglied abgeben darf, das beispielsweise wegen Krankheit nicht an der Versammlung teilnehmen kann.

Nichtvereinsmitglieder und Gäste haben in einer Vereinsversammlung weder Stimm- noch Wahlrecht.

Ausstandsregeln

Es gibt Gründe, die ein Mitglied zwingen, in den Ausstand zu treten und so vom Stimmrecht, aber auch schon von der Beratung, auszuschliessen. Dies ist nach ZGB 68 der Fall, wenn über Geschäfte zwischen dem Verein und dem Mitglied selber oder seinen nächsten Angehörigen (Ehepartner oder Ehepartnerin, Eltern, Kinder, Grosseltern, Enkel) entschieden wird, nicht aber bei Geschwistern, Onkel, Tanten und Freunden. Wird gegen diese Vorschrift verstossen, ist der Beschluss anfechtbar (ZGB 75). In den Statuten kann der Verein den Kreis jener, die in den Ausstand zu treten haben, individuell ausdehnen. Dies muss aber sachlich begründet sein. Die Ausstandsregel gilt nicht nur für die Vereinsversammlung, sondern auch für den Vorstand und andere Vereinsorgane.

Beispiel   *Die Hauptversammlung des Vereins «Kulturforum Wilen» hat dem Kauf und der Renovation des Hauses «Minerva» für die Musikschule zugestimmt. Der Vorstand vergibt nun die Aufträge für die Renovierungsarbeiten. Vorstandsmitglied Peter Augsburger, der ein Bodenleger- und Teppichgeschäft führt, hat für die Bodenbeläge in den Übungsräumen eine Offerte eingereicht. Er muss bei der Behandlung der Auftragsvergabe in den Ausstand treten.*

Begriffsdefinition der unterschiedlichen Mehrheiten

Die Mehrheit bestimmt auch im Vereinsleben. Aber welche Mehrheit? Darüber herrscht oft Verwirrung. Unter dem gleichen Begriff wird nicht von allen auch das Gleiche verstanden. Darum ist es empfehlenswert, in den Statuten Klarheit zu schaffen.

- **Absolutes Mehr:** Wird in den Statuten nichts weiter geregelt, gilt ZGB 67 II: «Die Vereinsbeschlüsse werden mit Mehrheit der Stimmen der anwesenden Mitglieder gefasst.» Dies bedeutet, dass als Berechnungsbasis die Zahl der anwesenden Mitglieder dient. Es müssen alle Stimmen gezählt werden, auch die ungültigen und die Stimmenthaltungen. Denn wer eine ungültige Stimme abgibt oder sich der Stimme enthält, ist ja trotzdem «anwesend». Beim absoluten Mehr stimmt eine Mehrheit der anwesenden Mitglieder für eine Vorlage. Bei einer geraden Zahl von Anwesenden, zum Beispiel 50 Mitgliedern, ist das absolute Mehr mit 26 Stimmen erreicht (50 : 2 = 25 plus 1 = 26). Bei einer ungeraden Zahl von Anwesenden, zum Beispiel 51, wird nach der Divison auf die nächste ganze Zahl aufgerundet (51 : 2 = 25.5, aufrunden auf 26). Bei Stimmengleichheit (z. B. 25 zu 25) gilt der Beschluss als abgelehnt, ausser der Präsident oder die Präsidentin habe laut Statuten das Recht, einen Stichentscheid zu fällen.

Beispiel *An der Hauptversammlung des Kulturforums wird über das Tätig-*

keitsprogramm 2006 abgestimmt. Es sind 237 Mitglieder anwesend. Weil das Programm umstritten ist, wird geheime Abstimmung verlangt.

Ergebnis:	Ausgeteilte Stimmzettel:	237
	leer (Enthaltung):	15
	ungültig:	1
	Ja-Stimmen:	203
	Nein-Stimmen:	18

Absolutes Mehr: 237 : 2 = 118.5, aufgerundet auf die nächste ganze Zahl = 119

Das Tätigkeitsprogramm 2006 ist mit 203 Stimmen angenommen.

- **Einfaches Mehr:** Mit einfachem Mehr kommt ein Beschluss zustande, wenn er mehr Ja- als Nein-Stimmen erreicht. Hier haben die Enthaltungen und allfällige ungültige Stimmen keinen Einfluss. Das Tätigkeitsprogramm 2004 im obigen Beispiel wäre also schon bewilligt worden, wenn es nur 111 Ja-Stimmen erreicht hätte.

Beispiel

Abgegebene Stimmen:	237
leer:	15
ungültig:	1
gültige Stimmen:	221
Ja-Stimmen:	111
Nein-Stimmen:	110

einfaches Mehr 221 : 2 = 110.5, aufrunden auf die nächste gerade Zahl = 111

Das Tätigkeitsprogramm ist mit der knappst möglichen einfachen Mehrheit angenommen. Dies wäre allerdings keine gute Ausgangslage für ein erfolgreiches Vereinsjahr!

- **Relatives Mehr:** Stehen mehrere gleichwertige Vorlagen zur Abstimmung oder mehrere Personen für einen Sitz zur Wahl, wird häufig für die erste Abstimmungsrunde das absolute Mehr vorgeschrieben. Nachher gilt jene Person als gewählt oder jene Vorlage als angenommen, welche am meisten Stimmen auf sich vereinigt.

Die Vereinsstatuten können für besonders wichtige Themen auch höhere Anforderungen an die Ja-Mehrheiten festlegen, so genannte erschwerte beziehungsweise qualifizierte Mehrheiten oder Quoren. Soll beispielsweise der Zweck eines Vereins geändert werden, legt schon das Gesetz (ZGB 74) die Hürde höher und verlangt faktisch Einstimmigkeit. Will sich beispielsweise das Kulturforum Wilen in einen Sportclub umwandeln, müssten damit alle Mitglieder einverstanden sein. Auch für Statutenänderungen oder die Festlegung der Finanzkompetenzen des Vorstandes sind qualifizierte Mehrheiten vorstellbar.

- **Einstimmigkeit:** Ausser für die erwähnte Zweckumwandlung des Vereins ist auch für die auf schriftlichem Weg durchgeführte Abstimmung (Urabstimmung) vom Gesetz Einstimmigkeit vorgeschrieben. Die Statuten können diese Gesetzesvorschrift aber mildern und sowohl für Zweckänderungen als auch für die Urabstimmung Mehrheitsentscheide zulassen.

- **Qualifiziertes Mehr:** Für gewisse Entscheide werden öfters in Vereinsstatuten Stimmenmehrheiten von $2/3$ oder $1/3$ aller Vereinsmitglieder oder aller an der Versammlung anwesenden Mitglieder verlangt. So müsste beispielsweise für einen rechtsgültigen Beschluss bei der Quorumsregel «$2/3$ aller Vereinsmitglieder» folgende Stimmenzahl erreicht werden:

  Zahl der eingeschriebenen Mitglieder: 348
  $2/3$ von 348 =   232

  Das qualifizierte Mehr beträgt in diesem Fall also 232 Stimmen.

Hohe Quoren für Vereinsbeschlüsse (vor allem solche, die auf der absoluten Mitgliederzahl fussen) können die Mitglieder vielleicht «disziplinieren» und zu regelmässigem Versammlungsbesuch anregen, sie sind aber auch gefährlich: Bald einmal ist ein Verein beschluss- und handlungsunfähig. Geht der Versammlungsbesuch nur unwesentlich zurück, können vielleicht gar keine Beschlüsse mehr gefasst werden. Allzu detaillierte Bestimmungen zu Stimmquoren sind daher nicht empfehlenswert, weil sie dem Vorstand die Arbeit unnötig erschweren.

Damit nicht eine zufällige (oder von Rädelsführern zusammengetrommelte) Minderheit weitreichende Beschlüsse fassen kann, ist es empfehlenswert, die Beschlussfähigkeit einer Versammlung an Bedingungen zu knüpfen. Eine Auflage könnte beispielsweise verlangen, dass die Versammlung nur beschlussfähig ist, wenn das absolute Mehr der an der Versammlung Anwesenden mindestens einem Drittel aller Vereinsmitglieder entspricht.

Beispiel   *Das Kulturforum Wilen hat 348 Mitglieder; an der Versammlung müssen mindestens 116 Mitglieder anwesend sein. Gekommen sind 237. Das absolute Mehr beträgt an der Versammlung somit 119 (237:2 = 118.5, aufgerundet auf die nächste ganze Zahl: 119). Wären weniger als zum Beispiel 130 Mitglieder anwesend, müssten doch mindestens 116 einer Vorlage zustimmen, damit die einschränkende Vorschrift erfüllt ist.*

Stimmrecht der Versammlungsleitung

Darf sich der Präsident oder die Präsidentin an Abstimmungen und Wahlen beteiligen? Diese Frage ist umstritten und von Verein zu Verein und auch in politischen Gremien unterschiedlich geregelt. So kann zum Beispiel die Präsidentin oder der Präsident des Nationalrates nicht stimmen, bei Stimmengleichheit jedoch den Stichentscheid fällen.

Anders im Grossen Rat des Kantons Thurgau. Das Reglement bestimmt dort: «Bei Abstimmungen übt das Präsidium das Stimmrecht wie die übrigen Ratsmitglieder aus. Ergibt sich bei offenen Abstimmungen Stimmengleichheit, gilt jener Antrag als angenommen, für den der Präsident oder die Präsidentin gestimmt hat. Bei vorheriger Stimmenthaltung fällt er oder sie den Stichentscheid. Ergibt sich bei geheimen Abstimmungen Stimmengleichheit, ist der Antrag abgelehnt.»

Bei vielen Vereinen herrscht die Tradition, dass Betroffene nicht mitstimmen, wenn es um ihre Wahl geht. Wie Sie es mit dem Stimmrecht des Präsidiums in Ihrem Verein halten wollen, hängt davon ab, wie Sie es in den Statuten festschreiben. Treffen Sie keine Sonderregelung, kann der Präsident oder die Präsidentin wie die übrigen «gewöhnlichen» Mitglieder wählen und abstimmen.

Urabstimmung

Eine briefliche Abstimmung wird Urabstimmung genannt. Sie wird vor allem von grossen Verbänden angewendet, um die Meinung ihrer Mitglieder zu ergründen. Die Statuten solcher Vereine sehen vor, dass über gewisse Vorlagen weder eine Generalversammlung noch eine Delegiertenversammlung beschliesst, sondern eine Urabstimmung durchgeführt wird. Das Quorum für diese Urabstimmung (Einstimmigkeit, $2/_3$-Mehrheit, absolute Mehrheit, einfaches Mehr) regeln ebenfalls die Statuten.

Den Jahresbericht ansprechend präsentieren

Mit dem Jahresbericht informieren Sie die Vereinsmitglieder umfassend über die Tätigkeit des Vorstandes während des abgelaufenen Geschäftsjahres. Sie blicken darin zurück auf die wichtigsten Ereignisse im Vereinsleben, zeigen die Entwicklungen und Veränderungen in der Geschäftstätigkeit auf, gehen detailliert auf die Arbeit der einzelnen Ressorts ein und berichten über Zu- und Abgänge im Mitgliederbestand. Sie weisen auf das gute Zusammenwirken im Vorstand hin und danken allen, die dazu beigetragen haben, dass die Vereinsarbeit Früchte trägt. Dabei erwähnen Sie auch, mit welchen Behörden, Organisationen und Firmen Sie zusammenarbeiten und durch wen der Verein ausserordentliche finanzielle Unterstützung erhielt. Sie wagen vielleicht einen Blick auf künftige Entwicklungen, absehbare Tendenzen und auf Vorhaben, die Sie in den kommenden Jahren anpacken wollen. Verzichten Sie aber darauf, einen weltpolitischen Exkurs zu machen oder Ihre Mitglieder mit einem Wust von Daten und Fakten zu langweilen.

Liegt der Jahresbericht gedruckt vor, werden Sie ihn an der Versammlung nicht mehr vorlesen. Bringen Sie mündlich Ergänzungen an oder illustrieren Sie das Vereinsjahr mit Dias von besonderen Ereignissen.

Nach Ihren Ausführungen ergreift die Vizepräsidentin oder der Vizepräsident das Wort, stellt den Jahresbericht zur Diskussion und ermuntert die Mitglieder, Fragen zu stellen. Gibt es keine Wortmeldungen mehr, lässt der Vizepräsident, die Vizepräsidentin über die Genehmigung des Jahresberichtes abstimmen. Meist geschieht diese

Abstimmung in Form eines kräftigen Applauses. Diesen Applaus wird der Vize nun noch verstärken, indem er für den grossen Einsatz des Präsidenten oder der Präsidentin dankt.

Tipp *Die Druckversion des Jahresberichtes können Sie mit Bildern auflockern. Ergänzen Sie ihn mit Bilanz, Jahresrechnung und Revisionsbericht. Vielleicht stellen Sie auch alle Vorstandsmitglieder und weitere Funktionäre und Funktionärinnen mit Bild, ihren Ressorts und ihrer Tätigkeitsdauer im Verein vor. Je nachdem listen Sie auch Spenderinnen und Spender ab einem bestimmten Betrag auf. Soll diese Broschüre als Werbemittel für den Verein eingesetzt werden, lohnt sich eine ansprechende grafische Gestaltung und die Wahl einer guten Papierqualität. Werden Druck und Gestaltung gesponsert, so erwähnen Sie dies in der Broschüre. Einen solchen Jahresbericht können Sie breit streuen:*

– mit Einzahlungsschein und Dankbrief an alle Mitglieder und Sponsorinnen und Sponsoren;

– mit Werbebrief, Beitrittserklärung und Einzahlungsschein an interessierte Personen und potenzielle Mitglieder;

– mit Begleitbrief und Einzahlungsschein an Behörden, Institutionen, andere Vereine und Organisationen.

Stunde der Wahrheit: die Abnahme der Jahresrechnung

An der Hauptversammlung muss der Vorstand Rechenschaft ablegen über die finanzielle Situation des Vereins. Als Kassier oder Kassierin erläutern Sie den Mitgliedern die finanziellen Bewegungen im vergangenen Jahr anhand der Entwicklung der Einnahmen und Ausgaben. Sie begründen ausserordentliche Abweichungen zum Budget und zeigen, ob insgesamt ein Defizit oder ein Vorschlag resultierte. Führen Sie deren Auswirkungen auf das Vereinsvermögen aus.

Die Versammlung als Ganzes kann die Rechnung nicht überprüfen, sie muss sich auf die Angaben des Kassiers und die eventuell gedruckt vorliegende Bilanz und Erfolgsrechnung verlassen.

Darum ist es auch für kleinere Vereine empfehlenswert, das Rechnungswesen des Vereins von Fachleuten revidieren zu lassen. Revisorinnen oder Revisoren können Mitglieder sein, die besondere Kenntnisse in der Buchführung haben. Vereine mit grösserem Umsatz beauftragen mit Vorteil externe Fachleute, eine Revisionsfirma oder ein Treuhandbüro. Die Revisorinnen und Revisoren verfassen über ihre Kontrollarbeit einen Bericht (siehe Seite 67). Sie nehmen eine Gesamteinschätzung der finanzielle Lage des Vereins vor und schlagen Massnahmen vor, wenn sie Schwachstellen entdecken oder die Vereinskasse in rote Zahlen zu rutschen droht. Sie würdigen die Arbeit des Kassiers, der Kassierin und empfehlen der Hauptversammlung, die Jahresrechnung anzunehmen oder abzulehnen (was wohl eher selten geschieht).

Folgt die Versammlung der Empfehlung der Kontrollstelle auf Annahme der Jahresrechnung, so erteilt sie die so genannte Décharge an den Kassier oder die Kassierin und den gesamten Vorstand. Das heisst, sie entlastet den Vorstand von seiner Verantwortung. Sind die Voraussetzungen dank korrekter Rechnungslegung gegeben, hat der Vorstand einen Rechtsanspruch auf die Décharge-Erteilung. Der Vorstand haftet ab diesem wichtigen Zeitpunkt nicht mehr allein für allfällige Schulden, sondern der Verein mit seinem gesamten Vermögen. Die einzelnen Mitglieder hingegen haften nicht für diese Schulden.

Prüfung der Bilanz und der Erfolgsrechnung

Um sich in den Zahlen, die an der Hauptversammlung Ihres Vereins vorgelegt werden, zurechtzufinden und daraus die richtigen Schlüsse zu ziehen, brauchen Sie einige Grundkenntnisse über das Rechnungswesen. Ob die Rechnungslegung korrekt ist, hat schon die Kontrollstelle (vereinsinterne Revisorinnen und Revisoren, externe Revisionsfirma oder Treuhandbüro) überprüft. Vereine legen an der Jahresversammlung häufig nicht nur ihre Bilanz, sondern auch die Erfolgsrechnung vor.

Die Bilanz

Die Bilanz ist die Gegenüberstellung von Vermögen und Verpflichtungen an einem Stichtag. Dieser Stichtag ist meistens der letzte Tag des Vereinsjahres oder der 31. Dezember. Die Bilanz präsentiert das rechnerische Schlussresultat aller finanziellen Aktivitäten des Vereins während eines Jahres. Sie wird erstellt, um herauszufinden, ob der

Verein das Jahr mit einem Verlust oder einem Gewinn abgeschlossen hat und zeigt in einer Übersicht alle Vermögenswerte und Schuldposten auf.

Die Vermögenswerte und Schuldposten werden in einer Inventur festgestellt, in Franken bewertet und in zusammengefasster Form in der Bilanz unter «Aktiven» für Vermögenswerte und «Passiven» für Schulden dargestellt. Ein Muster für eine Vereinsbilanz finden Sie im Anhang.

Einzelne Bilanzposten sind schwierig zu bewerten, vor allem Vorräte, mobile Sachanlagen wie Instrumente und Büromöbel oder Immobilien wie ein Klubhaus oder die Kulturbeiz des Kulturforums Wilen. Dabei muss die Balance gefunden werden zwischen Über- und Unterbewertung.

Die Erfolgsrechnung

Die Erfolgsrechnung stellt die Ein- und Ausgaben des vergangenen Rechnungsjahres einander gegenüber und erläutert den erzielten Gewinn oder Verlust im Detail. Deshalb wird sie auch Gewinn- und Verlustrechnung genannt. Die Darstellung ist unterschiedlich. Oft werden zuerst die Einnahmen und dann die Ausgaben aufgeführt, es kann aber auch umgekehrt sein.

Für die Erfolgsrechnung sind Darstellungen hilfreich, die immer auch den Vergleich zum Budget und eventuell zur Rechnung des Vorjahres machen. Sinnvoll sind auch Kommentare zu grösseren Budgetabweichungen.

Gehen Ihnen die Begründungen zu Budgetabweichungen zu wenig in die Tiefe oder sind Ihnen gewisse Ausgabenposten unklar, so scheuen Sie sich nicht, an der Versammlung entsprechende Fragen zu stellen. Konnten Sie Bilanz und Erfolgsrechnung schon vor der Versammlung studieren, suchen Sie bei Unklarheiten sofort das Gespräch mit dem Kassier oder der Kassierin. Haben Sie den Eindruck, einzelne Posten seien gefälscht, besprechen Sie mit dem Vereinspräsidium das weitere Vorgehen. Dies sind heikle Angelegenheiten, die leicht zu einer Ehrverletzungsklage führen könnten. Vergewissern Sie sich, ob die Revisoren und Revisorinnen fachlich auf der Höhe sind. Informieren Sie sich auch über die Strategie, nach der das Vereinsvermögen angelegt wird.

Checkliste: Beurteilung der Bilanz

Wollen Sie die Bilanz Ihres Vereins kritisch beurteilen, achten Sie auf folgende Punkte:

- Vergleichen Sie das Eigenkapital oder Reinvermögen der aktuellen Rechnungsperiode mit jenem der vergangenen Periode. Hat es zugenommen, hat Ihr Verein mit Gewinn gearbeitet. Er hat in der Erfolgsrechnung einen Vorschlag oder einen Einnahmenüberschuss erzielt. Blieb das Eigenkapital unverändert, gab es in der Erfolgsrechnung weder einen Gewinn noch einen Verlust zu verzeichnen. Nahm das Eigenkapital hingegen ab, hat Ihr Verein im vergangenen Jahr mit Verlust gearbeitet. Der Verlust oder der Rückschlag entspricht dem Ausgabenüberschuss in der Erfolgsrechnung.

- Setzen Sie das Fremdkapital in Beziehung zum Gesamtkapital und zum Eigenkapital. Das Verhältnis von Fremdkapital zu Gesamtkapital zeigt den Verschuldungsgrad des Vereins. Je höher dieser Verschuldungsgrad wird, desto abhängiger ist der Verein von fremden Geldgebern und umso höhere Schuldzinsen hat er zu bezahlen.

- Setzen Sie das Fremdkapital ins Verhältnis zum Eigenkapital. Daraus ersehen Sie, wie hoch der Anteil des Fremdkapitals in Ihrem Verein ist: Je höher dieser Anteil, umso höher der Einfluss Aussenstehender auf Ihren Verein.

- Vergleichen Sie die flüssigen Mittel von Kasse, Post- und Bankkonti mit den kurzfristigen Schulden des Vereins (Schulden, die innerhalb der nächsten zwei Monate zu begleichen sind). Daraus lässt sich schliessen, wie liquid oder wie zahlungsfähig Ihr Verein momentan ist.

- Werden in der Bilanz Posten aufgeführt, die auf einen Franken abgeschrieben sind (so genannte Erinnerungsposten wie alte Geräte usw.), prüfen Sie, ob dies realistisch ist oder ob untertrieben wurde, um so stille Reserven in der Bilanz zu bilden.

- Vergleichen Sie die Bilanz Ihres Vereins mit derjenigen eines ähnlichen Vereins. Erkennen Sie eklatante Unterschiede im Aufbau der Bilanz, suchen Sie das Gespräch mit dem Vorstand.

Der Revisorenbericht

Nach der Diskussion über Bilanz und Erfolgsrechnung wird der Revisorenbericht verlesen. Das Muster eines Revisorenberichts finden Sie im Anhang.

Aufgrund aller dieser Unterlagen stimmt die Hauptversammlung ab über die Genehmigung der Bilanz und der Erfolgsrechnung des vergangenen Jahres. Mit der Genehmigung erteilt die Versammlung dem Vorstand die Décharge (Entlastung). Hier ist sicher auch angezeigt, der Kassierin oder dem Kassier für die gewissenhafte Buchführung zu danken und den enormen Einsatz zu würdigen.

Verbindendes Element: das Tätigkeitsprogramm

Je nach Art Ihres Vereines werden Sie als Präsidentin oder Präsident den Mitgliedern ein Tätigkeitsprogramm für das kommende (oder bereits laufende) Vereinsjahr vorlegen. Dabei zeigen Sie auf, welche Aufgaben Sie im Vorstand anpacken wollen und welche Veranstaltungen und Angebote Sie für die Mitglieder und die Öffentlichkeit planen. Sie nehmen dazu auch Anregungen und Vorschläge aus der Versammlung entgegen. Es ist von Verein zu Verein verschieden, ob ein solches Tätigkeitsprogramm von der Versammlung genehmigt werden muss oder ob es nur (wohlwollend) zur Kenntnis genommen wird. Die Statuten oder die Vereinstradition geben Ihnen hier den Hinweis zum richtigen Vorgehen.

Ohne geht nichts: das Budget

Mit dem Budget oder dem Voranschlag planen Sie, wie sich Ihre Vereinsaktivitäten im nächsten Jahr finanziell auswirken werden. Stützen Sie sich beim Erstellen auf die Erfahrungen früherer Jahre und darauf, wie Sie die künftige Entwicklung einschätzen. Auch hier sind die Vorgehensweisen von Verein zu Verein unterschiedlich: Im Verein A muss die Hauptversammlung das Budget genehmigen, im Verein B nimmt die Versammlung das Budget nur zur Kenntnis.

Tipp

Es ist empfehlenswert, das Budget von der Vereinsversammlung absegnen zu lassen. An dieses muss sich der Vorstand dann allerdings halten, sonst können ihm die Mitglieder vorwerfen, er habe die Sorgfaltspflicht verletzt.

Festsetzung der Mitgliederbeiträge

Für viele Vereine sind die Mitgliederbeiträge eine der wichtigsten Einnahmequellen. Darum muss nach der Diskussion über die Finanzlage des Vereins meist auch die Höhe des Mitgliederbeitrages überprüft werden. Beantragt der Vorstand eine Erhöhung, so wurde der entsprechende Einnahmeposten im bereits verabschiedeten Budget mit der Bemerkung versehen «unter Vorbehalt der Genehmigung der Heraufsetzung durch die Hauptversammlung». Gibt es zur Höhe des Mitgliederbeitrages verschiedene Anträge, so führen Sie die Abstimmung gemäss den Hinweisen ab Seite 143 durch.

Hinweis *Ist in den Statuten die Höhe des Mitgliederbeitrages nach oben begrenzt, können Sie nur höhere Beiträge festsetzen, wenn vorher die Statuten entsprechend angepasst werden.*

Anträge der Mitglieder

Wurden schon vor der Versammlung oder gleich zu Beginn bei der Diskussion über die Traktandenliste Anträge und Vorschläge von Mitgliedern eingereicht, so werden sie nun im Plenum diskutiert. Zuerst begründet der Antragsteller oder die Antragstellerin das Anliegen, dann diskutiert die Versammlung darüber, und der Vorstand gibt seine Meinung ab. Am Schluss wird abgestimmt. Der gefasste Beschluss gilt, auch wenn das Geschäft nicht formgerecht in der Einladung angekündigt worden ist (sofern niemand dagegen rekurriert.)

Diverses

Dieses «Sammeltraktandum» dient dem Vorstand dazu, die Mitglieder über Verschiedenes zu informieren und auf kommende Veranstaltungen und Termine hinzuweisen. Vielleicht können Sie schon den Termin und das Thema der nächsten Hauptversammlung bekannt geben. Geben Sie auch den Mitgliedern die Gelegenheit, sich zu äussern, Mitteilungen zu machen, Lob und Kritik anzubringen oder Vorschläge zur Vereinsarbeit zu machen.

Abschluss der Versammlung

Bevor Sie die Versammlung offiziell schliessen, überprüfen Sie nochmals die Traktandenliste. Wurden alle Geschäfte erledigt? Nehmen Sie auch mit den Vorstandsmitgliedern und dem Protokollführer oder der Protokollführerin Rücksprache. Wurde auch nichts vergessen?

Ist alles in Ordnung, so danken Sie Mitgliedern und Gästen für die Teilnahme, erklären die Hauptversammlung für geschlossen und leiten zum fröhlichen inoffiziellen Teil über.

Unmittelbar nach Schluss der Versammlung sollten Sie Zeit einplanen, um Fragen der anwesenden Medienleute zu beantworten. Bereiten Sie eine Medienmitteilung vor oder schreiben Sie diese unmittelbar nach der Versammlung, um alle Medien, auch die an der Veranstaltung nicht vertretenen, per Fax oder E-Mail über die Beschlüsse der Hauptversammlung zu informieren. So sorgen Sie für eine korrekte und möglichst speditive Berichterstattung.

Falls die Versammlung durch ein Referat bereichert wurde, ist es angebracht, sich beim Referenten oder der Referentin im Nachhinein auch noch schriftlich für den Auftritt zu bedanken. Spezielle Gäste oder Sponsoren freuen sich ebenfalls über ein Dankesschreiben nach der Versammlung.

So bewältigen Sie Störungen der Versammlung

Nicht immer verlaufen Versammlungen so harmonisch, wie Sie sich das wünschen. Manchmal gehen die Meinungen zu einem Thema weit auseinander, persönliche Animositäten vergiften die Atmosphäre oder verschiedene Lager bekämpfen sich. Es kommt vor, dass Minderheiten mit verschiedensten Mitteln versuchen, einen Beschluss zu verhindern. Gelegentlich versuchen Mitglieder, die Verhandlungen in die Länge zu ziehen, um so eine Abstimmung zu verunmöglichen. Dies geschieht durch endloses Reden und das Stellen von immer neuen Anträgen zum selben Verhandlungsgegenstand. Auch wenn das Vorgehen formell korrekt sein kann, wird in Wirklichkeit das Recht missbraucht. Solch störendes, destruktives Verhalten wird Obstruktion genannt und muss von der Versammlungsleitung unterbunden werden.

Tipp *Obstruktion kann beispielsweise durch Beschränken der Redezeit angegangen werden. Um eine endlose Debatte abzukürzen, ist es ebenso hilfreich, im Rahmen eines Ordnungsantrages zu bestimmen, dass sich jedes Mitglied zur gleichen Sache nur einmal äussern darf.*

Auch die Mehrheit inklusive Vorstand kann Obstruktion betreiben, wenn etwa der Antrag einer Minderheit eigentlich vernünftig, der Mehrheit aber nicht genehm ist. Auch in solchen Fällen wird häufig versucht, durch langfädige Diskussionsbeiträge eine Beschlussfassung hinauszuzögern oder im Hinblick auf andere wichtige Traktanden die Versammlung in Zeitnot zu bringen. Hier muss sich die Minderheit mit einem Ordnungsantrag zur Wehr setzen (vergleiche das Kapitel «Geschäfte mit Sach- und Ordnungsanträgen», Seite 143).

Unflätige Zwischenrufe, verletzende Äusserungen während der Debatte oder Stören durch lautes Schwatzen müssen durch die Versammlungsleitung gerügt werden. Störenfriede sollten des Saals verwiesen werden, wenn sonst kein geordneter Versammlungsverlauf mehr möglich ist.

Artet die Versammlung in einen regelrechten Tumult aus, so hilft nur noch ein Abbruch. Beschlüsse, die noch unter «ordentlichen» Umständen formell korrekt gefasst wurden, sind gültig. Bevor die Mitglieder erneut zu einer Versammlung eingeladen werden, braucht es Verhandlungen unter den zerstrittenen Parteien und ein Team, das die Scherben zu kitten sucht. Zum Vorgehen finden Sie Hinweise im Kapitel «Krisen im Verein» (Seite 201).

Grossanlass Delegiertenversammlung

Sehr grosse Vereine mit Hunderten von Mitgliedern und einem ausgedehnten Einzugsgebiet können aus logistischen Gründen keine Hauptversammlung durchführen, an der alle Mitglieder teilnehmen. Eine demokratische Willensbildung wäre an einer solchen Versammlung nur schwer möglich. Darum tritt bei Grossvereinen oder Verbänden an Stelle der Mitgliederversammlung die Delegiertenversammlung. In der Schweiz sind auch die meisten Parteien als Vereine organisiert und halten jährlich eine oder mehrere Delegiertenversammlungen ab. Diese Versammlungen werden oft als medienwirksame Kongresse veranstaltet.

Die Grossvereine, Verbände und Parteien sind häufig in Kantons-, Regional- oder Ortssektionen aufgeteilt. Diese Sektionen dürfen nach dem in den Statuten festgelegten Zahlenschlüssel eine bestimmte Anzahl Delegierte an die Versammlung abordnen. Die Vereinsmitglieder wählen die Delegierten ihrer Sektion. Als Mitglied treten Sie so Ihr Stimm- und Wahlrecht, das Ihnen nach ZGB 67 eigentlich persönlich zusteht, an ein anderes Vereinsmitglied ab. Dieses Repräsentationssystem wurde vom Bundesgericht jedoch zugelassen. Der Delegierte erhält ein gebundenes Mandat: er darf das eigene Urteil nicht zur Richtschnur seines Entscheidungsverhaltens machen, sondern muss sich am Willen der Repräsentierten orientieren.

Die Statuten legen fest, welche Geschäfte an Delegiertenversammlungen behandelt werden und was deren Befugnisse sind. Der Zentralvorstand beruft die Delegiertenversammlung ein und leitet sie.

Besonderheiten grosser Versammlungen

Stehen Sie vor der Aufgabe, eine sehr grosse Versammlung zu organisieren, die sich vielleicht über zwei oder mehr Tage erstreckt, lohnt es sich, spezialisierte Fachleute beizuziehen und ein Organisationskomitee zu gründen. Die Vorbereitung muss schon sehr früh beginnen (Suchen des Tagungsortes, Reservation der Kongressräume und der Hotelzimmer usw.). Der Beizug eines auf die Organisation von Kongressen spezialisierten Dienstleistungsunternehmens ist besonders zu empfehlen, wenn Teilnehmende aus verschiedenen Sprachgebieten erwartet werden. In einem solchen Fall muss eine perfekte Übersetzung gewährleistet sein. Für Simultanübersetzungen braucht es professionelle Dolmetscherteams. Dies ist ein beträchtlicher Kostenfaktor. Kongressunterlagen und im Voraus abgegebene Manuskripte in den erforderlichen Sprachen können den Aufwand etwas mindern. Für Diskussionen sind aber Simultanübersetzungen unerlässlich. Vereine und Verbände, die sich diese Übersetzungsdienste nicht leisten können, behelfen sich mitunter mit kurzen Zusammenfassungen jedes Diskussionsbeitrages im Anschluss an die jeweilige Wortmeldung. Dies führt aber zu sehr langfädigen Verhandlungen. Solche Veranstaltungen dienen nicht nur den Vereinsgeschäften oder sonstigen Fachthemen. Wichtig ist die Begegnung zwischen den Teilnehmenden aus verschiedenen Landesteilen, das Gespräch unter den Delegierten sowie das gesellige Beisammensein. Planen Sie für diese ungezwungenen Kontakte genügend Zeit ein und schaffen Sie dafür Freiräume im Programm. Brechen Sie die Versammlungsgeschäfte zeitig ab, wenn am Abend ein Galadiner oder ein festliches Unterhaltungsprogramm stattfindet. Am folgenden Morgen sollten die Tagungsgeschäfte dann auch nicht zu früh wieder aufgenommen werden.

Checkliste: Vorbereitung einer Hauptversammlung

Diese Checkliste hilft Ihnen, den Überblick über die notwendigen Vorbereitungsarbeiten zu behalten und sie termingerecht auszuführen.

So früh wie möglich:

- Termin, Ort und Zeit festlegen (Rücksicht auf Veranstaltungskalender, Schulferien usw.)
- für grössere Veranstaltungen eventuell Organisationskomitee einsetzen
- Versammlungsort reservieren, Infrastruktur, Preis usw. schriftlich bestätigen lassen
- Zusagen für eventuelle Referate, Präsentationen, Auftritte von Künstlerinnen und Künstlern usw. einholen
- Voranzeige an Mitglieder, Hinweis auf Frist für Anträge
- Voranzeige an Gäste und Medien
- freiwillige Helferinnen und Helfer suchen
- Aufgaben verteilen und Zuständigkeiten festlegen (Versammlungsraum einrichten, elektronische Hilfsmittel betreuen, Weg beschildern, Kinderhort organisieren usw.)
- Traktandenliste zusammenstellen

Termin gemäss Statuten, jedoch mindestens acht bis zehn Tage vor der Versammlung:

- Einladung mit Traktandenliste und Unterlagen zu den einzelnen Geschäften und eventuell Anmeldetalon an Mitglieder verschicken, Gäste und Medien mit speziellen Einladungen bedienen

Spätestens zwei Wochen vor der Versammlung:

- Geschäfte vorbereiten, Taktik des Vorstandes festlegen

- Ablauf- und Zeitplan erstellen (Zuteilen einzelner Traktanden an Vorstandsmitglieder, Protokollführung bestimmen, Wahl- und Abstimmungsprozedere vorbereiten, Gäste- und Medienbetreuung sicherstellen)

Eine Woche und nochmals kurz vor der Versammlung:

- Teilnehmerzahl überprüfen (bei Anmeldungen) und an Verantwortliche für Bestuhlung und Verpflegung weiterleiten

- Saaleinrichtung überprüfen (Bestuhlung, audiovisuelle und elektronische Geräte, Lautsprecheranlage...)

- letzte Absprachen mit allen für die diversen Aufgaben zuständigen Verantwortlichen

- Ablaufplan eventuell anpassen

Am Tag der Versammlung:

- Versammlung gemäss Ablaufplan abwickeln

- Betreuung der allfälligen Referenten/Referentinnen, der Gäste und Medienvertreter besonders beachten

- Geschenke und Blumen für Ehrungen (ev. für Referentin/Referent) bereithalten

- verschiedenfarbige Stimm- und Wahlzettel in genügender Anzahl vorrätig halten

Nach der Versammlung:

- Zeit einplanen für Medienvertreter

- Medienmitteilung schreiben und via Fax und E-Mail verteilen (evtl. schon vorbereitet)

- schriftlicher Dank an Referent/Referentin, evtl. auch an Gäste

- Protokoll überprüfen

« *Es ist besser, ein Problem zu erörtern, ohne es zu entscheiden, als es zu entscheiden, ohne es erörtert zu haben.* »

Joseph Joubert

8. Mitgliederverwaltung

Um stets einen guten Kontakt mit allen Mitgliedern pflegen zu können, braucht Ihr Verein eine zweckmässige Administration. Die Elektronik erleichtert vieles, wirft aber auch neue Fragen auf, etwa zum Thema Datenschutz.

Die Elektronik hält Einzug

So lange Ihr Verein nur rund zwanzig Mitglieder hat, lassen sich die Adressen leicht von Hand oder mit der Schreibmaschine auf Kuverts schreiben und Listen über die einbezahlten Mitgliederbeiträge führen. Rationalisieren lässt sich diese Aufgabe, indem Sie die Adressen so auf einer Vorlage platzieren, dass Sie sie nachher auf A4-Blätter mit Klebeetiketten kopieren können. Hilfreich ist eine separate Karte für jedes Mitglied, auf der Sie alle relevanten Angaben notieren. Diese Karten ordnen Sie alphabetisch in einer Karteibox.

Steigt die Zahl der Vereinsmitglieder, wird es schwieriger, ohne geeignete Hilfsmittel die Übersicht zu behalten und alle in der Vereinsadministration anfallenden Arbeiten zu bewältigen. Dazu gehören folgende Aufgaben:

- Verwalten der Mitgliederadressen (Erfassen, Aufschlüsseln nach verschiedenen Kategorien, Aufnehmen von Mutationen)
- Führen von Funktionärsdaten (für Vorstand, Kommissionen, Arbeitsgruppen usw.)
- Einordnen der Mitglieder in verschiedene Untergruppierungen (im Musikverein z. B. nach Instrumenten)
- Drucken von Listen, Etiketten, Serienbriefen
- Erstellen von Mitgliederausweisen, Inkasso der Mitgliederbeiträge
- Verwalten der Spender- und Gönnerdatei
- Verwalten einer Datei mit Adressen von Behörden, verwandten Institutionen, Partnervereinen usw.

In mitgliederstarken Vereinen können solche Arbeiten kaum mehr ohne Computer erledigt werden. Kann oder will jene Person in Ihrem Verein, die für diese Administrativaufgaben zuständig ist, diese nicht auf ihrem eigenen PC ausführen, werden Sie einen Vereinscomputer anschaffen müssen. In jedem Fall, auch wenn ein privater Computer eingesetzt wird, brauchen Sie eine passende Software.

Software für Vereine

Klären Sie zuerst ab, welchen Bedürfnissen die neue Software gerecht werden muss. Wollen Sie damit nur die Adressen verwalten, oder soll damit auch die Beitragsverwaltung, die Finanzbuchhaltung und der Zahlungsverkehr erledigt werden? Es lohnt sich, beim allfälligen Dachverband nachzufragen. Einige Verbände besitzen spezifische Verbandslösungen oder können bewährte Produkte empfehlen. Anhand der Checkliste auf Seite 170 können Sie überprüfen, welche Funktionen die Software bieten muss.

Je nach Grösse und Komplexität eines Vereins sind heute Standardprodukte bereits ab 300 bis 500 Franken erhältlich. Voraussetzung ist natürlich, dass ein entsprechend leistungsfähiger Computer vorhanden ist.

Virenschutz und Datensicherung

Wenn Sie das Internet oder fremde Computerdisketten benützen, besteht die Gefahr der Infizierung durch Computerviren. Dringen diese in Ihre Datenbank ein, können sie grosse Schäden verursachen. Installieren Sie darum ein geeignetes Antivirenprogramm, das Sie ständig aktualisieren, und öffnen Sie keine unbekannten E-Mails, insbesondere keine Attachments.

Hinweis *Sichern Sie die gespeicherten Daten immer wieder. Erstellen Sie* *Back-ups, indem Sie die ganze Datenbank regelmässig auf einem externen Datenspeicher abspeichern. So gehen keine oder nur wenige Daten verloren, sollte der Computer gestohlen oder die Festplatte zerstört oder beschädigt werden.*

Achtung Datenschutz

Mit den Personendaten von Mitgliedern Ihres Vereins müssen Sie sehr sorgfältig umgehen. Jene Personen, denen diese Daten zur Erfüllung ihrer Aufgaben zugänglich sind, tragen die Verantwortung für den datenschutzkonformen Umgang damit.

Nach dem Bundesgesetz über Datenschutz dürfen Personendaten nur zu jenem Zweck bearbeitet werden, der bei der Beschaffung angegeben wurde, der aus den Umständen ersichtlich oder gesetzlich vorgesehen ist.

Checkliste: Anforderungsprofil Vereinssoftware

Die Checkliste gibt einen Überblick über die möglichen Funktionen einer Vereinssoftware. Gehen Sie sie durch und überlegen Sie, was Sie für Ihren Verein brauchen.

Klassische Funktionen: Mitgliederverwaltung

- Adressverwaltung für Mitglieder, Funktionäre, Organe (Vorstand, Kommissionen)
- Verwaltung unterschiedlicher Mitgliederkategorien
- Eingliedern in verschiedene Einheiten oder Untergruppen
- Erfassen weiterer Daten wie z. B. Geburtstage, vereinsspezifische Aus- und Weiterbildung, Erfolge
- Verwalten zusätzlicher Adressen (Sponsoren, Behörden, interessierte Personen usw.)
- Drucken von Listen, Etiketten, Serienbriefen mit Selektionsmöglichkeiten und Sortierkriterien
- Drucken von Ein- und Austrittsbestätigungen
- Erstellen von Mitgliederausweisen, Lizenzen usw.

Schnittstellen zur klassischen Mitgliederverwaltung: Beitragsverwaltung

- Inkasso der Mitgliederbeiträge, selektionierbar nach unterschiedlichen Beitragsstrukturen entsprechend den Mitgliederkategorien und Funktionen
- automatisches Drucken der Einzahlungsscheine
- automatisches Erfassen der Zahlungen, Debitorenverwaltung, Mahnwesen
- Drucken von Listen und Statistiken

Finanzbuchhaltung/Zahlungsverkehr

- Hauptbuch
- Debitorenbuchhaltung
- Zahlungsdurchführung, Zahlungsverbuchung
- Kreditorenverwaltung
- Finanzplanung, Budget
- Bilanz- und Erfolgsrechnung
- Mehrwertsteuerabrechnung
- Lohnbuchhaltung (für grössere Vereine mit eigenen Angestellten)

Weitergehende Funktionen (komplexe Lösungen)

- Lagerverwaltung für Geräte, Material, Instrumente, Boutique
- Bibliotheksprogramme

- Einsatzplanung für Trainings- und Kursleitung sowie Betreuung
- Erstellen von Übungs- und Trainingsplänen, Wettkampfselektionen
- Belegungsplan für Sporthallen, Sportplätze, Musikzimmer usw.
- Kursverwaltung
- Schnittstellen zum Internet (z. B. Vereinsleistungen)

Allgemeine Anforderungen
- Software installierbar auf gängigen Personalcomputern
- Benutzerfreundliche Oberfläche
- Leicht verständliches Handbuch bzw. Hilfen
- Hotline zum Hersteller
- Weiterentwicklungsmöglichkeiten bzw. die Möglichkeit, die Software an neue Bedürfnisse anzupassen

Quelle: «sportverein» 1000 praktische Tipps für die Vereinsarbeit

Wann dürfen Adressen weitergegeben werden?

Die Mitgliederadressen Ihres Vereins dürfen Sie nur an Dritte weitergeben, wenn:
- dies aus den Vereinsstatuten klar hervorgeht.
- vor der Weitergabe die Einwilligung eines jeden Mitglieds eingeholt wird oder allen Mitgliedern ein Widerspruchsrecht eingeräumt wird. Dabei müssen die Mitglieder über den Empfänger und den Zweck der Weitergabe informiert werden.
- eine rechtliche Verpflichtung dazu besteht.

Beachten Sie, dass auch der Dachverband in diesem Zusammenhang als Drittperson gilt.

Hinweis *Jedem Mitglied steht es jederzeit frei, von seinem Sperrrecht*

Gebrauch zu machen, respektive eine einmal gegebene Einwilligung teilweise oder ganz zu widerrufen.

An Vereinsmitglieder dürfen Mitgliederlisten nur ausgehändigt werden, wenn:

- die Liste zur Ausübung von Mitgliedschaftsrechten benötigt wird (z.b. zum Einberufen einer ausserordentlichen Mitgliederversammlung nach Art. 64 Abs. 3 ZGB).
- die Betroffenen Ihre Einwilligung dazu gegeben haben.

Hinweis *Um Missbräuche möglichst zu verhindern, sollten Mitglieder, an die eine Adressliste ausgehändigt wird, zusichern, dass die Adressen nicht für andere Zwecke – beispielsweise für einen Werbeversand – verwendet werden.*

Auskunftsrecht

Gemäss Datenschutzgesetz ist jede Person sowie ihre Rechtsvertretung berechtigt, beim Inhaber oder der Inhaberin einer Datensammlung Auskunft darüber zu verlangen, ob und welche persönlichen Daten über ihn oder sie bearbeitet werden.

Einzelheiten zum Auskunftsrecht finden sich im «Leitfaden des Eidgenössischen Datenschutzbeauftragten über die Rechte der betroffenen Personen».

Mitgliederadressen auf der Vereinswebsite

Das Internet birgt besondere Missbrauchsgefahren. Darum dürfen Adressen von Vereinsmitgliedern nur auf der Vereinshomepage publiziert werden, wenn eine rechtsgültige Einwilligung der Betroffenen vorliegt. Diese Einwilligung ist aber nur gültig, wenn die betroffenen Personen vorgängig darauf aufmerksam gemacht wurden, dass ihre Daten weltweit, das heisst auch in Staaten mit niedrigem Datenschutzniveau, abrufbar sind. Auch auf die generellen Risiken ist hinzuweisen: Solche Daten können weitreichend verknüpft werden.

Ein Modell für eine Einwilligungsklausel ist beim Eidgenössischen Datenschutzbeauftragten erhältlich (Adresse und Link siehe Anhang).

Rechtsansprüche und Verfahren

Bei Persönlichkeitsverletzungen im Bereich Datenschutz haben Sie die Möglichkeit, sich an das zuständige Zivilgericht zu wenden. Sie können insbesondere verlangen, dass die Personendaten berichtigt oder vernichtet werden oder dass die Bekanntgabe an Dritte gesperrt wird.

Weitere Informationen zum Datenschutz finden Sie unter www.edsb.ch. Sie können sich auch direkt an den Eidgenössischen Datenschutzbeauftragten wenden (Adresse im Anhang).

Frischer Wind: neue Mitglieder anwerben

Innerhalb des überschaubaren Kreises von Mitgliedern fühlen sich alle wohl, das Vereinsleben läuft in den gewohnten Bahnen. Schon seit Jahren sind dieselben Vorstandsmitglieder am Ruder. Sie erfüllen ihre Aufgaben gerne und routiniert. Aber läuft alles bestens? Es gibt keine Vereinseintritte, dafür wird die Mitgliederliste Jahr für Jahr kürzer, weil Todesfälle zu beklagen sind. Fast unbemerkt ist der Verein überaltert und ohne Zukunft.

Um das Weiterbestehen des Vereins zu sichern, müssen kontinuierlich neue Mitglieder gewonnen werden. Diese bringen meist auch neue Ideen und frischen Wind in den Verein. Die bisherigen Mitglieder brauchen aber ebenfalls Zuwendung und Pflege, sie dürfen nicht vernachlässigt werden. Sind sie begeistert vom Vereinsleben, sind sie die besten Werbeträger.

Je nach Art Ihres Vereins werden Sie unterschiedliche Zielgruppen bei der Mitgliederwerbung ansprechen. Tragen Sie an einer Vorstandssitzung oder einer Mitgliederversammlung Ideen zusammen, welche Personen oder Personenkreise Sie zu einem Beitritt ermuntern könnten.

Benützen Sie jede Gelegenheit zur Mitgliederwerbung. Tragen Sie immer eine Anzahl Flyer bei sich, die Sie interessierten Personen abgeben können. Sofern es in Ihrer Gemeinde noch keine Broschüre über alle Vereine gibt, regen Sie den Druck einer solchen Übersicht an. Diese soll dann in alle Haushalte verteilt werden. Vielleicht besteht auch die Möglichkeit, am Neuzuzüger-Abend der Gemeinde verschiedene Vereine vorzustellen. Oder organisieren Sie mit andern Vereinen zusammen eine «Vereinsmesse», an der sich alle Dorfvereine präsentieren können.

Beispiel

Mitgliederwerbung für das «Kulturforum Wilen»	
Zielgruppe	**Werbemassnahmen**
Kinder	• in der Musikschule selber Instrumente testen
	• Vorlesestunde in der Vereinsbibliothek
Jugendliche	• Schulhauskonzerte
	• Schnupperkursangebot Trickfilmherstellung
	• Wettbewerb «Kurzgeschichten schreiben»
	• Graffiti-Workshop
	• Werbeflyer mit Kulturprogramm samt besonderen Angeboten für Jugendliche in Oberstufenschulhäusern, Jugendtreffs, Berufsschulen verteilen
junge Familien	• MuKi- und VaKi-Malen im Malatelier
	• Hinweis in Vorschauen auf Veranstaltungen des Kulturforums mit Kinderhort-Angebot
	• Familienkonzert in der Musikschule
	• Mitgliederwerbung via Internet
	• Stand an der örtlichen Weihnachtsausstellung
Erwachsene	• bei allen Veranstaltungen des Kulturforums Werbeflyer und Jahresprogramm an Besucherinnen und Besucher abgeben
	• Werbeflyer und Jahresprogramm in Geschäften, Arzt- und Zahnarztpraxen, Lehrerzimmern auflegen (sofern erlaubt)
	• «Tag der offenen Tür» in der Musikschule
	• Mitgliederwerbung via Internet
	• Stand an der örtlichen Weihnachtsausstellung
Senioren, Seniorinnen	• Einladung zum Literaturzirkel in der Bibliothek
	• Kursangebot «Filmen mit der Videokamera»
	• Gründung eines Seniorenorchesters und eines Seniorenchors (Proben am Nachmittag)
	• Musikgruppe der Musikschule spielt Ständchen im Altersheim
Gönner, Gönnerinnen	• persönliche Einladungsschreiben zur Jahresversammlung, zum Gönner-Apéro und zu den übrigen Kulturanlässen

Tipp *Erleichtern Sie potenziellen Neumitgliedern den Beitritt, indem Sie dem Jahresprogramm, dem Werbeflyer oder der Vereinszeitschrift eine Beitrittskarte beilegen. Hat Ihr Verein eine Website im Internet, sollte die Anmeldung auch auf elektronischem Weg möglich sein.*

Schreiben Sie jedem Neumitglied einen Willkommensbrief, dem Sie die Statuten, das Jahresprogramm, eine Einladung zur nächsten Veranstaltung, weiteres Informationsmaterial über den Verein und natürlich einen Einzahlungsschein beilegen. Hat in Ihrem Verein die Hauptversammlung und nicht der Vorstand, das Präsidium oder das Sekretariat die Kompetenz zur Mitgliederaufnahme, so weisen Sie im Brief auf diesen Umstand und den Zeitpunkt der Versammlung hin. Wie wäre es mit einem Willkommensapéro für Neumitglieder und deren Angehörige?

Die Bedürfnisse der Mitglieder ermitteln

Kennen Sie als Präsidentin oder als Vorstandsmitglied die Bedürfnisse Ihrer Vereinsmitglieder? Wissen Sie, ob alle mit den Vereinsleistungen zufrieden sind? Der Besucherandrang an der Hauptversammlung ist da nur ein ungenauer Gradmesser. Um den Zufriedenheitsgrad, Wünsche, Kritik und Anregungen zu erfahren, brauchen Sie zusätzliche Messinstrumente. Sie können zum Beispiel wie folgt vorgehen:

- Legen Sie dem nächsten Versand an die Mitglieder einen Fragebogen mit Indikatoren zu allen Sparten Ihres Vereins bei. Machen Sie darauf auch Vorschläge für mögliche neue Projekte oder Dienstleistungen, und geben Sie einen Raster vor zum Ankreuzen (z. B. sehr erwünscht – erwünscht – unnötig). Lassen Sie auf dem Bogen genügend Platz für Anregungen und Kritik. Werten Sie die Umfrage im Vorstand aus, und legen Sie die Auswertung zusammen mit einem Massnahmenkatalog der Mitgliederversammlung vor.
- Planen Sie an jeder Mitgliederversammlung Zeit ein für eine «Chropfleerete», an der die Mitglieder Wünsche, Anregungen und Kritik anbringen können. Weisen Sie schon in der Einladung darauf hin.

- Stellen Sie im Vereinslokal und an Versammlungen einen Briefkasten auf. Hier können Mitglieder ihre Wünsche, Anregungen und Kritik anbringen.
- Richten Sie auf Ihrer Vereinswebsite eine Chatbox und einen Mitgliederbriefkasten ein.
- Fragen Sie nach den Gründen, wenn jemand aus dem Verein austritt.

《 *Organisieren ist das, was man tut,*
bevor man etwas tut, damit dann, wenn man etwas tut,
nicht alles drunter und drüber geht. 》

Alan Alexander Milne

9. Kommunikation

Das Vereinsleben kann nur gedeihen, wenn die Verständigung unter den Vereinsmitgliedern klappt und kontiniuierlich Informationen nach innen und aussen fliessen. Eine kompetente Versammlungsführung ist ebenso wichtig wie gut geplante Medienkontakte und ein kluges Marketingkonzept.

Reden und diskutieren im Verein

Ein Verein ist ein Gemeinschaftsunternehmen, wo sich Menschen aus unterschiedlichen Berufen und Gesellschaftsschichten zusammenfinden. Jedes Vereinsmitglied bringt eigene Erfahrungen mit, hat einen anderen Bildungshintergrund. Trotz ihrer Verschiedenartigkeit treiben diese Menschen im selben Club Sport, engagieren sich im selben Verein für ein Umweltschutzprojekt oder gehen gemeinsam dem gleichen Hobby nach. In Sitzungen und Versammlungen bestimmen sie miteinander über die Vereinsgeschäfte. Dabei wird oft heftig diskutiert und auch gestritten. Nicht immer gelingt die Verständigung. Es gibt viele Theorien darüber, was abläuft, wenn wir miteinander sprechen. Wer sich vertieft mit diesem Thema auseinander setzen möchte, dem sei die Lektüre des Buches «Miteinander reden» von Schulz von Thun empfohlen. Im Folgenden finden Sie Tipps und Hinweise, wie Sie die Kommunikation in Ihrem Vereinsleben in fruchtbare Bahnen lenken können.

Aktiv zuhören

Ein wirkungsvolles Vorgehen, um Missverständnisse erst gar nicht entstehen zu lassen, ist das aktive Zuhören. Damit wollen Sie nicht nur verstehen, was gesagt wurde, sondern auch das, was gemeint war. Sie versuchen, sich in Ihre Gesprächpartner oder Gesprächspartnerinnen hinein zu versetzen, ihnen Ihre volle Aufmerksamkeit zu schenken, Blickkontakt zu halten und auf Zwischentöne, Körpersprache und Gefühle zu achten. Sie unterbrechen nicht und widersprechen nicht sofort. Durch zustimmendes Nicken signalisieren Sie Ihre Aufmerksamkeit, und mit gezielten Rückfragen klären Sie, ob Sie das Gesagte so verstanden haben, wie es gemeint war. Ein solches Verhalten wirkt sich positiv auf den Gesprächsverlauf aus, weil sich das Gegenüber respektiert fühlt.

So leiten Sie Diskussionen

Diskussionen finden in jedem Verein statt: Bei einem umstrittenen Traktandum an der Hauptversammlung, am Podiumsgespräch zu einem aktuellen Thema, nach einem Referat, in der Projektgruppe, die Ideen für das Jahresprogramm zusammenträgt.

Wenn Sie eine Diskussion leiten, gilt es verschiedene Punkte zu beachten:

- Je nach Publikum begrüssen Sie zuerst und stellen die Beteiligten vor.
- Führen Sie kurz ins Diskussionsthema ein.
- Geben Sie die Spielregeln bekannt (z. B. wie Wortmeldungen zu erfolgen haben, Begrenzung der Redezeit, wann und wie können Gegen- oder Verständnisfragen gestellt werden).
- Sorgen Sie dafür, dass die Spielregeln eingehalten werden.
- Lassen Sie alle zu Wort kommen, und bevorzugen Sie niemanden.
- Unterbinden Sie Zwischenrufe und ermahnen Sie Dauerrednerinnen und Schwadronierer freundlich, aber bestimmt.
- Bündeln Sie die Redebeiträge zu einem bestimmten Aspekt.
- Führen Sie nach Abweichungen wieder zum Thema zurück.
- Rufen Sie wesentliche Diskussionspunkte in Erinnerung.
- Halten Sie Zwischenergebnisse fest.
- Erwähnen Sie schon vorgängig mögliche Angriffspunkte, um sie zu entschärfen.
- Reagieren Sie besonnen auf aggressive und provokative Äusserungen, und lassen Sie nur über sachbezogene Beiträge weiter diskutieren.
- Am Schluss fassen Sie die Ergebnisse zusammen, zeigen auf, wo Übereinstimmung herrscht und weisen auf unterschiedliche Auffassungen sowie offen gebliebene Fragen hin.
- Gehört die Diskussion zu einem Antrag, über den abgestimmt werden muss, so legen Sie das Abstimmungsverfahren dar (siehe auch Seite 143).

Diskussionsbeiträge

Wollen Sie sich aktiv an einer Diskussion beteiligen, hat Ihr Beitrag mehr Gewicht, wenn er prägnant formuliert, freundlich und selbstbewusst vorgetragen und nicht zu lang ist. Wenn Sie folgende Ratschläge beachten, haben Sie mit Ihren Voten Erfolg:

- Fallen Sie nicht ins Wort, lassen Sie sich aber auch nicht unterbrechen.
- Bringen Sie Ihre Beiträge in der «Ich-Form».
- Kleben Sie nicht an Ihren Unterlagen.

- Weichen Sie nicht vom Thema ab.
- Stellen Sie keine Suggestivfragen.
- Lassen Sie keine Behauptungen oder Unterstellungen im Raum stehen.
- Antworten Sie nicht mit Killerphrasen.
- Zeigen Sie Verständnis für den Gegner oder die Gegnerin, aber nicht Einverständnis.
- Greifen Sie die Sache an, nicht die Person.
- Suchen Sie Übereinstimmungen.

Auf Killerphrasen reagieren

Killerphrasen kommen häufig in Diskussionen vor – es sind abwertende und pauschale Angriffe, die die Auseinandersetzung zum Erliegen bringen können oder in einen offenen Streit ausarten lassen. Killerphrasen sind Scheinargumente, die verwendet werden, wenn Sachargumente fehlen. Damit werden Vorstellungen und Ideen lächerlich gemacht und Personen verunsichert, blossgestellt oder mundtot gemacht.

Hier eine Liste mit Beispielen von Killerphrasen:
- Das war immer so.
- Das haben wir schon alles versucht!
- Das haben wir schon vor drei Jahren entschieden.
- Das widerspricht unseren Prinzipien.
- Das ist alles graue Theorie, in der Praxis sieht das ganz anders aus.
- Welcher Phantast ist denn darauf gekommen?
- Dazu fehlt Ihnen der Überblick.
- Das ist juristisch nicht machbar.
- Wenn sich damit wirklich etwas anfangen liesse, wäre sicher schon früher jemand darauf gekommen.
- Das kauft Ihnen niemand ab.
- Sie stellen sich das so einfach vor.
- An Ihrer Stelle würde ich das auch behaupten.
- Dafür gibt es Fachleute.
- Das haben schon fähigere Leute als Sie nicht lösen können.

Lassen Sie sich durch Killerphrasen nicht in die Defensive drängen, sondern reagieren Sie angemessen darauf. Antworten Sie kurz und sachlich und führen Sie so wieder zum Thema zurück, oder bitten Sie um eine Präzisierung. Solche Reaktionen haben den Vorteil, dass das Gegenüber nicht verletzt wird, denn vielleicht war die Äusserung einfach gedankenlos und nicht als Killerphrase gemeint.

Tipp

Wollen Sie in Ihrem Vorstand oder Ihrer Projektgruppe Killerphasen unterbinden, schlagen Sie eine «Negativ-Kasse» vor. Für jede negative Bemerkung muss dann ein Franken in die Kasse geworfen werden.

Reden an Vereinsanlässen lebendig gestalten

Ihr Verein feiert sein zehnjähriges Bestehen, eine Gruppe aus Ihrem Sportclub hat einen Meisterpokal errungen, das Vereinshaus wird eingeweiht, ein Mitglied wird wegen seiner Verdienste zum Ehrenmitglied ernannt, an einer Veranstaltung soll Ihr Verein vorgestellt werden: Als Präsidentin oder Präsident halten Sie bei diesen Anlässen eine Rede. Manche Menschen beherrschen solche Aufgaben bestens, andere fürchten sich davor. Gehören Sie zur zweiten Kategorie, beginnen Sie mit Ihren ersten Auftritten besser im vertrauten Kreis.

Tipp

Zur Überwindung des Lampenfiebers hilft Ihnen neben einer guten Vorbereitung vielleicht auch die Vorstellung, Sie seien ein Schmetterling, der vor Löwen, Schlangen und Elefanten eine Rede halten musste. Er sagte sich: «Ich brauche keine Angst zu haben – ich kann fliegen.» Bestimmt kennen Sie auch Entspannungs- und Atemübungen, die Ihnen beim Stressabbau helfen.

Die Rede vorbereiten

Überlegen Sie sich, zu wem Sie sprechen. Sitzen im Publikum alles Menschen, die schon ein breites Wissen über das Thema der Ansprache haben, oder müssen Sie Grundwissen vermitteln? Das Ziel der Rede sollte Ihnen klar sein, bevor Sie mit dem Sammeln des Stoffes beginnen. Halten Sie sich an eigene Erfahrungen, suchen Sie in Fachzeitschriften, in der Literatur, im Internet, im Gespräch mit Vereinsmitgliedern und im Freundeskreis nach Informationen und Impulsen und halten Sie diese in Notizen fest.

Nach der Suchphase planen Sie den Aufbau der Ansprache. Empfehlenswert ist dafür die Mind-Mapping-Methode: Sie erstellen eine geistige Landkarte. In die Mitte eines grossen Blattes schreiben Sie das Kernthema. Von diesem Mittelpunkt aus setzen Sie Hauptäste, auf die Sie die wichtigsten Inhalte schreiben, für jeden Hauptgedanken einen Ast. Jeder Ast wird mit Zweigen versehen, auf denen nun die Unterthemen, die Feingliederungen, festgehalten werden. Es braucht nur Stichworte, keine ganzen Sätze. Anschliessend bestimmen Sie die Reihenfolge, in der die Hauptgedanken in Ihrer Rede behandelt werden sollten. Wollen Sie das Mind-Map gleich als Manuskript verwenden, nummerieren Sie die Hauptäste, oder zeichnen Sie es neu und ordnen dabei die Äste dem Uhrzeigersinn nach.

Bewährt haben sich auch kleine Zettel, auf die Sie alle Gedanken und Stichworte schreiben. Breiten Sie sie nachher auf einem grossen Tisch vor sich aus und ordnen Sie sie nach Themen. Bestimmen Sie, womit Sie die Rede beginnen wollen, was zum Hauptteil gehören soll und womit Sie die Rede abschliessen.

«Eine gute Rede hat einen guten Anfang und ein gutes Ende – und beide sollten möglichst dicht beieinander liegen», riet der amerikanische Schriftsteller Mark Twain. Suchen Sie also einen zündenden Einstieg: Eine gewagte Behauptung, ein persönliches Erlebnis, ein treffendes Zitat oder eine provokative Frage. Beginnen Sie ruhig mit einem solchen Aperçu, und umgehen Sie so die üblichen Begrüssungsfloskeln – diese können Sie nachher immer noch elegant einflechten. Für einen überzeugenden Schluss eignet sich beispielsweise ein Appell, ein Aufruf oder ein markantes Zitat, das das Thema der Ansprache auf den Punkt bringt.

Mit oder ohne Manuskript?
Natürlich können Sie Ihre Rede wortwörtlich aufschreiben und dann vorlesen – damit werden Sie das Publikum aber nicht besonders fesseln. Sie laufen Gefahr, zu schnell und monoton zu sprechen. Wollen Sie trotzdem diese Form wählen, so schreiben Sie Ihr Manuskript in möglichst grosser Schrift, mit breitem Zeilenabstand und schmalen Spalten.

Bedrucken Sie die Blätter nur auf einer Seite, nummerieren Sie sie. Noch besser ist es, Blätter im Format A5 quer zu benutzen.

Tipp

Heften Sie Ihre Manuskriptblätter nicht zusammen. Markieren Sie Wichtiges mit Leuchtstift und lernen Sie mindestens Anfangs- und Schlusssatz auswendig.

Schreiben Sie kurze prägnante Sätze und lassen Sie Worthülsen weg. Mühsam wird das Zuhören, wenn die Rede in Hochdeutsch abgefasst und dann in Mundart gehalten wird. Nur wenige können beim Ablesen mühelos übersetzen – meist entsteht ein unschöner Mix. Schreiben Sie Ihr Manuskript in diesem Fall in Mundart, was einige Übung im Lesen voraussetzt, oder in einem Deutsch, das sich in Satzbau und Wortwahl stark am Dialekt orientiert.

Tipp

Empfehlenswerter als ein ausformuliertes Manuskript sind Stichwortkarten.

Notieren Sie sich die Hauptgedanken auf postkartengrossen Blättern aus festem Papier – nur einen bis zwei Gedanken in fünf bis sechs Stichwörtern auf eine Karte. Auch die Hinweise auf Präsentationshilfen wie Folien, Schaubilder oder Dias gehören auf diese Kärtchen. Nummerieren Sie diese nach dem Aufbauplan Ihrer Rede, und schreiben Sie den Anfangs- und Schlusssatz ganz auf. Proben Sie zuhause vor dem Spiegel, vor Angehörigen oder mit Hilfe des Tonbandes, und formulieren Sie frei aufgrund der Stichworte. Überprüfen Sie auch die Redezeit. Wird die Rede zu lang, entfernen Sie jene Karten, auf die Sie verzichten können, ohne dass der rote Faden verloren geht.

Tipp

Damit Sie flexibel auf die Bedingungen des Anlasses reagieren können, markieren Sie jene Karten, die im Notfall übersprungen werden könnten.

Statt auf Stichwortkarten können Sie sich vor allem bei kürzeren Ansprachen auch auf Ihr Gedächtnis verlassen. Sie brauchen die Rede nicht auswendig zu lernen, sondern müssen sich nur die Hauptgedanken merken. Diese verknüpfen Sie gedanklich beispielsweise mit Zahlen oder mit Ihren Körperteilen von Kopf bis Fuss. Später können Sie die Gedanken in der richtigen Reihenfolge anhand dieser Verknüpfungen abrufen und ausformulieren.

Wollen Sie ein langjähriges Vereinsmitglied mit einer Rede ehren und ihm ein Geschenk überreichen, ist folgendes Vorgehen empfehlenswert: Überlegen Sie sich, welche Vorzüge und Verdienste des Jubilars oder der Jubilarin Sie besonders hervorheben, auf welche Ereignisse Sie zurückblicken, wofür Sie im Namen des Vereins vor allem danken möchten und was Sie ihm oder ihr für die Zukunft wünschen. Suchen Sie nun Präsente, mit denen Sie zu den einzelnen Themen einen Bezug herstellen können. Packen Sie alle Geschenke in einen Korb und überreichen Sie eines nach dem andern, verbunden mit einer launigen Bemerkung. Merken Sie sich die Reihenfolge, damit die sich daraus ergebende Rede einen logischen Aufbau hat.

Persönliches und Humor

Reden Sie anschaulich und bildhaft. Sie brauchen dazu nicht einmal technische Hilfsmittel wie Hellraum- oder Diaprojektor. Wenn Sie aussagekräftige Bilder und persönliche Erlebnisse in Ihre Rede einflechten, spricht das Ihr Publikum mehr an als theoretische Abhandlungen. Vermeiden Sie komplizierte Fachausdrücke und Fremdwörter, die nicht allgemein bekannt sind. Eine mit feinem Humor gewürzte Ansprache stösst auf mehr Aufmerksamkeit als eine trockene Abhandlung.

Tipp

Übertreiben Sie nicht mit humorvollen Äusserungen und versuchen Sie nicht, mit Witzen nach billigen Effekten zu haschen. Auch ironische Bemerkungen sind nur erlaubt, wenn sie von allen als Ironie verstanden und nicht wortwörtlich genommen werden.

So gelingt Ihr Auftritt

Beim Auftritt selber gilt es noch eine Reihe weiterer Dinge zu beachten. Wenn Sie sich nach den folgenden Punkten richten, gelingt Ihre Präsentation:

- Wählen Sie für Ihren Auftritt eine Kleidung, die zum Anlass passt und in der Sie sich sicher, wohl und attraktiv fühlen – dies stärkt Ihr Selbstbewusstsein.
- Überprüfen Sie schon vorher, ob alles wie gewünscht vorbereitet ist: Mikrofonhöhe Ihrer Grösse angepasst, wenn Sie klein sind Podest

hinter dem Rednerpult, Wasserglas, Beleuchtung, Bedienung der technischen Hilfsmittel.

- Warten Sie mit Sprechen, bis es ruhig ist im Saal, und reden Sie nur, wenn alle zuhören.
- Suchen Sie Blickkontakt zum Publikum, bevor Sie zu sprechen beginnen, und auch immer wieder während der Ansprache. Lassen Sie Ihren Blick ruhig über die Reihen wandern, und schauen Sie nicht immer nur in die selbe Richtung.
- Richten Sie die Sprechgeschwindigkeit und Lautstärke nach der Raumgrösse, der Akustik und dem Publikum aus.
- Variieren Sie mit der Lautstärke, machen Sie Sprechpausen – das erhöht die Aufmerksamkeit.
- Wurde von Ihrer Vorrednerin oder Ihrem Vorredner ein Aspekt Ihrer Ansprache schon erläutert, so weisen Sie darauf hin und lassen diese Passage weg. Das Publikum wird Ihnen dankbar sein.
- Verlassen Sie nach dem letzten Wort nicht sofort das Podium, machen Sie eine Pause und verabschieden Sie sich mit einem Lächeln und einem einfachen «Danke».

Information gegen innen und aussen

Damit Mitglieder sich mit Ihrem Verein identifizieren und sich mit ihm verbunden fühlen, müssen sie kontinuierlich informiert werden. Wollen Sie auch die Öffentlichkeit auf Ihre Vereinsaktivitäten hinweisen, weitere Mitglieder anwerben und Sponsoren gewinnen, braucht es gezielte Öffentlichkeitsarbeit.

Informationsträger für Mitglieder und andere Interessierte

Um Ihre Informationen an den Mann oder an die Frau zu bringen, können Sie unterschiedliche Mittel einsetzen.

Rundbrief
Mit einem Rundbrief, der einfach, aber grafisch ansprechend gestaltet und mit knappem Text versehen ist, können Sie Ihre Mitglieder

regelmässig (je nach Bedürfnis zwei bis sechs Mal pro Jahr) über das aktuelle Vereinsgeschehen in der Sektion und im Dachverband orientieren, auf Veranstaltungen hinweisen und Freiwillige für Arbeitseinsätze suchen.

Vereinszeitung

Eine Vereinszeitung herauszubringen, ist mit enormem Aufwand verbunden. Dieser lohnt sich nur bei einem grösseren Verein, der die Finanzierung über längere Zeit sicherstellen kann und über Fachleute verfügt, die diese anspruchsvolle Aufgabe übernehmen. Eine attraktive Gestaltung und interessante Artikel sind unabdingbar, um bei den Mitgliedern und einer weiteren Leserschaft Anklang zu finden. Nur so können auch genügend Werbekunden animiert werden, mit Inseraten mindestens einen Teil der Publikationskosten zu decken.

Die Redaktion der Vereinszeitschrift übernimmt idealerweise ein Team, das für die gesamte Produktion verantwortlich ist und dessen Leitung in den Vorstand eingebunden ist. Vor dem Start muss folgendes feststehen: Name, Zielgruppe, Auflage, Erscheinungsrhythmus, inhaltliches Konzept, Umfang, Format, Vorgaben für Inserate, Versand und Finanzierung.

Schaukasten

Manche Gemeinden stellen einen Platz zur Verfügung, wo Vereine über ihre Aktivitäten informieren können. Entweder ist es ein öffentliches Anschlagbrett oder gar ein verglaster Informationskasten. Fehlt ein solcher Info-Point an Ihrem Wohnort, regen Sie doch die Gemeindeverantwortlichen dazu an, einen zu schaffen. Stossen Sie auf Ablehnung, versuchen Sie vielleicht auf eigene Faust, für Ihren Verein oder mit anderen Vereinen zusammen einen solchen Schaukasten an einem prominenten Platz zu installieren. Wie für alle anderen Veröffentlichungen gilt auch hier: Je prägnanter der Text und je besser und auffälliger die grafische Gestaltung, umso höher ist der Beachtungsgrad.

Veranstaltungskalender

Zeitungen, Verkehrsvereine und Mitteilungsblätter von Gemeinden veröffentlichen häufig Veranstaltungskalender. Nutzen Sie solche

Informationsmöglichkeiten für Ihren Verein, denn diese Kalender werden gut beachtet, und der Eintrag kostet in der Regel nichts.

Internet: Das gehört zu einer guten Website

Verfügen in einem kleineren Verein alle Mitglieder über einen Internetanschluss, können Mitteilungen und Rundbriefe jederzeit per E-Mail an die Mitglieder verschickt werden.

Wenn Sie Ihren Verein mit einer eigenen Website im Internet präsentieren und alle Vorteile des World Wide Web nutzen wollen, erstellen Sie vorerst ein Konzept für Ihren Auftritt. Klären Sie dafür die in der Checkliste unten aufgeführten Fragen.

Checkliste: Internetauftritt

Für das Konzept Ihres Internetauftritts gehen Sie die folgende Liste Punkt für Punkt durch:

- Wen wollen Sie mit Ihrem Internetauftritt erreichen? (Zielgruppen formulieren, z. B. Mitglieder, Neumitglieder, Partner, Sponsoren, Medien)

- Für welche Aufgaben wollen Sie das Internet einsetzen? (z. B. Vereinspräsentation, Veranstaltungskalender, Resultate, Briefkasten, Kommunikationsforum für Mitglieder, Plattform für Sponsoren)

- Welche administrativen Aufgaben können zusätzlich über das Web abgewickelt werden? (z. B. Aufnahme von Neumitgliedern, Mitgliederadministration, Kursanmeldungen, Dokumentation Vereinsreglemente und Protokolle, Zahlungsverkehr)

- Wer ist für den Webauftritt zuständig? (u. a. für Konzeption, Design, redaktionelle und grafische Aufbereitung, Hardware, Software, Bearbeitung der Eingänge, Marketing, Registration, Anmeldung bei Suchmaschinen, Links zu Partnern)

- Wieviel kostet der Web-Auftritt? (Budgetierung von Aufbau, Unterhalt und Betreuung, Prüfen der Mitfinanzierung durch Sponsoren)

- Sind Kooperationen möglich? (z. B. Anschluss an Gemeinschaftslösungen des nationalen Dachverbandes, Zusammenarbeit mit anderen lokalen Vereinen, Nutzen des Internet-Know-hows eigener Mitglieder).

Je nach Möglichkeiten Ihres Vereins kann mit einem einfachen, aber durchaus ansprechenden Web-Auftritt gestartet werden, welcher zu einem späteren Zeitpunkt aufgrund der Bedürfnisse weiter ausgebaut wird.

Quelle: «sportverein» 1000 praktische Tipps für die Vereinsarbeit

Den Umgang mit Medien professionell angehen

Medienschaffende beurteilen die Attraktivität eines Themas nicht gleich wie Sie als Vereinsmitglied. Steht eine prominente Person im Mittelpunkt einer Vereinsveranstaltung, ist das behandelte Thema ein Renner oder der Anlass sonstwie besonders originell, wird über ein aussergewöhnliches Schicksal berichtet, geschah ein Unfall oder wurde ein überraschender Sieg errungen, ist die Aufmerksamkeit der Medien leichter zu gewinnen als mit einer trockenen Vereinsversammlung. Dies gilt in besonderem Masse für Radio und Fernsehen.

Bei lokalen oder privaten Stationen sowie den Regional- und Lokalzeitungen können Sie eher Interesse an Ihrem Verein wecken als bei den grossen Tageszeitungen und den schweizerischen Radio- und Fernsehanstalten. Gute Kontakte zu Medienleuten erleichtern Ihnen die Öffentlichkeitsarbeit. Wer die lokalen Berichterstatterinnen und Berichterstatter kennt, lässt diesen die Einladung zu wichtigen Terminen ebenso zukommen wie der Redaktion.

Je nach Art des Anlasses oder des Anliegens, mit dem Sie an die Öffentlichkeit wollen, wählen Sie unterschiedliche Medienkanäle: eine mündliche Auskunft gegenüber einem einzelnen Journalisten, ein Radio-, Zeitungs- oder Fernsehinterview, ein Communiqué, ein Pressetext, eine Medienkonferenz, ein Leserbrief, eine Mitteilung im Veranstaltungskalender, ein Inserat.

Pressetexte

Für Zeitungsleute ein Gräuel: Ellenlange Berichte von Jahresversammlungen, die aufwändig redigiert und gekürzt werden müssen. Wenn Sie einen Pressetext über einen Vereinsanlass verfassen, melden Sie daher nur Wichtiges und lassen Selbstverständlichkeiten weg.

Orientieren Sie sich für den Inhalt an den sieben W: Wer? Was? Wann? Wo? Wie? Warum? Wofür? Wählen Sie einen Titel, der Neugier und Interesse weckt. Bereits im Vorspann des Artikels, im so genannten Lead, sollten alle wichtigen Informationen angetippt werden und neugierig auf die weitere Lektüre machen. Bauen Sie den Text logisch auf, und setzen Sie das Wichtigste an den Anfang. Muss die Redaktion kürzen, macht sie das meist am Schluss des Artikels. Verwenden Sie kurze Sätze, und vermeiden Sie ungewohnte Fachausdrücke, Abkürzungen und Fremdwörter.

Tipp

Wenn Sie ein gelungenes Foto beilegen, so liefern Sie dazu auch eine präzise Bildunterschrift. Interessante Bilder werden eher veröffentlicht als die Aufnahme des Referenten hinter dem Mikrofon oder der Präsidentin mit dem Blumenstrauss.

Wenn Sie vor dem Anlass mit der Redaktion Kontakt aufnehmen, können Sie den Textumfang (Anzahl Zeichen) und die Form der Manuskriptübermittlung absprechen (E-Mail, Fax, Diskette oder Papier). Schreiben Sie für allfällige Rückfragen Ihre Adresse und Telefonnummer auf das Manuskript.

Die meisten Lokal- und Tageszeitungen veröffentlichen Veranstaltungstipps im Terminkalender. Solche Kurzmeldungen sollten Sie an die zuständigen Abteilungen senden und nicht einfach am Schluss Ihres Manuskriptes anhängen.

Medienkonferenz

Planen Sie eine grosse Vereinsveranstaltung oder ein besonderes Projekt, so laden Sie zu einer Medienkonferenz ein. Überlegen Sie sich gut, ob der Anlass die Einladung rechtfertigt. Redaktionen werden mit solchen Einladungen überhäuft. Nur bei einem wirklichen Grossanlass mit umfangreichem Programm oder prominenter Besetzung ist eine Medienkonferenz angebracht. Meist zeigt ein gut abgefasster, bebilderter Pressetext eine bessere Wirkung als eine schlecht besuchte Pressekonferenz.

Entscheiden Sie sich für eine Medienkonferenz, so laden Sie frühzeitig ein, mindestens zwei Wochen vor dem Konferenztermin. Neben Datum, Zeit und Ort muss aus der Einladung hervorgehen, wer einlädt, welches Thema im Mittelpunkt steht, wer beteiligt ist und wie das Programm abläuft. Geben Sie auch eine Ansprechsperson an, damit die Redaktion bei Bedarf nachfragen kann. Gute Termine für Pressekonferenzen sind Dienstag- bis Donnerstagvormittag zwischen 10 und 12 Uhr.

An längerfristig planende Medien, etwa Periodika, sollte die Einladung schon einen Monat vor der Medienkonferenz verschickt werden. Bei tagesaktuellen Medien gerät eine zu früh eingegangene Einladung gern in Vergessenheit. Wählen Sie daher den Zeitpunkt für Ihre Einladungen bewusst.

Tipp *Legen Sie der Einladung einen Anmeldetalon bei mit Anmelde-schluss bis vier Tage vor der Medienkonferenz. So können Sie nach Anmeldeschluss bei all jenen wichtigen Medien nachhaken, die nicht reagiert haben.*

Sprechen Sie untereinander ab, wer an der Konferenz welchen Aspekt des Themas beleuchtet, damit es zu keinen Überschneidungen kommt. Stellen Sie eine gut dokumentierte Medienmappe zusammen, die neben den Referaten und den persönlichen Angaben zu den Sprechenden auch einen kurzgefassten Pressetext und weitere Informationen (Vereinsbroschüre, Porträt über Vereinsverantwortliche, Statistiken, Bilder usw.) enthält. Diese Dokumentation geben Sie den Medienleuten zu Beginn der Konferenz ab. Den an der Medienkonferenz nicht vertretenen Zeitungen schicken Sie die Dokumentation nachträglich zu.

Tipp *Im Konferenzraum müssen Tische für die Medienleute bereitstehen. Sorgen Sie für einen Getränkeservice, und kennzeichnen Sie Referenten und Referentinnen mit gut lesbaren Namensschildern.*

Fernsehen und Radio

Zur Medienkonferenz eines Vereins kommt kaum ein Fernsehteam. Wer will im TV-Programm schon Redebeiträge ansehen? Gibt es als Vorbericht zum Fest, zum Wettkampf usw. aber interessante Vorführungen, lassen sich im Gespräch mit der Fernsehredaktion vielfach Aufnahmen organisieren. Der Aufbau des Riesenzeltes oder Ähnliches können einen Bildbeitrag wert sein. Auch das Radio kennt verschiedene Formen der Berichterstattung. Der Auftritt eines erstmals auftretenden Jugendorchesters hat grössere Chancen, aufgenommen und ausgestrahlt zu werden, als der Präsident des Vereins, der unbedingt vom vergangenen Vereinsjahr berichten möchte. Auch hier gilt: Rechtzeitige Kontakte zur Redaktion können erstaunliche Ergebnisse bringen. Radio- und Fernsehleute wissen, was ankommt, und machen entsprechende Vorschläge.

Oft vernachlässigt: gutes Vereinsmarketing

Ein Verein entwickelt sich nur positiv, wenn die Vereinsführung die Bedürfnisse der Mitglieder befriedigt, gute Beziehungen zu wichtigen Partnern aufbaut, die nötigen Finanzmittel einbringt, gute Rahmenbedingungen für die Vereinsaktivitäten schafft und fähige, motivierte Vorstandsmitglieder findet. Diese Ziele werden mit einem geschickten Marketingkonzept verfolgt. Die Marketingmassnahmen richten sich nicht nur an die Mitglieder, denn es besteht ein ganzes Beziehungsnetz nach innen und aussen. Zu allen relevanten Gruppen sollte der Verein deshalb geeignete «Marketing-Brücken» aufbauen.

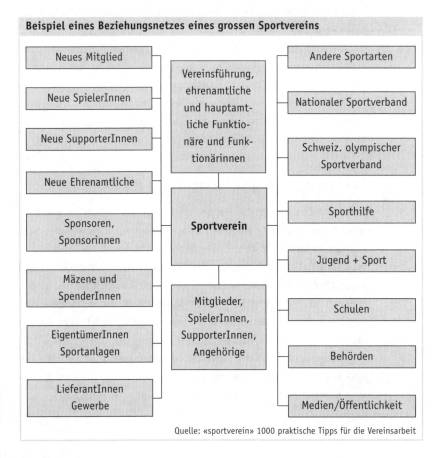

Beispiel eines Beziehungsnetzes eines grossen Sportvereins

Neues Mitglied	Vereinsführung, ehrenamtliche und hauptamtliche Funktionäre und Funktionärinnen	Andere Sportarten
Neue SpielerInnen		Nationaler Sportverband
Neue SupporterInnen		Schweiz. olympischer Sportverband
Neue Ehrenamtliche		
Sponsoren, Sponsorinnen	**Sportverein**	Sporthilfe
Mäzene und SpenderInnen		Jugend + Sport
EigentümerInnen Sportanlagen	Mitglieder, SpielerInnen, SupporterInnen, Angehörige	Schulen
LieferantInnen Gewerbe		Behörden
		Medien/Öffentlichkeit

Quelle: «sportverein» 1000 praktische Tipps für die Vereinsarbeit

So erstellen Sie ein Marketingkonzept

Um ein einheitliches Auftreten und effizientes Handeln aller Beteiligten zu gewährleisten, ist es empfehlenswert, ein Marketingkonzept auszuarbeiten. Darauf aufbauend, können Sie dann entsprechende Massnahmen und Aktionen planen. Der Vereinsvorstand entscheidet, was wann, wo und mit welcher (finanziellen) Unterstützung durch wen durchgeführt werden soll.

Für das Konzept definieren Sie erst die Ziele, die Ihr Verein mit Marketingmassnahmen erreichen will. Sodann zeichnen Sie eine Übersicht über das ganze Beziehungsnetz, das zwischen Ihrem Verein und Personen, Organisationen, Behörden und Medien besteht. Verschaffen Sie sich einen Überblick über Stärken und Schwächen des Vereins und über die Konkurrenzsituation. Um Leitsätze für das Marketing zu bilden, orientieren Sie sich am Leitbild und an den Statuten Ihres Vereins.

Anhand der Beziehungsnetzübersicht können Sie nun die Zielgruppen und Einsatzbereiche definieren, die Absicht festlegen und die Massnahmen zu deren Umsetzung planen. In einem detaillierten Massnahmenplan listen Sie alle Zielvorgaben mit den geplanten Massnahmen auf, bestimmen das Budget, die Termine und die Verantwortlichen.

Lobbying betreiben im richtigen Mass*

Unter Lobbyieren versteht man die intensiven Bemühungen, Entscheidungsträger wie Mitglieder von Behörden, Parlamenten, Stiftungsräten usw. für eigene Interessen und Anliegen zu gewinnen. Für viele mag das einen schlechten Beigeschmack haben. Vorbehalte sind angebracht, wenn damit Einzelinteressen auf undurchsichtigen Wegen und mit unlauteren Mitteln durchgesetzt werden sollen. Vertreten Sie jedoch einen dem Gemeinswohl dienenden Verein, dürfen Sie ruhig zu diesem Mittel greifen.

Lobbying ist eine Daueraufgabe. Man muss langfristig planen, wo und wie man es betreiben möchte. In guten Zeiten müssen Sie als Vereinsverantwortliche deshalb Kontakte knüpfen, um in schlechten

---

* Quelle: Themenblatt «Lobbying» der SVEO (Schweizerische Vereinigung der Elternorganisationen)

Zeiten davon zu profitieren. Sie können sich also nicht erst ums Lobbying kümmern, wenn Ihr Verein Geld oder Unterstützung bei der Realisation eines Projektes braucht. Üblicherweise müssen Sie damit rechnen, dass drei bis fünf Jahre verstreichen vom ersten Kontakt bis zu einer erfolgreichen Zusammenarbeit respektive einer regelmässigen finanziellen Unterstützung.

Tipp

Klären Sie, was die «Umworbenen» von Ihnen und Ihrem Verein wissen möchten, und in welcher Form Sie Lobbying betreiben können. Verschicken Sie als Information nicht nur Jahresberichte, sondern Material, das zeigt, dass Ihre Organisation etwas bewegt.

Hartnäckigkeit ist eine Tugend – Masshalten auch. Lobbying muss verhältnismässig sein. Wenn Sie sich um einen relativ kleinen finanziellen Betrag bemühen, sollten Sie nicht mit Expressbriefen und Hochglanzprospekten auftreten. Vermeiden Sie auch Telefonanrufe während der Essenszeiten und am Wochenende. Die Grenze zwischen Lobbying und Belästigung ist schmal. Gehen Sie in Ihrem Bemühen sorgfältig vor und achten Sie darauf, wie Ihr Gegenüber reagiert. Formulieren Sie Ihre Anliegen so, dass sich die Gegenseite darauf einlassen kann, auch wenn das Projekt nicht unbedingt auf ihrer Linie liegt.

Zum Lobbying bei Entscheidungsträgern und -trägerinnen gehören:

- Korrekte und nützliche Informationen: zum Beispiel das Budget des kommenden Jahres, wenn dafür Geld fliessen soll. Zahlen und Leistungsdaten sind wichtig; dass diese stimmen müssen, ist selbstverständlich. Führen Sie die Stunden und den Ertrag der ehrenamtlich geleisteten Arbeit im Budget auf (siehe Seite 87).
- Umfassende, themenrelevante Informationen: Beziehen Sie Stellung zum Gesamtproblem. Fassen Sie zusammen, wie sich dieses für das angesprochene Gremium stellt und welchen Beitrag Ihr Verein leisten könnte, um die Situation zu verändern oder zu verbessern.
- Gesichter sind wichtig: Ihre Gesprächspartner und Gesprächspartnerinnen müssen wissen, mit wem sie es zu tun haben und wer hinter dem Verein steht. Personen, die für den Verein lobbyieren, müssen zuverlässig und engagiert wirken (und es natürlich auch sein). Der persönliche Kontakt ist wichtig.

Das Vorwissen der Angesprochenen dürfen Sie nicht überschätzen. Meistens sind sie schlecht informiert, auch wenn sie Ihre Informationen regelmässig erhalten. Zudem wechseln die zuständigen Personen in den Gremien häufig. Wiederholen Sie bei Ihren Vorstössen deshalb die Grundlagen, die Sie für eine Entscheidungsfindung als notwendig erachten.

Die folgende Checkliste enthält Ideen, wie Sie Ihr Lobbying gestalten können.

Checkliste: Mögliche Massnahmen für ein erfolgreiches Lobbying

Passen Sie die Auswahl Ihrer Massnahmen den Bedürfnissen Ihres Vereins an. In Frage kommen:

Basisaktivitäten
- Einladung zur Generalversammlung
- Einladung zu speziellen Veranstaltungen (z.B. Tag der offenen Tür, Podiumsdiskussion, Vorträge)
- Versand Jahresbericht, Vereinszeitung
- Wahl von Entscheidungsträgern und -trägerinnen in den Vereinsvorstand

Medienarbeit:
- Jährliche Medienkonferenz
- Communiqués, Artikel aus aktuellem Anlass
- Hintergrundgespräche mit Medienleuten

Direktkontakt zu Entscheidungsträgern und -trägerinnen:
- Behördengespräche
- Kontaktaufnahme mit Parteien/Fraktionen
- Einzelgespräche mit Entscheidungsträgern und -trägerinnen

Zusammenarbeit über Organisationsgrenzen hinweg:
- Bildung von regionalen oder überregionalen Interessengruppen
- Mitwirkung in bestehenden Organisationen
- Übernahme von Verantwortung in übergeordneten Institutionen
- Einsitznahme in Entscheidungsgremien (Behörden, Parlamente)

Behalten Sie bei all diesen Massnahmen Transparenz, Langfristigkeit und Angemessenheit im Auge.

Werbemassnahmen für einen Vereinsanlass

Ob Ihr Verein einen Basar veranstaltet, zu einer Podiumsdiskussion einlädt oder ein grosses Sportturnier organisiert – zum Erfolg tragen immer auch die Werbeanstrengungen bei. Für eine Grossveranstaltung vertrauen Sie die Werbung besser Fachleuten an. Holen Sie für den Auftrag Offerten bei verschiedenen spezialisierten Werbeagenturen ein.

Bei Anlässen im kleineren Rahmen werden Sie nicht mit der grossen Kelle anrühren können. Vielleicht gibt es in Ihren Reihen Leute mit gestalterischem Geschick, die zusammen mit der Druckerei einen ansprechenden Flyer, ein Flugblatt oder ein Plakat entwerfen.

Listen Sie auf, wen Sie wie mit der Werbebotschaft erreichen wollen, und stellen Sie ein Budget auf für die verschiedenen Werbemassnahmen. Formulieren Sie die Texte sorgfältig, und lassen Sie sie gegenlesen – Orthografiefehler und grammatikalische Schnitzer sind tabu. Beachten Sie für griffige Texte die AIDA-Regel (siehe Kasten auf Seite 196). Auf allen Drucksachen sollte der Name Ihres Vereins sowie eine Kontaktadresse erscheinen.

Wenn Sie die folgenden Punkte beachten, wird Ihre Werbung die gewünschte Aufmerksamkeit erwecken:

- Inserate sind nicht billig, darum muss ihr Einsatz gut geplant sein. In der Lokalzeitung werden sie oft besser beachtet. Ausserdem ist die Redaktion meist auch bereit, im Textteil eine Vorschau auf die Veranstaltung zu veröffentlichen und nachher darüber zu berichten.
- Viele Gemeinden, Verkehrsvereine und Zeitungen veröffentlichen Veranstaltungskalender. Melden Sie Ihre Veranstaltung frühzeitig an.
- Plakate im Gross- und Kleinformat müssen grosszügig gestaltet sein, damit sie als Blickfang dienen. Kleinplakate im A4- und A3-Format können auf Anfrage meist bei Läden, öffentlichen Gebäuden, in Restaurants und an offiziellen Anschlagbrettern befestigt werden. Plakate im Weltformat werden von kommerziellen Plakatgesellschaften aufgehängt. Die Kosten sind beträchtlich, und die Aushängetermine müssen frühzeitig festgelegt werden. Es gibt Gemeinden, die grosse, mobile Plakatständer für Vereine und Parteien zur Verfügung stellen. Solche Ständer lassen sich mit handwerklichem Geschick auch selber anfertigen. Holen Sie aber vor dem Aufstellen auf privatem oder öffentlichem Boden die entsprechenden Bewilligungen ein

(unterschiedlich geregelt von Kanton zu Kanton, oft sogar von Gemeinde zu Gemeinde).

- «Wildes» Plakatieren erregt nicht nur Ärger bei den betroffenen Liegenschaftsbesitzern und wirkt somit kontraproduktiv, sondern ist auch vielerorts verboten.
- Unadressierte Wurfsendungen (Werbebrief oder Flyer) kommen je nach Gewicht und Anzahl recht teuer zu stehen. Ausserdem sind viele Briefkästen mit Werbestopp-Klebern versehen. Aufwand und Ertrag müssen in diesem Fall gut gegeneinander abgewogen werden. Solche Wurfsendungen werden durch die Post oder durch private Verträger-Organisationen verteilt. Es lohnt sich, verschiedene Offerten einzuholen.
- Manchmal sind Restaurantbesitzer bereit, originell gestaltete Tischsets, die für Ihren Verein werben, aufzulegen.
- Die Kosten für Werbemassnahmen lassen sich durch Sponsoring verringern. Lesen Sie dazu die Informationen ab Seite 107.

Die AIDA-Regel

Die aus der Werbebranche stammende so genannte AIDA-Regel hilft Ihnen beim Gestalten von Inseraten, Flyern, Plakaten und andern Werbemitteln.

A = Attention = Aufmerksamkeit
Erregen Sie Aufmerksamkeit durch eine auffallende Gestaltung, einen pfiffigen Slogan, ein besonderes Bild.

I = Interest = Interesse
Wecken Sie Interesse durch eine kurze Botschaft, die Betroffenheit auslöst.

D = Desire = Wunsch
Erzeugen Sie bei den Angesprochenen den Wunsch, am Anlass dabei zu sein.

A = Action = Handlung
Lösen Sie bei den Angesprochenen eine Handlung aus: Anmeldung einschicken, Spende einzahlen, Termin im Kalender eintragen usw.

So gelingen Veranstaltungen: Ideen und Organisation

Ihr Verein plant eine interne Feier für 30 Personen, ein Grümpelturnier mit 300 Fussballbegeisterten oder ein Jubiläumsfest, zu dem 2000 Gäste erwartet werden: Für jeden Anlass brauchen Sie originelle Ideen, ein klares Konzept, ein Organisationsschema und engagierte Helferinnen und Helfer.

Jede Veranstaltung beginnt mit der Idee. Neben bewährten Modellen gilt es, Neues in Erwägung zu ziehen. Wo sich möglichst viele an der Ideensammlung – zum Beispiel in Form eines Brainstormings – beteiligen, ist die Chance gross, tatsächlich Neues zu finden.

Einen Anlass im kleineren Rahmen werden Sie mit vereinseigenen Kräften organisieren, für Grossanlässe empfiehlt es sich, externe Unterstützung zu suchen und eventuell Fachleute beizuziehen. Bilden Sie ein Organisationskomitee, kann dieses rechtlich in Ihrem Verein eingebunden sein, oder es wird dafür extra ein Verein gegründet, der nach Abschluss der Veranstaltung automatisch wieder aufgelöst wird. Es kommen auch andere Rechtsformen für das Organisationskomitee in Frage (vergleiche das Kapitel «Der passende Rahmen», Seite 19).

Mit der folgenden Checkliste können Sie sich effizient auf Ihre Veranstaltung vorbereiten.

Checkliste: Eine grosse Veranstaltung organisieren

Wenn Sie mit Ihrem Verein eine Veranstaltung durchführen wollen, gehen Sie die folgende Liste Punkt für Punkt durch:

1. Was wollen wir mit unserer Veranstaltung erreichen?
- Imageverbesserung des Vereins
- Mitgliederwerbung für den Verein
- Förderung von Geselligkeit/Kultur/Sport
- Verbesserung der Finanzlage des Vereins

2. Was für eine Veranstaltung wollen wir durchführen?
- Wettkampf, Wettbewerb
- Jubiläumsfest

- Kultur- oder Musikveranstaltung
- Unterhaltungsabend
- Basar, Wohltätigkeitsveranstaltung

3. Wer soll daran teilnehmen?
- Mitglieder
- Vereine
- Öffentlichkeit

4. Wann soll die Veranstaltung stattfinden?
- Datum, Zeit, Ausweichdatum
- Dauer (ein Tag, mehrere Tage; Terminkollisionen vermeiden!)

5. Wo führen wir die Veranstaltung durch?
- eigene Anlage
- fremde Anlage
- Festplatz
- Saal, Halle
- auf der Strasse (Markt)

6. Wie soll die Veranstaltung finanziert werden?
- durch Erträge (Teilnahmegebühren, Eintrittsgelder, Festwirtschaft)
- durch Sponsorenbeiträge
- durch Subventionen
- durch Spenden
- aus der Vereinskasse

7. Wer organisiert die Veranstaltung?
- eigene Mitglieder
- spezielles Organisationskomitee
- Vergabe an Agentur, Organisationsfirma

8. Zeitplan festlegen
- 8 Monate vorher
  - Ort und Datum festlegen, Räumlichkeiten reservieren
  - Verantwortlichkeiten festlegen (Ressorts Finanzen, Medien, Infrastruktur usw.)
  - Finanzierung sichern, Finanzplan aufstellen, Sponsoren suchen, eventuell Defizitdeckung beantragen (bei Gemeinde, Kanton, Stiftung, Fond usw.)
  - freiwillige Helferinnen und Helfer suchen
  - eventuell Patronatskomitee bilden

- 6 Monate vorher
  - Kontakt mit kooperierenden Vereinen aufnehmen
  - Promotionsmassnahmen festlegen
  - Offerten und Terminpläne für Drucksachen einholen
  - VIP-Liste erstellen (Persönlichkeiten aus Politik, Kultur, Verbänden, Wirtschaft)
  - Adressliste erstellen von allen Personen und Institutionen, die mit Informationen zur Veranstaltung bedient werden sollen
  - Redaktionen anderer Vereinspublikationen auf geplante Veranstaltung hinweisen (früher Redaktionsschluss)
  - Rahmenprogramm festlegen (Produktionen von Musik-, Theater-, Tanz-, Sportgruppen oder Auftritte von Künstlerinnen und Künstlern), Kontakte knüpfen und klare Vereinbarungen treffen
  - Bewilligungen einholen
  - Versicherungsfragen klären
  - Samariterdienst sicherstellen

- 4 Monate vorher
  - provisorisches Programm verfassen (für vereinsinterne Veröffentlichung)
  - Infrastruktur bestimmen und bestellen (Zelt, Tische, Bänke, Verstärkeranlage und Mikrofone)
  - Verpflegung organisieren
  - Dekoration planen, Dekorationsmaterial beschaffen

- 3 Monate vorher
  - Einladung und definitives Programm verfassen

- 1 Monat vorher
  - Einladungen verschicken
  - Veranstaltungshinweis an regionale Zeitung und elektronische Medien verschicken
  - Ablaufplan für internen Bedarf erstellen
  - Gästebetreuung festlegen
  - Medieneinladung verschicken

- 2 Wochen vorher
  - Medienmitteilung verfassen
  - Informationsmaterial über den Veranstaltungsstandort vorbereiten (Stadtpläne, Infobroschüren über die betreffende Gemeinde usw.)
  - Hinweisschilder beschaffen

- 1 Woche vorher
  - bei Medien, die nicht reagiert haben, telefonisch nachhaken

- Am Tag vor und am Durchführungstag
  - Medienmitteilung versenden
  - Ressortverantwortliche zu einer letzten Situationsbesprechung zusammenrufen
  - Briefing für alle Personen, die vor Ort im Einsatz stehen, insbesondere auch für jene, die für den Kontakt mit den Medien bestimmt sind
  - Weg zum Veranstaltungsort beschildern

- Nach der Veranstaltung
  - Dankesschreiben an alle Personen und Instituionen (Freiwillige, Vereinsverantwortliche, Behördenvertretungen, Sponsoren, Medien, usw.), die sich für die Veranstaltung engagiert haben
  - Auswertungssitzung mit allen Ressortverantwortlichen
  - kleine Abschlussveranstaltung als Dank für alle beteiligten Helferinnen und Helfer

Quelle: Checkliste für Veranstaltungen von insieme Schweiz (ergänzt)

« *Lautsprecher verstärken die Stimme,*
nicht die Argumente.»

Hans Kasper

10. Krisen im Verein

Wie jede andere Gemeinschaft ist auch ein Verein nicht vor Krisen gefeit. Krisensituationen können plötzlich auftreten oder sich allmählich zuspitzen. Wenn Sie sich in ruhigen Zeiten mit möglichen Notfallszenarien vertraut machen, werden Sie im Ernstfall besonnener reagieren.

Richtig reagieren auf eine Krise

Je nach Art Ihres Vereins können Sie von unterschiedlichen Vorfällen betroffen sein:

- Ausfall von Führungspersonen bei wichtigen Anlässen
- Krach in Führungsgremien, gefolgt von Rücktritten
- heftige Flügelkämpfe an Versammlungen, die zu Tumulten führen
- Betrugsdelikte, Diebstähle, sexuelle Übergriffe
- Computercrash
- Zerstörung von Gebäuden und Einrichtungen durch Feuer oder Unwetter

Bei Sportvereinen können dazu kommen:

- Dopingvergehen
- Unfälle, Todesfälle

Die Art der Krisensituation wird auch Ihre Reaktion darauf bestimmen.

Notfallszenario

Bei Unglücksfällen leiten Sie sofort die nötigen Hilfsmassnahmen ein, alarmieren die Rettung und die Polizei. Informieren Sie umgehend die nächsten Angehörigen. Erstellen Sie eine Übersicht mit folgendem Inhalt:

- Was ist wann und wo passiert?
- Wer ist betroffen?
- Welcher Schaden ist entstanden?
- Welche Massnahmen wurden getroffen?
- Verzeichnis der zuständigen und beteiligten Personen mit Adresse, Telefonnummer und Erreichbarkeit.

Bieten Sie die Vereinsführung zu einer Krisensitzung auf. Die Checkliste auf Seite 203 zeigt auf, welche Punkte zu beraten sind.

Wichtig ist, dass Sie gegen innen und aussen gut informieren, dabei aber nur gesicherte Fakten weitergeben und keine Spekulationen anstellen. Handelt es sich um einen grösseren Krisenfall, werden die Medien sofort auch ungerufen erscheinen. Den Medienkontakt soll nur die mit dieser Aufgabe betraute Person pflegen, alle andern haben gegenüber den Medien Schweigepflicht. Behandeln Sie alle Medien gleich, beliefern Sie also alle gleichzeitig mit denselben Informationen (Informationen gemäss den Beschlüssen der Krisensitzung, nur Tatsachen und gesicherte Fakten). Weisen Sie auf die laufenden Untersuchungen hin.

Checkliste: Krisensitzung

Gehen Sie bei einer Krisensitzung folgende Punkte durch:
- Orientierung anhand der Übersicht
- falls nötig weitere Sofortmassnahmen beschliessen
- Krisenmanager bestimmen
- Ursache, Ausmass und Folgen des Geschehens analysieren
- eventuell Fachpersonen beiziehen
- Zusammenarbeit mit aufgebotenen Rettungsleuten, Polizei, Untersuchungsrichter, Fachpersonen usw. abstimmen
- weiteres Vorgehen festlegen:
  - Betreuung und Schutz von Opfern und Angehörigen sicherstellen
  - Kommunikation nach innen und aussen absprechen
  - Aufträge und Verhalten der einzelnen Vorstandsmitglieder und Funktionäre/Funktionärinnen festlegen
  - Versicherung informieren
  - Anwalt beiziehen
- Sprachregelung vereinbaren, Sprecher/Sprecherin bestimmen
- Information: Wer muss wann worüber informiert werden?
- nächste Sitzung festlegen

Interne Krisen anpacken und bewältigen

Unglücksfälle und aufgedeckte strafbare Vergehen sind spektakuläre Vorkommnisse, die Ihren Verein in seinen Grundfesten erschüttern können. Andere Krisensituationen wirbeln zwar weniger Staub auf, beeinträchtigen das Vereinsleben aber oft nachhaltiger: unüberbrückbare Meinungsunterschiede, Flügelkämpfe, Generationenkonflikte, persönliche Auseinandersetzungen, Missverständnisse.

Solche Probleme werden oft nicht offen angesprochen. Es bilden sich Gruppen und Fraktionen, die gegeneinander arbeiten – meist

genügt dann ein kleiner Anlass, eine Krise auszulösen. Als Vereinsleitung tun Sie gut daran, auch auf kleine Anzeichen von Missstim-
mungen zu achten und diese mit psychologischem Geschick sofort
anzusprechen und zu klären. Dabei geht es nicht darum, Gewinner
und Verlierer zu ermitteln, sondern beide Seiten ernst zu nehmen.
Spielen Sie Probleme um des Vereinsfriedens willen nicht herunter.

Geht der Streit stets von den gleichen Personen aus, sind das nicht
immer einfach Querulanten. Werden sie mit einer verantwortungs-
vollen Aufgabe betraut oder zumindest gut in die Entscheidungsfindung einbezogen, entwickeln sie sogar oft erstaunliche Einsatzfreude.
Vielleicht wollten sie mit ihrem querköpfigen Verhalten nur auf sich
aufmerksam machen.

«Chropfleerete»

Eine Möglichkeit, Krisen frühzeitig zu erkennen und aufzuarbeiten,
ist die allgemeine «Chropfleerete» oder «Meckersitzung». Ihr Ziel:
Jeder und jede hat die Gelegenheit, loszuwerden, was ihn oder sie am
Vereinsbetrieb stört. Nicht jedes Vereinsmitglied wagt es, Kritik laut
zu äussern. Schriftliche Meldungen, die eingesammelt und zu The-
menbereichen zusammengestellt werden, helfen Hemmschwellen
überwinden. Als Spielregel gilt: Keine Kritik gegen bestimmte Personen sammeln, sondern Ereignisse, Situationen schildern lassen.

Tipp

*Meckersitzungen bewähren sich auch nach einer Veranstaltung, um
gemeinsam abzuklären, was beim nächsten Mal besser laufen könnte. Als Verantwortliche erhalten Sie so auch Gelegenheit, die Ursa-
chen für eine Panne zu erläutern und bekommen Kritik nicht
immer nur gerüchteweise zu Ohren.*

Oft lohnend: Hilfe von aussen

Eine offene Aussprache stellt hohe Anforderungen an die Gesprächs-
leitung. Es braucht eine konsequente und unparteiische Führung,
damit die Aussprache ihren Zweck erfüllen kann und nicht in gegenseitige Beschimpfung ausartet. Beachten Sie dazu auch die Anregungen im Kapitel «Kommunikation» (Seite 177).

In besonders problematischen Fällen oder wenn die Krise schon
lange anhält, empfiehlt es sich, eine aussen stehende Fachperson bei-

zuziehen. Geschulte Moderatoren oder Moderatorinnen besitzen das Rüstzeug, Konflikte in sachlichere Bahnen zu leiten. Auch eine Mediation kann blockierte Fronten wieder in Bewegung bringen und den Weg zu einer einvernehmlichen Lösung ebnen. Zum Abschluss dieses eher schwierigen Themas finden Sie im folgenden Kasten ein paar Ratschläge zum Schmunzeln.

Aus dem Rezeptbüchlein eines Querulanten

Wie mache ich einen Verein kaputt ?

1. Bleibe grundsätzlich jeder Versammlung fern. Sollte sich die Anwesenheit aber nicht vermeiden lassen, dann komme zu spät.
2. Wenn du schon zur Veranstaltung gehst, dann kritisiere und bemängele die Arbeit des Vorstandes, insbesondere des Präsidenten oder der Präsidentin.
3. Lass dich zu nichts wählen, sei aber beleidigt, wenn du nicht für ein Amt vorgeschlagen wirst.
4. Wenn du nach deiner Meinung gefragt wirst, sage nichts, erzähle aber später jedem, was hätte getan werden müssen.
5. Mache nichts selbst. Wenn andere Mitglieder Gemeinschaftsarbeit verrichten, erkläre öffentlich, dass der Verein von einer Clique beherrscht wird.
6. Höre niemals zu, lies keine Vereinsnachrichten und beschwere dich dann, dass du nicht informiert wirst.
7. Stimme für alles, tue das Gegenteil.
8. Stimme mit allem überein, was während der Versammlung gesagt wird, und erkläre dich nach dem Schlusswort nicht damit einverstanden.
9. Beanspruche alle Annehmlichkeiten, die die Mitgliedschaft im Verein bietet, trage aber selbst nichts dazu bei.
10. Wenn du gebeten wirst, deinen Beitrag zu entrichten, dann empöre dich über diese Impertinenz.

« Es gibt zwei Arten von Präsidenten:
Der eine steht über allem, der andere übersteht alles. »

Werner Schneyder

11. Rechtsfragen in der Vereinsarbeit

Für Vereine gibt es kein enges gesetzliches Korsett. Wie das Vereinsleben gestaltet werden soll, können die Mitglieder weitgehend frei entscheiden. Trotzdem stellen sich ab und zu Fragen in Bezug auf Haftung, Finanzen, Versicherungen, Verträge, Verpflichtungen, Rekurse und weiteres, die geklärt werden müssen.

Das Rechtsverhältnis zwischen Verein und Vorstandsmitgliedern

Die Wahl ins Vorstandsamt begründet einen (meist ungeschriebenen) Vertrag – ein so genanntes organschaftliches Rechtsverhältnis – zwischen dem Verein und den Vorstandsmitgliedern. Die Vorstandsmitglieder werden durch die Vereinsversammlung beauftragt, die durch das Gesetz, die Statuten und die Vereinsbeschlüsse gegebenen Aufgaben zu erfüllen. Je nachdem, wie dieser Auftrag ausgestaltet ist, handelt es sich dabei um ein auftragsähnliches Verhältnis (OR 394 ff.) oder um einen Einzelarbeitsvertrag (OR 319 ff.). Als Vorstandsmitglied sind Sie aufgrund dieser gesetzlichen Grundlagen zu sorgfältiger Amtsführung verpflichtet.

Auftrag oder Einzelarbeitsvertrag?

Die wichtigsten Unterschiede zwischen beiden Vertragsarten werden in der unten stehenden Tabelle aufgeführt. Bei den meisten Vereinen liegt wohl ein auftragsähnliches Verhältnis vor. Der Einzelarbeitsvertrag dürfte eher bei grossen Vereinen zur Anwendung kommen. Die Grenze ist nicht immer leicht zu ziehen. Die Entscheidung müssen Sie aufgrund der Fakten im konkreten Einzelfall treffen.

Unterschiede zwischen Auftrag und Einzelarbeitsvertrag	
Auftrag	**Einzelarbeitsvertrag**
einmalige Dienstleistung	Vertrag auf Dauer (z. B. ein Vereinsjahr)
im Rahmen des Auftrags freie und selbständige Ausführung	Unterordnungsverhältnis (die Vereinsversammlung kann dem Vorstand Anweisungen geben)
Honorar oder gratis (Spesenentschädigung ist kein Lohn)	Lohn
jederzeit auflösbar (ausser zu einer unpassenden Zeit, d. h. wenn die Auflösung der Gegenpartei grosse Nachteile bringt)	auflösbar nach Ablauf der Kündigungsfrist
Haftung für sorgfältige Geschäftsführung (OR 398)	Haftung für sorgfältiges Arbeiten (OR 321e)
Spesenabgeltung (OR 402)	Vergütung für Auslagen (OR 327a-c)

Beispiel *Ein Sportclub wird in einen Zivilprozess verwickelt. Der Vorstand beauftragt das als Anwalt tätige Vorstandsmitglied Z., den Prozess im Namen des Vereins zu führen und erhofft sich, so das Anwaltshonorar sparen zu können. Anwalt Z. war jedoch zu diesem Gratisdienst nicht bereit und erwirkte einen Gerichtsentscheid. Er bekam recht: Die Führung eines Prozesses gehört nicht zu den normalen, unentgeltlich zu leistenden Aufgaben eines Vorstandsmitgliedes. Der Verein hat Anwalt Z. aufgrund des separaten Mandatsverhältnisses zu entschädigen.*

Die Vertretung nach aussen

Auch wenn der Verein juristisch gesehen eine Rechtspersönlichkeit hat und somit rechtsfähig ist, wird er dadurch nicht schon handlungsfähig. Er kann erst handeln, wenn seine Organisation feststeht, wenn also seine Organe bestimmt sind. Die Vereinsversammlung ist zwar zwingend das oberste Organ des Vereins, aber sie tritt nach aussen hin nicht selber auf. Dies wäre rein praktisch ja auch gar nicht möglich. Es können beispielsweise nicht hundert Vereinsmitglieder gemeinsam einen Vertrag mit einem aussen stehenden Dritten unterzeichnen.

Das Gesetz sieht vor, dass neben der Vereinsversammlung als weiteres Organ ein Vorstand eingesetzt wird. Der Vorstand besorgt die Geschäftsführung und vertritt den Verein nach aussen. Verträge mit Dritten werden also vom Vorstand abgeschlossen. Er ist auch Kontakt- und Ansprechstelle für Aussenstehende. Kündigungen, behördliche Verfügungen und gerichtliche Vorladungen, die den Verein betreffen, müssen an den Vorstand gerichtet werden.

Das Kollegialitätsprinzip

Der Vorstand handelt – ausser es sei in den Statuten anders festgeschrieben – nach dem Kollegialitätsprinzip. Dies bedeutet, dass innerhalb des Gremiums hart, aber fair um einen Entscheid gerungen wird, den alle mittragen können.

Auch Vorstandsmitglieder, die mit ihrer Ansicht nicht durchdringen konnten, vertreten nachher nach aussen die Mehrheitsmeinung des Vorstandes.

Die Vertretungsmacht der Vorstandsmitglieder

Als Vorstandsmitglied dürfen Sie grundsätzlich den Verein unbeschränkt gegen aussen vertreten. Sie haben also die Vertretungsmacht, dürfen für Ihren Verein handeln und durch Ihr Handeln für den Verein Verpflichtungen eingehen. Ihre Vertretungsmacht kann jedoch durch die Statuten oder durch Reglemente beschnitten werden. Für aussen stehende Dritte sind solche vereinsinternen Regelungen aber bedeutungslos, wenn die Einschränkungen nicht im Handelsregister eingetragen sind oder beispielsweise mit einem Rundschreiben bekannt gemacht wurden.

Gibt es keine Regelungen in den Vereinsstatuten, die die Vertretungsmacht einschränken, können aussen stehende Vertragspartner davon ausgehen, dass die Verpflichtungen, die der Vorstand im Namen des Vereins eingeht, rechtlich vollumfänglich bindend sind. Diese Verpflichtungen müssen aber durch den Vereinszweck gedeckt sein. Der Kassier des Kulturforums Wilen kann also seinen Verein nicht durch die Vornahme riskanter Börsenspekulationen verpflichten. Für solche Geschäfte haftet er selber.

Überschreitet ein Vorstandsmitglied schuldhaft die ihm zustehenden Befugnisse, haftet zwar der Verein, aber dieser kann das schuldige Vorstandsmitglied zur Verantwortung ziehen und Regress, das heisst Rückgriff auf diese Person nehmen.

Beispiel *Vorstandsmitglieder dürfen gemäss Statuten nur Geschäfte bis 2000 Franken abschliessen. Kauft ein Vorstandsmitglied einen PC für 5000 Franken, so haftet er für den dem Verein entstandenen Schaden.*

Klar zu regeln: Finanzkompetenzen

Der Vorstand ist von der Vereinsversammlung beauftragt, nach bestem Wissen und Gewissen dafür zu sorgen, dass der Vereinszweck erfüllt werden kann. Dies gilt auch für die finanziellen Belange des Vereins. Es gibt keine konkret anwendbaren Gesetzesbestimmungen zur Höhe der Finanzkompetenzen. Halten Sie deshalb die finanziellen Kompetenzen und die Unterschriftenregelung für das Präsidium, den Vorstand und die einzelnen Vorstandsmitglieder in den Statuten, dem Vorstandsreglement oder den Pflichtenheften fest. Selbst wenn solche Bestimmungen fehlen, muss der Vorstand dafür sorgen, dass sich der Verein finanziell nicht übernimmt. Er muss die Mittel optimal einsetzen. Mit Vorteil unterbreitet er deshalb der Hauptversammlung ein Budget für das kommende Vereinsjahr. Wird es von den Mitgliedern angenommen, ist der Vorstand an dieses Budget gebunden. Hält er sich daran, kann man ihm später in diesem Bereich keine Verletzung der Sorgfaltspflicht vorwerfen.

Wer haftet im Verein?

Der Vorstand hat das Recht und die Pflicht, nach den Befugnissen, die die Statuten ihm einräumen, die Angelegenheiten des Vereins zu besorgen und den Verein zu vertreten (ZGB 69). Das bedeutet, dass er entsprechend dem Vereinszweck und den Beschlüssen der Vereinsversammlung die laufenden Geschäfte führt.

Für das Geschäftsgebahren und die Handlungen des Gesamtvorstandes oder einzelner Vorstandsmitglieder ist der Verein verantwortlich. Er haftet also für Rechtsgeschäfte, die ein Vorstandsmitglied abschliesst. Unterschreibt die Präsidentin des Kulturforums Wilen den Kaufvertrag für einen Occasions-Flügel für die Musikschule, so muss der Verein die hohe Rechnung begleichen, und nicht etwa die Präsidentin. Der Verein muss selbst dann bezahlen, wenn die Präsidentin mit ihrer Unterschrift unter den Kaufvertrag ihre Finanzkompetenzen überschritten hat, der Kauf aber im Rahmen des Vereinszweckes liegt.

Nicht nur durch den Abschluss von Verträgen, auch durch ihre übrigen Handlungen und ihr Verhalten verpflichten die Vorstandsmitglieder ihren Verein. Der Verein haftet sogar dann, wenn ein Vorstandsmitglied statuten- oder vertragswidrig handelt oder jemandem widerrechtlich Schaden zufügt, sofern die Handlungen durch den Vereinszweck abgedeckt werden.

Beispiel *Der Verein «Kulturforum Wilen» hat dem Autor Arthur Baggenstoss den Auftrag für ein Festspiel erteilt. Die Musik dazu schreibt die Wilener Komponistin Beatrice Keller. Regisseur René Müller studiert* *das Stück mit Laienschauspielerinnen und -schauspielern ein, Beatrice Keller leitet die Proben mit dem Festspielchor und dem Orchester. Während der Proben werden vom Regisseur noch namhafte Änderungen am Text und am Inhalt des Festpiels vorgenommen. Zur Hauptprobe erscheint auch der Autor. Er ist entsetzt über die veränderte Fassung seines Stücks und verbietet die Aufführung. Der Vorstand des Kulturforums hält an der Aufführung fest – sie geht auch erfolgreich über die Bühne. Arthur Baggenstoss erhebt als Autor eine Schadenersatzforderung. Diese muss vom Verein bezahlt werden.*

Kommt es an einem Vereinsanlass zu Sachbeschädigungen oder zu einer fahrlässigen Körperverletzung, muss ebenfalls die Vereinskasse die Schäden abgelten.

Beispiel *Beim Adventsessen für Alleinstehende im Kirchgemeindehaus hat der Frauenverein die Tische geschmückt. Leider sind die Kerzen nicht in feuerfesten Ständern befestigt. So gibt es auf den Tischen Brandspuren. Den Schaden hat die Vereinskasse zu begleichen.*

Beispiel *Der Turnverein organisiert ein Seifenkistenrennen. Das steile Strassenstück wird für den Verkehr gesperrt, enge Kurven mit Strohballen gesichert. Beim Zieleinlauf fehlen aber Abschrankungen. Darum rast eine Seifenkiste in die Zuschauermenge und verletzt zwei Personen. Auch hier wird der Verein zur Kasse gebeten.*

Hinweis *Ein Vorstandsmitglied, das im Rahmen seiner Vereinstätigkeit gegenüber aussen stehenden Dritten einen Schaden verursacht, bei dem es ein Verschulden trifft, haftet solidarisch mit dem Verein – und zwar mit seinem Privatvermögen (ZGB 55 Abs. 3). Der oder die Geschädigte kann deshalb den Verein oder die fehlbare Person direkt belangen.*

Für Schäden, die ein Vorstandsmitglied in Ausübung seines Amtes verursacht, haftet der Verein mit seinem gesamten Vermögen. Dies trifft aber immer nur auf den zivilrechtlichen Schaden zu. Verstösst ein Vorstandsmitglied gegen das Strafgesetzbuch, wird nicht der Verein zu einer Busse oder einer Freiheitsstrafe verurteilt, sondern der

Täter oder die Täterin persönlich. Entwendet der Vereinskassier (im unwahrscheinlichen Fall) beispielsweise während der Vorstandssitzung der Serviertochter das Portemonnaie, so muss die Bestohlene den Dieb und nicht den Verein einklagen.

Umfang der Haftung

Laut Schweizerischem Zivilgesetzbuch (Art. 75 a) haftet für die Verbindlichkeiten des Vereins ausschliesslich das Vereinsvermögen, sofern die Statuten nichts anderes bestimmen. Diese Regelung ist neu und schützt Vereinsmitglieder vor bösen Überraschungen. Denn bisher hätten sie im schlimmsten Fall Vereinsschulden anteilmässig decken müssen, sofern die Höhe des Jahresbeitrages nicht in den Statuten fixiert war.

Möchte Ihr Verein, dass ein oder mehrere Mitglieder eine so genannte Nachschusspflicht haben, müssen Sie eine entsprechende Bestimmung in den Statuten verankern. Sie wird dann aktuell, wenn das Vereinsvermögen zur Deckung der Schulden nicht mehr ausreicht. Die Nachschusspflicht bedeutet, dass die betreffenden Mitglieder allfällige Verluste decken müssen.

Haftung für Hilfspersonen

Oft sind bei einem grösseren Vereinsanlass ausser Vorstand oder Funktionärinnen und Funktionären noch viele «gewöhnliche» Vereinsmitglieder oder sogar Aussenstehende im Einsatz. Diese Personen sind jedoch keine Organe des Vereins, deren Taten im Sinne des ZGB Art. 55 als Handlungen des Vereins gelten. Sie sind nach dem Gesetz Hilfspersonen. Richten diese Hilfspersonen gegenüber Dritten einen Schaden an, haftet der Verein nur dann, «wenn er nicht nachweist, dass er alle nach den Umständen gebotene Sorgfalt angewendet hat, um einen Schaden dieser Art zu verhüten, oder dass der Schaden auch bei Anwendung dieser Sorgfalt eingetreten wäre» (OR 55).

Beispiel *Nach der Hauptversammlung veranstaltet das «Kulturforum Wilen» ein grosses Kulturfest in den Räumen der Mittelschule. In einem der Schulzimmer wird eine Bar geführt. Beim Einrichten* *und Dekorieren beschädigen die Helfer den Hellraumprojektor, und an der Decke und den Wänden bleiben vom Aufhängen farbiger Tücher kleine Nagellöcher zurück. Können die Vereinsverantwortlichen nachweisen, dass sie die Hilfspersonen, die die Bar einrichteten, sorgfältig ausgelesen, genau instruiert und überwacht haben, haftet das Kulturforum nicht für die Schäden. Die geschädigte Schule muss sich an die Schadenverursacher – in diesem Fall die betreffenden Hilfspersonen – halten. Diese können sich gegebenenfalls an ihre Privathaftpflichtversicherung wenden.*

Entlastung des Vorstandes: die Décharge-Erteilung

Der Vorstand legt üblicherweise an der alljährlich stattfindenden Hauptversammlung Rechenschaft ab über seine Tätigkeit, seine Geschäftsführung im abgelaufenen Vereinsjahr. Er legt der Versammlung seinen Jahresbericht und seine Jahresrechnung zur Abnahme vor (ZGB 65 II) und bittet die Versammlung um Entlastung, um die Erteilung der Décharge. Erst wenn die Versammlung diese Entlastung gewährt, die Décharge also erteilt hat, sind die Vorstandsmitglieder nicht mehr persönlich haftbar für die Geschäfte des abgelaufenen Vereinsjahres (siehe auch das Kapitel «Die Stunde der Wahrheit: die Abnahme der Jahresrechnung», Seite 156).

Im Gesetz wird die Décharge nirgends erwähnt. Es handelt sich um ein ungeschriebenes, wenn auch abänderbares Recht. Décharge wird darum in den meisten Vereinen erteilt.

Die Décharge-Erteilung sollte klar und ausdrücklich erfolgen. Damit erlöschen alle Verantwortlichkeitsansprüche des Vereins gegenüber dem Vorstand. Die Entlastung kann sich aber immer nur auf Tatsachen beziehen, die der Versammlung vollständig bekannt sind. Die Décharge ist also nicht einfach ein absoluter Persilschein. Hat der Vorstand einen wichtigen Punkt bewusst verschleiert, kann er dafür auch später noch zur Rechenschaft gezogen werden.

Neben dem Vorstand können alle andern Vereinsgremien, beispielsweise auch das Sekretariat, in die Décharge einbezogen werden. Bei der Abstimmung darüber dürfen aber die Vorstandsmitglieder und alle andern von der Décharge Betroffenen nicht mitstimmen (ZGB 68).

Beispiel *Der Präsident und die Vizepräsidentin eines dreiköpfigen Vereinsvorstandes treten an der Hauptversammlung zurück. Nur der Kassier bleibt im Amt. Der Vorstand wird von der Versammlung nicht entlastet. Es gibt Neuwahlen: Es werden ein neuer Präsident und eine neue Vizepräsidentin gewählt. Auf die Forderung einiger Mitglieder hin wird eine ausserordentliche Mitgliederversammlung einberufen. Diese Mitglieder sind der Meinung, der «alte» Vorstand müsse bis zu seiner Entlastung im Amt bleiben, und die Neuwahlen seien ungültig. Wenn die Statuten zu diesem Problem jedoch keine besondere Regelung vorsehen, ist die Neuwahl des Vorstandes auch ohne Entlastung des alten möglich. Décharge bedeutet ja lediglich, dass die Mitgliederversammlung von eventuellen Schadenersatzforderungen gegenüber dem Vorstand absieht. Forderungen können auch gegenüber einem zurückgetretenen Vorstand geltend gemacht werden. Sinnvollerweise sollte unverzüglich geprüft werden, ob sich der alte Vorstand etwas zuschulden kommen liess. Die bestehenden Ansprüche müssen dann sofort geltend gemacht werden.* *

So fechten Sie Vereins- und Vorstandsbeschlüsse an

Gegen Vereinsbeschlüsse, die gegen das Gesetz oder die Statuten verstossen, kann sich jedes Vereinsmitglied wehren. Gibt es eine vereinsinterne Rekursmöglichkeit, ist zuerst an diese Instanz zu gelangen. Diese Rekursinstanz ist in den Statuten festgelegt. Fehlt sie, können Sie innert Monatsfrist mit einer Anfechtungsklage das zuständige Gericht anrufen.

Als Mitglied können Sie gegen den Vereinsbeschluss auch klagen, wenn Sie sich bei jener Abstimmung oder Wahl der Stimme enthalten oder gar nicht an der Versammlung teilgenommen haben. Haben Sie damals jedoch zugestimmt, können Sie nur Klage einreichen, wenn Sie dies aufgrund einer Drohung oder eines Irrtums taten.

---

* Quelle: «vitaminB» Wolfgang Pfeffer www.nonprofit.management.de

Die Klagefrist beginnt, wenn das Mitglied vom Beschluss Kenntnis erhalten hat – für jemanden, der an der Versammlung anwesend war, also am Tag nach der Versammlung, für Abwesende dann, wenn sie vom Beschluss erfahren. Weil eine generelle Anfechtungsmöglichkeit besteht, ist es wichtig, alle Vereinsbeschlüsse zu protokollieren.

Hat der Vorstand oder ein anderes Vereinsgremium die Kompetenz, bei einem Geschäft abschliessend und endgültig zu entscheiden (z. B. Vereinsausschluss), kann auch ein solcher Beschluss vor Gericht angefochten werden.

Angefochten werden können jedoch nur Beschlüsse, keine anderen Rechtsgeschäfte, wie beispielsweise Verträge, die der Verein mit Mitgliedern oder Dritten abschliesst. Hat der Vereinvorstand einen Vertrag abgeschlossen, dessen Gegenstand ausserhalb des Vereinszwecks liegt, oder übersteigt der Abschluss die Kompetenzen des Vorstands, kann unter Umständen der Verein – nicht aber das einzelne Mitglied – vor Gericht klagen.

Klagen gegen Vereinsbeschlüsse müssen Sie bei einem Zivilgericht einreichen. Je nach Kanton sind dies Bezirks- oder Amtsgerichte.

Statutenänderungen

Statuten zu erlassen, zu revidieren oder aufzuheben gehört zu jenen Kompetenzen der Vereinsversammlung, die ihr von Gesetzes wegen zustehen und die ihr auch durch die Statuten nicht entzogen werden dürfen. Ein Teil des Gründungsaktes für einen neuen Verein ist das Verabschieden der massgeschneiderten Statuten an der Gründungsversammlung. Die Erfahrungen im Vereinsleben zeigen vielleicht im Laufe der Zeit, dass eine oder mehrere Bestimmungen den veränderten Verhältnissen oder Bedürfnissen des Vereins angepasst werden müssen. Möglicherweise gibt es auch Regelungslücken oder überflüssige Bestimmungen.

Der Vorstand oder auch ein einzelnes Vereinsmitglied kann auf eine Mitgliederversammlung hin eine Statutenänderung vorschlagen. Wie für andere wichtige Beschlüsse müssen Sie auch hier darauf achten, die Termine für die gehörige Ankündigung der Versammlung und dieses Geschäftes einzuhalten. Unter Umständen ist in Ihren Vereinsstatuten auch eine qualifizierte Mehrheit für eine Statutenänderung vorgeschrieben (z. B. Mehrheit aller im Verein Stimmberechtigten, 2/3-Mehrheit der an der Versammlung Anwesenden usw.). Die vorgeschlagene Statutenänderung wird dann nur rechtsgültig, wenn die Zustimmung mit der erforderlichen Mehrheit geschieht.

Für wichtige Statutenänderungen, die hitzige Debatten voraussehen lassen, laden Sie mit Vorteil zu einer ausserordentlichen Mitgliederversammlung zu diesem einzigen Thema ein. Legen Sie der Einladung die Änderungsvorschläge bei. Bei tief greifenden Änderungen oder gar einer Totalrevision empfiehlt es sich, eine übersichtliche Darstellung zu wählen. Zweckmässig ist es, je den alten und neuen Text einander gegenüberzustellen, die Änderungen hervorzuheben und mit einem Kommentar zu versehen. An der Versammlung stellen Sie die zu revidierenden Bestimmungen einzeln zur Diskussion. Gibt es zu einzelnen Artikeln keine Diskussion, gelten diese als angenommen. Wird Opposition laut und kommt es zu Gegen- oder Abänderungsanträgen, muss über den umstrittenen Passus abgestimmt werden. Erläuterungen zum Abstimmungsverfahren finden Sie im Kapitel «Die Diskussion eröffnen» auf Seite 143. Sind alle zu revidierenden Statutenbestimmungen durchberaten, erfolgt zum Schluss eine Gesamtabstimmung über alle vorgeschlagenen Änderungen.

Zweckänderung oder Zweckumwandlung des Vereins

Sie sind Ihrem Verein beigetreten, weil Sie sich mit dessen Zweck identifizieren können. Dieser in den Statuten aufgeführte Vereinszweck ist von Gesetzes wegen geschützt. Dessen Umwandlung kann keinem Mitglied aufgenötigt werden. Die Umwandlung kann nur vorgenommen werden, wenn alle Mitglieder zustimmen (ausser in den Gründungsstatuten sei schon eine mögliche Zweckumwandlung vorgesehen). Sie spielen beispielsweise leidenschaftlich Boccia und engagieren sich deshalb im örtlichen Boccia-Club. Jetzt wollen Sie nicht plötzlich aufs Kegeln umstellen, nur weil einige Vereinsmitglieder seit kurzem diesem Sport den Vorzug geben.

Eine Anpassung des Vereinszwecks an veränderte Verhältnisse oder an neue Bedürfnisse der Mitglieder ist noch keine Zweckumwandlung. Nimmt eine Seniorenvereinigung, die laut ihrer Zweckumschreibung in den Statuten geselliges Beisammensein pflegt und Ausflüge organisiert, auf Wunsch vieler Mitglieder auch Internetkurse in ihr Programm auf, ist eine solche Änderung des Vereinszweckes sicher zulässig, auch wenn der Zweckänderung nicht alle Mitglieder zustimmen. Mit Zweckumwandlung ist eine krasse Änderung gemeint. Damit wird die Identität verändert, das Wesen des Vereins: Ein Veloclub wird zu einem Motorsportclub, oder ein christlicher Verein wendet sich dem Buddhismus zu.

Ein Vereinsbeschluss auf Zweckumwandlung kann angefochten werden. Auf jeden Fall hat das Mitglied, das mit dem neuen Zweck nicht einverstanden ist, das Recht, sofort aus wichtigem Grund aus dem Verein auszutreten.

Das Rechtsverhältnis zwischen Dachverband und Sektionen

Viele Vereine sind in Sektionen organisiert. Der Turnverein eines Dorfes hat vielleicht je eine Riege für Frauen, Männer, Senioren, Kinder und Jugendliche. Der kantonale Schützenverein unterteilt sich in örtliche Sektionen. Die Sektionen sind also aus inhaltlichen oder räumlichen Gründen entstanden. Sie sind in örtlichen, kantonalen oder schweizerischen Dachverbänden zusammengeschlossen.

Die Sektionen und Dachverbände haben je nach Organisationsform unterschiedliche Kompetenzen. Es gibt sehr eigenständige Sektionen, die als eigene Vereine auftreten und deren Statuten nicht einmal vom Dachverband genehmigt werden müssen. Oft ist nur die Sektion Mitglied des Dachverbandes, die einzelnen Mitglieder aber nicht. Das einzelne Mitglied hat trotzdem das Recht, Verbandsbeschlüsse des Dachverbandes anzufechten. Möglich ist auch, dass nur das Sektionsmitglied, nicht aber seine Sektion zum Dachverband gehört. Das Mitglied ist dann Doppelmitglied (sowohl bei der Sektion als auch beim Dachverband).

Ist die Sektion kein eigenständiger Verein und hat somit keine eigene Rechtspersönlichkeit, ist das Sektionsleben nicht sehr autonom. Wer zu einer solchen Sektion gehört, hat nur eine Mitgliedschaft – jene beim Dachverband. Wird dieses Mitglied wegen verbandsschädigendem Verhalten aus dem Dachverband ausgeschlossen, hat es auch kein Bleiberecht mehr in der Sektion.

Musik ist nicht gratis – Suisa-Regelungen

Sie möchten die trockene Traktandenliste der Hauptversammlung mit einem musikalischen Zwischenspiel unterbrechen oder einen andern Vereinsanlass mit Musik aufwerten. Dabei müssen Sie die Vorschriften der SUISA beachten. Die SUISA ist eine Genossenschaft der Komponisten, Textautoren und Musikverleger, die die Urheberrechte ihrer Mitglieder in der Schweiz und im Fürstentum Liechtenstein wahrnimmt. Zusammen mit ausländischen Schwestergesellschaften setzt sie diese Rechte auch im Ausland durch. Werden Werke solcher SUISA-Mitglieder ausserhalb der Privatsphäre verwendet, sei es an Konzerten, in der Disco, im Radio- oder Fernsehprogramm, im Einkaufszentrum oder eben beim Unterhaltungsabend Ihres Vereins, muss für die Nutzung bei der SUISA die Erlaubnis eingeholt und eine Urheberrechtsentschädigung bezahlt werden.

Wie hoch die Urheberrechtsentschädigung ausfällt, hängt von der Art des Anlasses und der Musiknutzung ab und ist in den jeweiligen Tarifen festgelegt. Die SUISA hat diese Tarife mit wirtschaftlichen und kulturellen Verbänden ausgehandelt. Sie sind von der Eidgenössischen Schiedskommission für die Verwertung von Urheber- und verwandten Schutzrechten genehmigt worden. Wenden Sie sich direkt an den Kundendienst der SUISA, wenn Sie Fragen zur Musiknutzung und zu den verschiedenen Tarifen haben (Adresse im Anhang). Erkundigen Sie sich bei Ihrem Dachverband, ob er mit der SUISA einen Vertrag abgeschlossen hat, der auch für Ihre Sektion gültig ist.

Der Verein als Arbeitgeber

Grössere und finanzkräftige Vereine stellen Personen an, die in Voll- oder Teilzeit Arbeiten für den Verein ausführen. Häufig sind auch gemeinnützige Organisationen, die im Gesundheitswesen, im Behindertenbereich oder in einer Sozialberatung tätig sind, als Vereine organisiert. Neben Ehrenamtlichen arbeiten hier auch entlöhnte

Angestellte. Wo solche Arbeitsverhältnisse zwischen dem Verein und seinen Angestellten bestehen, gelten dieselben Bestimmungen zum Arbeitsrecht wie in andern Zweigen der Wirtschaft, etwa die Vorschriften des Obligationenrechtes zum Einzelarbeitsvertrag oder – sofern vorhanden – jene des Gesamt- oder Normalarbeitsvertrages.

Checkliste: Personal anstellen

Hat ein Verein entlöhnte Angestellte, sollten folgende Punkte genau festgelegt sein:

- wem die Personalplanung obliegt,
- wer das Anstellungsverfahren durchführt,
- wer die Lohneinstufung vornimmt,
- wer die Anstellung genehmigt,
- wem die angestellte Person direkt unterstellt ist,
- wer das Beurteilungs- und Förderungsgespräch durchführt,
- wer die Personalakte führt,
- wer die Sozialversicherungen und Personalvorsorge regelt,
- wer ein Arbeitszeugnis erstellt,
- wer einen Arbeitsvertrag kündigt.

Im Rahmen dieses Ratgebers kann nicht auf alle Aspekte des Arbeitsrechtes eingegangen werden. Konsultieren Sie die entsprechende Spezialliteratur oder wenden Sie sich im Einzelfall an eine Beratungsstelle.

Versicherungen

Versicherungen spielen für jeden Verein eine wichtige Rolle. Als Verantwortliche tun Sie gut daran, sich je nach Art der Aktivitäten und Verpflichtungen Ihres Vereins eingehend mit diesem Thema auseinander zu setzen.

Der Vorstand ist dafür verantwortlich, dass der Verein über einen ausreichenden Versicherungsschutz verfügt und dass die gesetzlichen Vorschriften – gerade auch im Bereich der Sozialversicherungen – eingehalten werden.

Tipp *Bei Versicherungsfragen lohnt sich die Zusammenarbeit mit erfahrenen, unabhängigen Versicherungsberatern oder -beraterinnen. Oftmals hat der nationale Dachverband, welchem Ihr Verein angeschlossen ist, Pauschalverträge mit einem Versicherer abgeschlossen, welche auch die Risiken der Sektionen einschliessen. Nachfragen bei der Geschäftsstelle kann sich da lohnen.*

Haftpflichtversicherung

Diese Versicherung deckt Schäden, welche der Verein beziehungsweise seine Mitglieder im Rahmen der Vereinsaktivitäten Dritten gegenüber verursachen.

Beispiel *Die Verstärkeranlage in der Aula der Mittelschule wird bei der gut besuchten Discoveranstaltung des Musikvereins durch ein Missgeschick beschädigt. Der Musikverein ist für den entstandenen Schaden haftbar. Die Haftpflichtversicherung des Vereins übernimmt die Kosten.*

Die Vereinshaftpflichtversicherung erstreckt sich sowohl auf die statutarischen Aktivitäten des versicherten Vereins wie auch auf die Organisation und Durchführung von Anlässen, welche normalerweise periodisch stattfinden. Bei Grossanlässen, welche den Rahmen der üblichen Vereinstätigkeiten übertreffen, ist eine spezielle Veranstaltungsversicherung abzuschliessen.

Besitzt der Verein ein eigenes Klubhaus, ist er als Eigentümer haftpflichtig (Werkhaftpflicht) und muss daher entsprechend versichert sein.

Sachversicherungen

Zu den Sachversicherungen gehören die Gebäudeversicherung (falls Ihr Verein Eigentümer von Immobilien ist, z. B. ein eigenes Klubhaus besitzt) und die Mobiliarversicherung (für das Vereinsinventar, z. B. EDV-Anlage, Musikinstrumente, Sportgeräte). Versicherbar sind Feuer-, Elementar-, Wasser- und Diebstahlschäden. Zusätzlich können Glasbruchschäden eingeschlossen werden.

Rechtsschutzversicherung

Die Rechtsschutzversicherung schützt den Verein vor Kosten, die durch Gerichtsverfahren entstehen. Informieren Sie sich bei einer solchen Versicherung genau über die Bedingungen, und vergleichen Sie die Leistungen verschiedener Anbieter. Oft wird vom Abschluss einer Rechtsschutzversicherung abgeraten, weil der Anwendungsbereich limitiert ist.

Fahrzeugversicherungen

Bei den Fahrzeugversicherungen handelt es sich um die üblichen Versicherungen für Fahrzeughalter und Fahrzeughalterinnen. Sie kommen zum Tragen, wenn Ihr Verein zum Beispiel einen eigenen Mannschaftsbus besitzt, und decken Haftpflicht sowie allenfalls Kasko und Insassenunfall.

Unfallversicherung

Eine Unfallversicherung ist für die hauptamtlichen Angestellten Ihres Vereins obligatorisch. Für Vereinsmitglieder kann eine Zusatzversicherung zur persönlichen obligatorischen Unfallversicherung, unter anderem für zusätzliche Heilungskosten, erweiterte Invaliditätsleistungen oder Brillenschäden, abgeschlossen werden.

Sozialversicherungen

AHV/IV/EO/ALV, berufliche Vorsorge, Krankentaggeld: Von diesen Sozialversicherungen sind vorrangig die hauptamtlichen Angestellten Ihres Vereins betroffen. Werden Entgelte und Entschädigungen auch an Ehrenamtliche oder Funktionäre/Funktionärinnen im Nebenerwerb geleistet, müssen die gesetzlichen Bestimmungen unbedingt eingehalten werden. Detaillierte Informationen zum Thema Sozialversicherungen finden Sie in der entsprechenden Literatur sowie auf der Website des Bundesamtes für Sozialversicherung (BSV) (www.bsv.admin.ch).

« *Wenn zwei brave Menschen über Grundsätze streiten, haben immer beide recht.* »

Marie von Ebner-Eschenbach

12. Vereinsauflösung

Zwar entstehen immer wieder neue Vereine, es kann aber auch zu Vereinsauflösungen kommen. Akuter Mitgliederschwund, Zahlungsunfähigkeit, Gesetzeswidrigkeit oder ein Beschluss der Mitgliederversammlung können zu diesem Schritt führen.

Gründe für eine Vereinsauflösung

Auflösung durch Vereinsbeschluss

Ein Verein kann jederzeit durch einen Vereinsbeschluss aufgelöst werden. In den Statuten darf nicht festgelegt sein, der Verein sei «unauflösbar». Eine solche Bestimmung würde gegen die Vereinsautonomie verstossen. Meist wird der Verein aus einem der folgenden Gründe aufgelöst:

- Der Vereinszweck ist erfüllt.
- Es sind alle gesteckten Ziele erreicht.
- Der Zweck entspricht keinem Bedürfnis mehr.
- Der Verein wurde durch die gesellschaftliche Entwicklung überflüssig.

Hinweis *Der Auflösungsbeschluss muss statuten- und gesetzeskonform sein. Gibt es dazu in den Statuten keine besondere Vorschrift (z. B. 2/3-Mehrheit aller Mitglieder), kann der Beschluss mit der Mehrheit der Stimmen der anwesenden Mitglieder gefasst werden.*

Automatische Auflösung

Häufig wird für die Planung und Durchführung eines speziellen Anlasses (Stadtfest, Festival, Turnfest) ein Organisationskomitee in der Rechtsform eines Vereins gegründet. In den Statuten wird dann bereits festgehalten, dass sich der Verein nach Abschluss aller Arbeiten automatisch wieder auflöst.

Auflösung wegen Zahlungsunfähigkeit

Laufen in einem Verein die Finanzen völlig aus dem Ruder, droht die Auflösung: Das Gesetz (ZGB 77) bestimmt, dass ein nicht mehr zahlungsfähiger Verein aufgelöst wird. Zahlungsunfähigkeit liegt vor, wenn der Verein nicht mehr liquid ist, er also seine fälligen Geldverbindlichkeiten nicht mehr mit Zahlungen aus seiner Kasse, seinem Post- oder Bankkonto oder mit anderswo kurzfristig aufzutreibendem Geld begleichen kann. Wenn die Passiven die Aktiven übersteigen, ein Verein also überschuldet ist, kann er trotzdem noch zahlungsfähig sein. Bei grosser Überschuldung und mangelnder Aussicht auf finanzielle Gesundung muss der Vorstand eine Vereinsversammlung einberufen und über die Lage informieren. Findet sich an dieser Zusammenkunft keine zusätzliche Geldquelle, wird die Versammlung die Auflösung des Vereins beschliessen. Geht der Vorstand trotz Überschuldung weitere finanzielle Verpflichtungen ein, können die Vorstandsmitglieder später persönlich zur Verantwortung gezogen werden. Muss über den Verein der Konkurs eröffnet werden, ist das das endgültige Aus.

Auflösung wegen fehlender Vorstandsmitglieder

Das Gesetz schreibt keine Mindestzahl von Vereinsmitgliedern vor, darum kann ein Verein auch existieren, wenn er nur (noch) wenige Mitglieder zählt. Kann der Vorstand aber nicht mehr so bestellt werden, wie in den Statuten vorgeschrieben, führt dies zur Auflösung des Vereins von Gesetzes wegen (ZGB 77).

Es gibt allerdings Notbehelfe: Sinkt die Zahl der Vorstandsmitglieder nur vorübergehend, droht nicht gleich das Aus. Die Vereinsversammlung kann mit einer entsprechenden Statutenänderung die Zahl der Vorstandsmitglieder verkleinern, notfalls bis auf eine einzige Person, die Präsidentin oder den Präsidenten. Findet sich auch kein Vereinsmitglied, das das Präsidium übernimmt, bleibt noch die Möglichkeit, dass die Vormundschaftsbehörde vorübergehend einen Beistand einsetzt (ZGB 393 Ziffer 4).

Scheitern alle diese Rettungsversuche, braucht es einen formellen Auflösungsbeschluss durch die Vereinsversammlung oder den Zivilrichter.

Auflösung wegen widerrechtlichem oder unsittlichem Vereinszweck

Vereine dürfen weder einen widerrechtlichen noch unsittlichen Zweck verfolgen. Verstösst der Vereinszweck von Anfang an gegen zwingendes Recht oder das sittliche Volksempfinden, so erlangt der Verein gar keine Rechtspersönlichkeit, er gilt als nicht gegründet. Entspricht der Zweck bei der Gründung auf dem Papier dem geltenden Recht, wird dieser Zweck in der Praxis aber dauernd mit widerrechtlichen Mitteln verfolgt, kann das Gericht auf Klage der zuständigen Behörde oder eines Beteiligten hin den Verein auflösen (ZGB 78).

Wohin mit dem Vereinsvermögen?

Je nach Auflösungsgrund sind die Folgen unterschiedlich: Wird der Verein wegen unsittlicher oder widerrechtlicher Zweckverfolgung durch das Gericht aufgehoben, so fällt das Vermögen an das Gemeinwesen, auch wenn in den Vereinsstatuten etwas anderes bestimmt worden ist (ZGB 57 Ziff. 3).

Bei einem Konkurs wird auch für einen Verein das Schuldbetreibungs- und Konkursrecht angewendet. Sonst wird ein Verein privatrechtlich liquidiert nach den entsprechenden Bestimmungen des Genossenschaftrechts (OR 913).

Die Vereinsversammlung hat die für die Liquidation zuständigen Personen zu bestimmen – in der Regel sind dies die Vorstandsmitglieder. Sie müssen nun die Liquidation systematisch durchführen: die laufenden Geschäfte beenden, ausstehende Mitgliederbeiträge und Forderungen des Vereins an Dritte einziehen, verbleibende Aktiven verwerten, Gläubiger mit eingeschriebenem Brief oder Aufruf im Handelsblatt auffordern, ihre Ansprüche geltend zu machen, Schulden zurückzahlen und einen Schlussbericht sowie eine Schlussrechnung erstellen.

Hinweis *Ist Ihr Verein im Handelsregister eingetragen, müssen Sie sofort die Registerführung informieren, damit Ihrem Vereinseintrag der Zusatz «in Liquidation» beigefügt wird. Auch das Ende der Liquidation muss angezeigt werden, damit der Handelsregistereintrag gelöscht wird. Nach dieser Löschung ist die Rechtspersönlichkeit Ihres Vereins erloschen.*

Bleibt ein Jahr nach Erscheinen des letzten Schuldenaufrufs im Handelsblatt noch Vermögen übrig, wird es nach den Bestimmungen in den Statuten verwendet (ZGB 57). Fehlt eine entsprechende Regelung, können die zuständigen Vereinsorgane – meist die Vereinsversammlung – frei darüber bestimmen. Wird kein Beschluss gefasst, fällt das Vermögen an das Gemeinwesen (Bund, Kanton oder Gemeinde). Dieses muss das Vermögen möglichst dem Vereinszweck entsprechend verwenden.

**« Ob ein Minus oder Plus
uns verblieben,
zeigt der Schluss. »**

Wilhelm Busch

13.Anhang

- *Rechtliche Bestimmungen*
- *Musterstatuten*
- *Muster*
- *Fragebogen zur Selbstanalyse der Vorstandsarbeit*
- *Adressen und Links*
- *Weiterführende Literatur*
- *Stichwortverzeichnis*

Rechtliche Bestimmungen

Auszug aus der Bundesverfassung der Schweizerischen Eidgenossenschaft

Art. 23 Vereinigungsfreiheit

[1] Die Vereinigungsfreiheit ist gewährleistet.

[2] Jede Person hat das Recht, Vereinigungen zu bilden, Vereinigungen beizutreten oder anzugehören und sich an den Tätigkeiten von Vereinigungen zu beteiligen.

[3] Niemand darf gezwungen werden, einer Vereinigung beizutreten oder anzugehören.

Art. 28 Koalitionsfreiheit

[1] Die Arbeitnehmerinnen und Arbeitnehmer, die Arbeitgeberinnen und Arbeitgeber sowie ihre Organisationen haben das Recht, sich zum Schutz ihrer Interessen zusammenzuschliessen, Vereinigungen zu bilden, solchen beizutreten oder fernzubleiben.

[2] Streitigkeiten sind nach Möglichkeit durch Verhandlungen oder Vermittlungen beizulegen.

[3] Streik und Aussperrung sind zulässig, wenn sie Arbeitsbeziehungen betreffen und wenn keine Verpflichtungen entgegenstehen, den Arbeitsfrieden zu wahren oder Schlichtungsverhandlungen zu führen.

Auszug aus der Europäischen Menschenrechtskonvention

Art. 11 Versammlungs- und Vereinsfreiheit

[1] Alle Menschen haben das Recht, sich friedlich zu versammeln und sich frei mit anderen zusammenzuschliessen, einschliesslich des Rechts, zum Schutz ihrer Interessen Gewerkschaften zu bilden und diesen beizutreten.

[2] Die Ausübung dieser Rechte darf keinen anderen Einschränkungen unterworfen werden als den vom Gesetz vorgesehenen, die in einer demokratischen Gesellschaft im Interesse der äusseren und inneren Sicherheit, zur Aufrechterhaltung der Ordnung und zur Verbrechensverhütung, zum Schutz der Gesundheit und der Moral oder zum Schutz der Rechte und Freiheiten anderer notwendig sind. Dieser Artikel verbietet nicht, dass die Ausübung dieser Rechte für die Mitglieder der Streitkräfte, der Polizei oder der Staatsverwaltung gesetzlichen Einschränkungen unterworfen wird.

Auszug aus dem Schweizerischen Zivilgesetzbuch (ZGB)

Die juristischen Personen

1. Abschnitt: Allgemeine Bestimmungen

A. Persönlichkeit

Art. 52 [1] Die körperschaftlich organisierten Personenverbindungen und die einem besondern Zwecke gewidmeten und selbständigen Anstalten erlangen das Recht der Persönlichkeit durch die Eintragung in das Handelsregister.

[2] Keiner Eintragung bedürfen die öffentlich-rechtlichen Körperschaften und Anstalten, die Vereine, die nicht wirtschaftliche Zwecke verfolgen, die kirchlichen Stiftungen und die Familienstiftungen.

[3] Personenverbindungen und Anstalten zu unsittlichen oder widerrechtlichen Zwecken können das Recht der Persönlichkeit nicht erlangen.

B. Rechtsfähigkeit

Art. 53 Die juristischen Personen sind aller Rechte und Pflichten fähig, die nicht die natürlichen Eigenschaften des Menschen, wie das Geschlecht, das Alter oder die Verwandtschaft zur notwendigen Voraussetzung haben.

C. Handlungsfähigkeit
I. Voraussetzung

Art. 54 Die juristischen Personen sind handlungsfähig, sobald die nach Gesetz und Statuten hiefür unentbehrlichen Organe bestellt sind.

II. Betätigung

Art. 55 [1] Die Organe sind berufen, dem Willen der juristischen Person Ausdruck zu geben.

[2] Sie verpflichten die juristische Person sowohl durch den Abschluss von Rechtsgeschäften als durch ihr sonstiges Verhalten.

[3] Für ihr Verschulden sind die handelnden Personen ausserdem persönlich verantwortlich.

D. Wohnsitz

Art. 56 Der Wohnsitz der juristischen Personen befindet sich, wenn ihre Statuten es nicht anders bestimmen, an dem Orte, wo ihre Verwaltung geführt wird.

E. Aufhebung
I. Vermögensverwendung

Art. 57 [1] Wird eine juristische Person aufgehoben, so fällt ihr Vermögen, wenn das Gesetz, die Statuten, die Stiftungsurkunde oder die zuständigen Organe es nicht anders bestimmen, an das Gemeinwesen (Bund, Kanton, Gemeinde), dem sie nach ihrer Bestimmung angehört hat.

[2] Das Vermögen ist dem bisherigen Zwecke möglichst entsprechend zu verwenden.

[3] Wird eine juristische Person wegen Verfolgung unsittlicher oder widerrechtlicher Zwecke gerichtlich aufgehoben, so fällt das Vermögen an das Gemeinwesen, auch wenn etwas anderes bestimmt worden ist.

II. Liquidation

Art. 58 Das Verfahren bei der Liquidation des Vermögens der juristischen Personen richtet sich nach den Vorschriften, die für die Genossenschaften aufgestellt sind.

**F. Vorbehalt des öffentlichen Gesellschafts-
und Genossenschaftsrechtes**

Art. 59 [1] Für die öffentlichrechtlichen und kirchlichen Körperschaften und Anstalten bleibt das öffentliche Recht des Bundes und der Kantone vorbehalten.

[2] Personenverbindungen, die einen wirtschaftlichen Zweck verfolgen, stehen unter den Bestimmungen über die Gesellschaften und Genossenschaften.

[3] Allmendgenossenschaften und ähnliche Körperschaften verbleiben unter den Bestimmungen des kantonalen Rechtes.

2. Abschnitt: Die Vereine

A. Gründung

I. Körperschaftliche Personenverbindung

Art. 60 [1] Vereine, die sich einer politischen, religiösen, wissenschaftlichen, künstlerischen, wohltätigen, geselligen oder andern nicht wirtschaftlichen Aufgabe widmen, erlangen die Persönlichkeit, sobald der Wille, als Körperschaft zu bestehen, aus den Statuten ersichtlich ist.

[2] Die Statuten müssen in schriftlicher Form errichtet sein und über den Zweck des Vereins, seine Mittel und seine Organisation Aufschluss geben.

II. Die Eintragung

Art. 61 [1] Sind die Vereinsstatuten angenommen und ist der Vorstand bestellt, so ist der Verein befugt, sich in das Handelsregister eintragen zu lassen.

[2] Betreibt der Verein für seinen Zweck ein nach kaufmännischer Art geführtes Gewerbe, so ist er zur Eintragung verpflichtet.

[3] Der Anmeldung sind die Statuten und das Verzeichnis der Vorstandsmitglieder beizufügen.

III. Vereine ohne Persönlichkeit

Art. 62 Vereine, denen die Persönlichkeit nicht zukommt, oder die sie noch nicht erlangt haben, sind den einfachen Gesellschaften gleichgestellt.

IV. Verhältnis der Statuten zum Gesetz

Art. 63 [1] Soweit die Statuten über die Organisation und über das Verhältnis des Vereins zu seinen Mitgliedern keine Vorschriften aufstellen, finden die nachstehenden Bestimmungen Anwendung.

[2] Bestimmungen, deren Anwendung von Gesetzes wegen vorgeschrieben ist, können durch die Statuten nicht abgeändert werden.

B. Organisation

I. Vereinsversammlung

1. Bedeutung und Einberufung

Art. 64   ¹ Die Versammlung der Mitglieder bildet das oberste Organ des Vereins.

² Sie wird vom Vorstand einberufen.

³ Die Einberufung erfolgt nach Vorschrift der Statuten und überdies von Gesetzes wegen, wenn ein Fünftel der Mitglieder die Einberufung verlangt.

2. Zuständigkeit

Art. 65   ¹ Die Vereinsversammlung beschliesst über die Aufnahme und den Ausschluss von Mitgliedern, wählt den Vorstand und entscheidet in allen Angelegenheiten, die nicht andern Organen des Vereins übertragen sind.

² Sie hat die Aufsicht über die Tätigkeit der Organe und kann sie jederzeit abberufen, unbeschadet der Ansprüche, die den Abberufenen aus bestehenden Verträgen zustehen.

³ Das Recht der Abberufung besteht, wenn ein wichtiger Grund sie rechtfertigt, von Gesetzes wegen.

3. Vereinsbeschluss

a) Beschlussfassung

Art. 66   ¹ Vereinsbeschlüsse werden von der Vereinsversammlung gefasst.

² Die schriftliche Zustimmung aller Mitglieder zu einem Antrag ist einem Beschlusse der Vereinsversammlung gleichgestellt.

b) Stimmrecht und Mehrheit

Art. 67   ¹ Alle Mitglieder haben in der Vereinsversammlung das gleiche Stimmrecht.

² Die Vereinsbeschlüsse werden mit Mehrheit der Stimmen der anwesenden Mitglieder gefasst.

³ Über Gegenstände, die nicht gehörig angekündigt sind, darf ein Beschluss nur dann gefasst werden, wenn die Statuten es ausdrücklich gestatten.

c) Ausschliessung vom Stimmrecht

Art. 68   Jedes Mitglied ist von Gesetzes wegen vom Stimmrechte ausgeschlossen bei der Beschlussfassung über ein Rechtsgeschäft oder einen Rechtsstreit zwischen ihm, seinem Ehegatten oder einer mit ihm in gerader Linie verwandten Person einerseits und dem Vereine anderseits.

II. Vorstand

Art. 69   Der Vorstand hat das Recht und die Pflicht, nach den Befugnissen, die die Statuten ihm einräumen, die Angelegenheiten des Vereins zu besorgen und den Verein zu vertreten.

C. Mitgliedschaft

I. Ein- und Austritt

Art. 70 ¹ Der Eintritt von Mitgliedern kann jederzeit erfolgen.

² Der Austritt ist von Gesetzes wegen zulässig, wenn er mit Beobachtung einer halbjährigen Frist auf das Ende des Kalenderjahres oder, wenn eine Verwaltungsperiode vorgesehen ist, auf deren Ende angesagt wird.

³ Die Mitgliedschaft ist weder veräusserlich noch vererblich.

II. Beitragspflicht

Art. 71 Beiträge können von den Mitgliedern verlangt werden, sofern die Statuten dies vorsehen.

III. Ausschliessung

Art. 72 ¹ Die Statuten können die Gründe bestimmen, aus denen ein Mitglied ausgeschlossen werden darf, sie können aber auch die Ausschliessung ohne Angabe der Gründe gestatten.

² Eine Anfechtung der Ausschliessung wegen Ihres Grundes ist in diesen Fällen nicht statthaft.

³ Enthalten die Statuten hierüber keine Bestimmung, so darf die Ausschliessung nur durch Vereinsbeschluss und aus wichtigen Gründen erfolgen.

IV. Stellung ausgeschiedener Mitglieder

Art. 73 ¹ Mitglieder, die austreten oder ausgeschlossen werden, haben auf das Vereinsvermögen keinen Anspruch.

² Für die Beiträge haften sie nach Massgabe der Zeit ihrer Mitgliedschaft.

V. Schutz des Vereinszweckes

Art. 74 Eine Umwandlung des Vereinszweckes kann keinem Mitgliede aufgenötigt werden.

VI. Schutz der Mitgliedschaft

Art. 75 Beschlüsse, die das Gesetz oder die Statuten verletzen, kann jedes Mitglied, das nicht zugestimmt hat, von Gesetzes wegen binnen Monatsfrist, nachdem es von ihnen Kenntnis erhalten hat, beim Gericht anfechten.

Art. 75a Für die Verbindlichkeiten des Vereins haftet das Vereinsvermögen. Es haftet ausschliesslich, sofern die Statuten nichts anderes bestimmen.

D. Auflösung

I. Auflösungsarten

1. Vereinsbeschluss

Art. 76 Die Auflösung des Vereins kann jederzeit durch Vereinsbeschluss herbeigeführt werden.

2. Von Gesetzes wegen

Art. 77 Die Auflösung erfolgt von Gesetzes wegen, wenn der Verein zahlungsunfähig ist, sowie wenn der Vorstand nicht mehr statutengemäss bestellt werden kann.

3. Urteil

Art. 78 Die Auflösung erfolgt durch das Gericht auf Klage der zuständigen Behörde oder eines Beteiligten, wenn der Zweck des Vereins widerrechtlich oder unsittlich ist.

II. Löschung des Registereintrages

Art. 79 Ist der Verein im Handelsregister eingetragen, so hat der Vorstand oder das Gericht dem Registerführer die Auflösung behufs Löschung des Eintrages mitzuteilen.

Musterstatuten

Statuten des Trägervereins Mütterzentrum Horgen

Art. 1 **Name**

Unter der Bezeichnung «Trägerschaft Mütterzentrum Horgen» besteht ein Verein im Sinne von Art. 60-79 ZGB, mit Sitz in Horgen. Er ist politisch und konfessionell neutral.

Art. 2 **Zweck und Ziel**

Die Aufgabe des Vereins besteht in der Führung des Mütterzentrums. Der Verein setzt sich zum Ziel:

– die zwischenmenschlichen Beziehungen und die Kommunikation zwischen Müttern/Vätern, Familien und Grosseltern zu fördern.

– die Interessen der Mütter/Väter und ihrer Kinder zu wahren.

– den Müttern/Vätern Raum zu bieten, wo sie ihre Fähigkeiten entdecken, einbringen und in die Tat umsetzen können.

– gegenseitige Anerkennung, Toleranz und Solidarität zu pflegen.

– den Kontakt zwischen Menschen zu fördern, die sich für die Anliegen von Müttern/Vätern und Kindern interessieren.

– der Verein betreibt Öffentlichkeitsarbeit.

Der Verein verfolgt keine kommerziellen Zwecke und erstrebt keinen Gewinn.

Art. 3 **Mitgliedschaft**

Der Verein setzt sich zusammen aus Aktivmitgliedern und Gönnermitgliedern.

Aktiv- oder Gönnermitglieder können werden:

– alle am Mütterzentrum interessierten Einzelpersonen oder Familien,

– Institutionen, die ein Interesse am Mütterzentrum haben.

Über die Aufnahme von Mitgliedern beschliesst der Vorstand. Der Austritt aus dem Verein ist jederzeit möglich und muss dem Vorstand schriftlich mitgeteilt werden. Für das angebrochene Jahr ist jedoch der volle Jahres-Mitgliederbeitrag zu bezahlen.

Ein Mitglied kann auf Antrag des Vorstandes durch Beschluss der Generalversammlung ohne Angabe von Gründen ausgeschlossen werden.

Art. 4 Mittel

Die Einnahmequellen des Vereins sind:

– Mitgliederbeiträge von Aktiv- und Gönnermitgliedern

– Spenden, Zuwendungen

– Subventionen

Die Beiträge der Aktivmitglieder sowie die Mindestbeiträge der Gönnermitglieder werden alljährlich durch die Mitgliederversammlung festgelegt.

Der Höchstbeitrag für Mitglieder beträgt Fr. 50.–. *

Gönnermitglieder bezahlen einen jährlichen Beitrag, der mindestens demjenigen der Aktivmitglieder entspricht.

Nach Prüfung der Verhältnisse kann der Vorstand wegen Krankheit, Arbeitslosigkeit oder anderer wichtiger Gründe dem betroffenen Mitglied den Betrag während der massgeblichen Periode reduzieren oder gänzlich erlassen.

Art. 5 Organisation

Organe des Vereins sind:

– die Mitgliederversammlung

– der Vorstand

– die Kontrollstelle

Die Organe des Vereins sind ehrenamtlich tätig und haben grundsätzlich nur Anspruch auf Entschädigung ihrer effektiven Spesen und Barauslagen.

Art. 6 Mitgliederversammlung

Die Mitgliederversammlung tritt jährlich mindestens einmal zusammen. Die Einberufung einer ausserordentlichen Mitgliederversammlung können der Vorstand oder $1/5$ der Mitglieder unter Angabe des Zwecks verlangen.

Die Einladung zur Mitgliederversammlung hat schriftlich unter Angabe der Traktanden zu erfolgen.

Es wird ein Protokoll geführt. Weitere Einzelheiten über die Durchführung der Mitgliederversammlung bestimmt eine Geschäftsordnung, die der Vorstand erlässt.

Art. 7 Aufgaben

Der Mitgliederversammlung obliegen folgende Geschäfte:

– Sie entscheidet über die Tätigkeit des Vorstandes.

– Sie wählt den Vorstand.

– Sie nimmt Kenntnis von der Geschäftsführung, der Jahresrechnung und entlastet die Organe des Vereins.

---

* Seit der Gesetzesänderung (ZGB Art. 71 und 75a) muss die Höhe der Mitgliederbeiträge nicht mehr unbedingt in den Statuten festgelegt werden.

- Sie regelt die Zeichnungsberechtigung.
- Sie entscheidet über Statutenänderungen.
- Sie entscheidet über die vom Vorstand unterbreiteten Anträge.
- Sie legt die jährlichen Mitgliederbeiträge fest.
- Sie entscheidet mit Zweidrittelsmehrheit über Ausschlüsse von Mitgliedern.

Art. 8   Vorstand

Der Vorstand besorgt die laufenden Geschäfte und vertritt den Verein gegen aussen. Er ist befugt, die dringenden, laufenden Geschäfte an das Präsidium zu delegieren. Die Amtsdauer beträgt zwei Jahre. Wiederwahl ist möglich. Der Vorstand besteht aus höchstens sieben Mitgliedern.

Das Präsidium besorgt die laufenden Geschäfte, die ihm der Vorstand überträgt, und leitet die Versammlungen. Das Präsidium hat darüber Rechenschaft gegenüber dem Vorstand und der Generalversammlung abzulegen.

Art. 9   Kontrollstelle

Die Kontrollstelle besteht aus zwei Revisoren. Sie prüft die Jahresrechnung und führt jährlich mindestens eine Revision durch. Sie erstattet dem Vorstand zuhanden der Mitgliederversammlung Bericht. Die Amtsdauer beträgt zwei Jahre. Wiederwahl ist möglich.

Art. 10   Haftung

Für die Verbindlichkeit des Vereins haftet das Vereinsvermögen. Die Haftung der Mitglieder ist beschränkt auf den Jahresbeitrag.

Art. 11   Auflösung

Die Auflösung des Vereins kann durch Beschluss einer ausserordentlichen, zu diesem Zweck einberufenen Mitgliederversammlung und mit dem Stimmenmehr von 2/3 der anwesenden Mitglieder beschlossen werden.

Das Vereinsvermögen ist einem gemeinnützigen Zweck zu übergeben. *Die Verteilung unter die Mitglieder ist ausgeschlossen.*

Art. 12   Gemeinnützigkeit

Der Verein ist gemeinnützig.

Diese Statuten treten mit ihrer Genehmigung durch die Gründungsversammlung in Kraft.

Muster

Gründungsprotokoll

Gründungsversammlung des Vereins «Kulturforum Wilen»

25. Mai 2004, im evangelischen Kirchgemeindehaus Wilen

Versammlungsbeginn: 20.00 Uhr

Anwesend sind 123 Personen (siehe beiliegende Präsenzliste)

Traktandenliste:
– Einführung durch die Initiativgruppe: Sinn und Zweck der Zusammenkunft
– Wahl einer Tagespräsidentin und eines Protokollführers
– Festhalten der Präsenz (Präsenzliste)
– Diskussion über Zweck und Ausrichtung des Vereins «Kulturforum»
– Diskussion und Genehmigung der Vereinsstatuten
– Wahl der Vorstandsmitglieder

  Vorschläge: Peter Augsburger, Monika Huber, Martin Keller, Claudia Meier, Urs Wanzenried

  Vorgeschlagen als Präsidentin: Monika Huber

Einführung durch die Initiativgruppe
Um 20 Uhr eröffnet Claudia Meier von der Initiativgruppe «Kulturforum» die heutige Gründungsversammlung. Sie begrüsst die kulturinteressierten Frauen und Männer herzlich und freut sich, dass das Kulturforum aus der Taufe gehoben werden kann. Sie dankt allen Beteiligten, die bei den umfangreichen Vorarbeiten mitgewirkt haben. Dass es in Wilen dringend eine Organisation brauche, die das kulturelle Leben des Dorfes bereichere, sei in den letzten Jahren immer mehr Menschen bewusst geworden, führt sie weiter aus und schliesst mit den Worten: «Dank unserm neuen Verein wird Wilen in Zukunft für die Kultur kein Holzboden mehr sein!»

Wahl einer Tagespräsidentin und eines Protokollführers
Im Namen der Initiativgruppe schlägt Claudia Meier Petra Huber als Tagespräsidentin und Urs Wanzenried als Protokollführer für die Gründungsversammlung vor. Die beiden werden einstimmig gewählt.

Petra Huber übernimmt die Leitung der Versammlung.

Festhalten der Präsenz
In der Versammlung zirkuliert eine Präsenzliste, auf der sich alle Anwesenden eintragen. Die Präsenzliste ist integrierender Bestandteil dieses Protokolls.

Diskussion über Zweck und Ausrichtung des Vereins
In der angeregten Diskussion kommt das grosse Bedürfnis aller Anwesenden nach einem reicheren kulturellen Angebot zum Ausdruck. Gewünscht wird, dass der Verein «Kulturforum» künftig nicht nur auswärtige Kulturschaffende nach Wilen bringen soll, sondern auch die Initiative für die Schaffung einer Musikschule und für die Wiedereröffnung des Kinos ergreifen soll. Nach den vielen positiven Voten stimmen alle 123 Anwesenden für die Gründung des Vereins «Kulturforum».

Diskussion und Genehmigung der Vereinsstatuten

Die von der Initiativgruppe vorbereiteten Statuten werden Punkt für Punkt durchberaten. Nachdem einige Unklarheiten ausgeräumt wurden, stimmen in der Schlussabstimmung alle Anwesenden den vorliegenden Statuten zu.

Erfreulicherweise sind alle anwesenden 123 Personen bereit, dem neuen Verein beizutreten.

Wahl der Vorstandsmitglieder und der Präsidentin

Die von der Initiativgruppe vorgeschlagenen Peter Augsburger, Monika Huber, Martin Keller, Claudia Meier und Urs Wanzenried werden ohne Gegenstimme gewählt. Die Tagespräsidentin dankt allen Gewählten für ihre Bereitschaft, sich für das Wilener Kulturleben zu engagieren.

Für das Präsidium konnte Monika Huber gewonnen werden. Sie wird einstimmig gewählt.

Monika Huber dankt der Versammlung für das Vertrauen und verspricht, sich mit grossem Engagement für die Vereinsziele einzusetzen.

Schluss der Versammlung: 21.30 Uhr

Wilen, den 25. Mai 2004   Der Protokollführer: Urs Wanzenried

Geschäftsordnung

Geschäftsordnung des Vereins «Kulturforum»

1. **Einladungen**

   Das Präsidium lädt schriftlich zu Vereinsversammlungen ein. Die Einladung und die Traktandenliste müssen mindestens 10 Tage vor dem Versammlungstermin bei den Mitgliedern eintreffen.

2. **Traktandenliste**

   Die Traktandenliste wird vom Präsidium im Einvernehmen mit dem Vorstand erstellt und von der Versammlung genehmigt.

   Anträge zur Traktandenliste müssen bis spätestens 14 Tage vor der Versammlung eingereicht werden. Verspätet eingereichte Anträge werden erst in der nächsten Versammlung behandelt, es sei denn, die anwesenden Mitglieder beschliessen mit Zweidrittels-Mehrheit die Aufnahme in die Traktandenliste.

   Übliche Traktandenliste:

   1. Feststellen der Präsenz

   2. Wahl der StimmenzählerInnen

   3. Genehmigung der Traktandenliste

   4. Genehmigung des Protokolls der letzten Versammlung

   5. Vereinsgeschäfte

   6. ev. Wahlen

   7. Verschiedenes und Umfrage

3. **Leitung der Vereinsversammlung**

Das Präsidium eröffnet und leitet die Versammlung. Im Verhinderungsfall übernimmt das Vizepräsidium die Leitung.

4. **Protokoll**

Das Präsidium muss die Protokollführung sicherstellen.

Das Versammlungsprotokoll soll mindestens enthalten:

– die Namen der anwesenden und entschuldigten Mitglieder sowie die Namen von Gästen,

– die neu eingegangenen Geschäfte und die entsprechend bereinigte Traktandenliste,

– die von Mitgliedern gestellten Anträge sowie die Abänderungs-, Zusatz-, Streichungs- und Gegenanträge,

– die einzelnen Abstimmungsergebnisse,

– die gefassten Beschlüsse,

– die Wahlresultate,

– den groben Verlauf der Diskussion, die wichtigsten Argumente und die zu Protokoll gegebenen Erklärungen.

Das Protokoll wird jeweils mit der Einladung zur nächsten Versammlung allen Mitgliedern zugestellt und im Vereinsbulletin veröffentlicht. Es wird an der nächsten Versammlung mit allfälligen Ergänzungen und Änderungen genehmigt.

5. **Ablauf der Versammlung**

Die Geschäfte der Vereinsversammlung werden in jener Reihenfolge abgewickelt, wie sie auf der Traktandenliste aufgeführt sind, ausser die Versammlung beschliesse eine Änderung.

Beschlussfähigkeit

Damit die Vereinsversammlung beschlussfähig ist, müssen mindestens 25 Mitglieder anwesend sein.

Behandlung der Geschäfte

Das Präsidium

1. leitet die Verhandlungen,

2. erteilt das Wort in der Reihenfolge, wie es verlangt wurde,

3. gibt die Wahl- und Abstimmungsresultate bekannt,

4. führt die Liste der Rednerinnen und Redner,

5. ermahnt bei Abschweifungen vom Verhandlungsthema und Störungen der Versammlung,

6. schlägt Redezeitbeschränkung vor,

7. kann das Wort in begründeten Fällen entziehen,

8. kann bei unflätigem Benehmen einen Saalverweis aussprechen.

Bei umfangreicheren Geschäften ist zuerst über die Frage des Eintretens zu beraten und zu beschliessen. Wird Eintreten beschlossen, folgt die materielle Beratung. Auf Antrag kann die Versammlung auch beschliessen, die Vorlage als

Ganzes zu beraten. Beschliesst die Versammlung Nichteintreten, gilt das Geschäft als erledigt.

In der materiellen Beratung kann jedes Mitglied Änderungen, Streichungen oder Zusätze beantragen.

Schluss der Beratung
Wird das Wort nicht mehr verlangt, schliesst das Präsidium die Diskussion. Danach werden keine Wortmeldungen mehr zugelassen. Nochmals sprechen kann nur noch, wer das Geschäft beantragt oder zum Geschäft referiert hat oder wer einen persönlichen Angriff zurückweisen oder ein Missverständnis klären muss.

Abstimmungen und Wahlen
- Aktives Stimm- und Wahlrecht haben nur Mitglieder des Vereins Kulturforum Wilen. Niemand kann sich bei der Stimmabgabe vertreten lassen.
- Die Stimmabgabe erfolgt durch Erheben des Stimmausweises, es sei denn, zuvor sei geheime Abstimmung beschlossen worden.
- Sofern diese Geschäftsordnung nichts anderes vorsieht, entscheidet das einfache Mehr.
- Bei offenkundigem Ergebnis kann auf die Auszählung verzichtet werden. Jedes Mitglied kann jedoch Auszählung verlangen.
- Auf Antrag eines Mitgliedes findet bei der Schlussabstimmung Abstimmung durch Namensaufruf statt. Bei namentlicher Abstimmung werden die Namen protokolliert.
- Wird nur das einfache Mehr verlangt, so entscheidet die einfache Mehrheit der gültigen Stimmen. Die Stimmenthaltungen werden nicht berücksichtigt.
- Bei Stimmengleichheit gilt der Antrag als abgelehnt.
- Für das absolute Mehr gilt: Anzahl stimmberechtigter Anwesender geteilt durch zwei und auf die nächsthöhere ganze Zahl aufgerundet.
- Das Zweidrittel-Mehr ist die aufgerundete ganze Zahl von zwei Dritteln der stimmberechtigten Anwesenden.
- Wahlen erfolgen offen. Auf Verlangen eines Mitgliedes kann mit Zweidrittel-Mehr geheime Wahl beschlossen werden.
- Gewählt ist, wer das absolute Mehr erreicht. Erreichen mehr Kandidaten oder Kandidatinnen das absolute Mehr, als Sitze zu vergeben sind, entscheidet die Stimmenzahl.
- Erreichen zu wenige Kandidaten oder Kandidatinnen das absolute Mehr, ist für die noch freien Sitze ein zweiter Wahlgang erforderlich. Im zweiten Wahlgang gilt als gewählt, wer am meisten Stimmen erhält.
- Bei gleicher Stimmenzahl entscheidet das Los.
- Vor einer Abstimmung stellt das Präsidium die vorliegenden Anträge zusammen und schlägt den Abstimmungsmodus vor.
  - Über Anträge, die voneinander unabhängig sind, wird in ihrer zeitlichen Reihenfolge abgestimmt.

– Über Unterabänderungsanträge ist vor den Abänderungsanträgen und über diese vor den Hauptanträgen zu entscheiden. Wer für einen Unterabänderungsantrag stimmt, ist nicht verpflichtet, dem Abänderungsantrag zuzustimmen. Dasselbe gilt im Verhältnis von Abänderungsantrag und Hauptantrag.

– Stehen einander mehr als zwei Hauptanträge gegenüber, werden sie nebeneinander ins Mehr gesetzt; jedes Mitglied kann nur für einen Antrag stimmen. Erhält in der ersten Abstimmung kein Hauptantrag die absolute Mehrheit der Anwesenden, wird darüber abgestimmt, welcher von den zwei Anträgen, die am wenigsten Stimmen erhielten, aus der Abstimmung fällt. Dann wird die Abstimmung in gleicher Weise über die verbliebenen Anträge fortgesetzt, bis einer von ihnen obsiegt.

– Über das gesamte Geschäft wird in einer Schlussabstimmung entschieden.

– Ordnungsanträge zur Verhandlung, Abstimmung oder Wahl können jederzeit gestellt werden. Die laufende Verhandlung wird unterbrochen und sofort über den Ordnungsantrag diskutiert und abgestimmt.

– Ordnungsanträge sind:

  – Antrag auf Änderung der Reihenfolge der Traktanden

  – Antrag auf Änderung des Abstimmungsmodus

  – Antrag auf Verschiebung eines Geschäftes

  – Antrag auf Abschluss der Diskussion

  – Antrag auf Unterbruch der Versammlung

  – Antrag auf Schluss der Versammlung

  – Antrag auf Vertagung der Versammlung

  – Antrag auf Beschränkung der Redezeit

  – Antrag auf Rückkommen

  – Antrag auf Nichteintreten auf ein Geschäft

Ordnungsanträge auf Rückkommen sowie auf Nichteintreten auf ein Geschäft bedürfen einer Zweidrittels-Mehrheit, alle übrigen nur eines einfachen Mehrs.

6. Revision

Diese Geschäftsordnung kann jederzeit ganz oder teilweise mit einfachem Mehr revidiert werden.

Inkrafttreten

Diese Geschäftsordnung ist an der Hauptversammlung des Vereins «Kulturforum Wilen» vom 25. Mai 2005 angenommen worden und danach in Kraft getreten.

Die Präsidentin:
Monika Huber

Der Aktuar:
Peter Augsburger

Vorstandsreglement

Kulturforum Wilen

Vorstandsreglement

1. **Leitlinien zur Führung**
   - Wir führen zielgerichtet und kooperativ.
   - Wir tragen Mehrheitsbeschlüsse des Vorstandes loyal mit und treten gegen aussen und innen geschlossen auf.
   - Wir richten unsere Führung und Organisation nach den Erfordernissen der verschiedenen Kultursparten. Dabei sind für uns die Bedürfnisse und Erwartungen unserer Mitglieder, aber auch aller kulturinteressierten Einwohnerinnen und Einwohner Wilens massgebend.
   - Wir gewährleisten eine wirkungsvolle und kompetente Vorstandsarbeit.
   - Wir arbeiten ehrenamtlich und verpflichten uns zu kontinuierlicher Weiterbildung.
   - Wo es sinnvoll und finanziell möglich ist, lagern wir Aufgaben aus oder engagieren Fachleute, die wir angemessen entlöhnen.
   - Wir planen unsere Vorhaben nach den Vorgaben unseres Leitbildes in zwei Schritten:
     - Wir legen unsere Programmschwerpunkte für die kommenden vier Jahre fest.
     - Mit dem jeweiligen Jahresbudget erarbeiten wir die Jahresplanung für alle unsere Aktivitäten.
   - Wir ziehen uns jährlich zu einer zweitägigen Vorstands-Retraite zurück, wo wir uns strategischen Zielsetzungen, Programmplanungen und aktuellen Vereinsfragen widmen.

2. **Organisation des Vorstandes**

2.1. **Funktion und Aufgaben des Vorstandes gemäss Statuten, Art. xx**

Führung, Vertretung
Der Vorstand ist das Führungsorgan des Vereins. Er vertritt das Kulturforum Wilen nach aussen und ist gegenüber der Hauptversammlung verantwortlich.

Zusammensetzung
Der Vorstand setzt sich aus 5 bis 7 Mitgliedern zusammen.

Wahl, Amtsdauer
Die Wahl der Vorstandsmitglieder erfolgt durch die Hauptversammlung für eine Amtsdauer von 4 Jahren. Wiederwahl ist möglich. Die maximale Amtszeit ist auf 12 Jahre beschränkt.

Konstitution
Mit Ausnahme des Präsidenten/der Präsidentin konstituiert sich der Vorstand selber.

Aufgaben und Kompetenzen
- Führen des Vereins nach den Grundsätzen des Leitbildes und den Bestimmungen der Statuten,

- Umsetzen der von der Hauptversammlung getroffenen Beschlüsse,

- Planen der längerfristigen Vereinsentwicklung,

- Erarbeiten des Tätigkeitsprogramms mit Jahresbudget,

- Erlassen von Reglementen und Weisungen für wirksame und ordnungsgemässe Vereinsführung,

- Einsetzen von Arbeitsgruppen, die temporäre Projekte und Aufgaben durchführen,

- Vorbereiten und Durchführen der Hauptversammlung,

- Vertreten des Vereins nach aussen,

- alle Aufgaben wahrnehmen, die nicht ausdrücklich einem anderen Organ zugewiesen sind.

2.2. Weitere Aufgaben des Vorstandes
- *Planung/Entwicklung /Kontrolle:* Langfristige Vereinsziele, Jahresplanung, Anregung und Entwicklung neuer Vereinsangebote, Organisation der Kontrolle.

- *Organisation der kulturellen Angebote:* Organisation von kulturellen Anlässen, Auf- und Ausbau des Musikschulangebotes, Betreuung der Infothek und der Bibliothek

- *Betreuung der Mitglieder:* Organisation Mitgliederwerbung, Mitgliederpflege, Dienstleistungen

- *Personalmanagement:* Organisation Personalplanung, Rekrutierung, Führung, Förderung, Weiterbildung

- *Kommunikation:* Organisation Kulturkalender, Zeitschrift «Kultur pur», Mitgliederinfos, vereinsinterne Kommunikation, Kommunikation mit Behörden und Sponsoren, Zusammenarbeit mit anderen kommunalen und regionalen Vereinen und Organisationen, Öffentlichkeitsarbeit, Internet

- *Berichterstattung:* Erstellen und Präsentieren Jahresbericht und Jahresabschluss

- *Finanz- und Rechnungswesen:* Organisation Buchhaltung, Beitragsinkasso, Finanzplanung, Geldbeschaffung, Vermögensverwaltung

- *Administration/EDV:* Organisation Mitgliederverwaltung, Beschaffung und Einsatz EDV, Protokolle, Ablage, Archiv, Versicherungen

2.3. Aufgaben der einzelnen Vorstandsmitglieder
Die Vorstandsmitglieder führen ihre Bereiche selbständig im Rahmen der festgelegten Aufgaben und Kompetenzen gemäss Funktionsbeschreibungen und Funktionendiagrammen.

2.4. Wahl der Vorstandsmitglieder
Der Vorstand hat den Vereinsmitgliedern Vakanzen für Neu- oder Ergänzungswahlen von Vorstandsmitgliedern frühzeitig bekannt zu geben.

2.5. Planungsprozess
Der Vorstand hält sich an folgende Planungstermine:

Oktober: Vorstandsretraite: Verabschiedung der Mehrjahresplanung für Aktivitäten, Leistungen, Investitionen, Personal und Finanzen auf 4 Jahre, gemäss Leitbildvorgaben.

Dezember bis Februar: Erarbeiten Jahresplanung und Budgetentwurf für das folgende Jahr nach Vorgaben von Leitbild und Mehrjahresplan. Aufnahme aktueller Bedürfnisse und kurzfristiger Projekte.

April: Verabschiedung definitive Jahresplanung und Budgetentwurf als Antrag zuhanden der Hauptversammlung.

Mai: Genehmigung Jahresplanung und Budget durch Hauptversammlung.

2.6. Einsetzen von Arbeits- und Projektgruppen
Der Vorstand setzt für zeitlich befristete Projekte Arbeits- oder Projektgruppen ein und kontrolliert ihre Tätigkeit.

2.7. Sitzungsorganisation
Zeitpunkt: Die Vorstandssitzungen finden im Normalfall alle 2 Monate, im Februar, April, Juni, August, Oktober und Dezember, jeweils am letzten Mittwoch des Monats, um 19.00 Uhr statt. Bei Bedarf werden zusätzliche Sitzungen angesetzt. Die Sitzung im Oktober dient der Klausur und findet an einem Wochenende (Samstag/Sonntag) statt.

Einladung: Die Sitzungseinladung erfolgt durch den Präsidenten/die Präsidentin. Traktandenliste und Unterlagen werden den Vorstandsmitgliedern spätestens 10 Tage vor der Sitzung zugestellt. Die Vorstandsmitglieder geben ihre Traktandenwünsche mindestens 14 Tage vor der jeweiligen Sitzung bekannt. Die Präsidentin/der Präsident koordiniert die einzelnen Geschäfte.

Teilnahme: Die Teilnahme an den Vorstandssitzungen ist für alle Vorstandsmitglieder obligatorisch. An den Sitzungen nimmt neben den gewählten Vorstandsmitgliedern zusätzlich der Leiter oder die Leiterin des Sekretariats mit beratender Stimme teil.

2.8. Beschlussfassung
Der Vorstand ist beschlussfähig, wenn mehr als die Hälfte der stimmberechtigten Mitglieder anwesend ist.

Er fasst seine Beschlüsse mit dem einfachen Mehr der anwesenden Mitglieder. Bei Stimmengleichheit hat die Präsidentin/der Präsident den Stichentscheid.

Beschlüsse des Vorstandes können auch auf schriftlichem Weg herbeigeführt werden, wenn sie:

– zeitlich dringend sind;

– sich aufgrund klarer Unterlagen ohne mündliche Beratung zur Erledigung eignen.

2.9. Sitzungsprotokoll
Der Aktuar oder die Aktuarin führt das Sitzungsprotokoll der Vorstandssitzung. Es ist innert 14 Tagen nach der Sitzung allen Vorstandsmitgliedern und weiteren Sitzungsteilnehmenden zuzusenden.

Die Vorstandsmitglieder bzw. das Sekretariat informieren die direkt betroffenen Personen über sie betreffende Entscheidungen und Aufträge des Vorstandes.

2.10. Spesenentschädigung
Die Vorstandsmitglieder verrichten ihre Tätigkeit im Verein ehrenamtlich, d. h. ohne finanzielle Entschädigung.

Für folgende Fälle werden Spesen im budgetierten Rahmen entschädigt:

- Reise-, Verpflegungs- und Unterkunftskosten bei externen Einsätzen und Repräsentationen im Auftrag des Vorstandes :
  - Bahnbillett Halbtax, 2. Klasse
  - 50 Rp. Kilometerentschädigung bei Benützung des Privatautos, sofern öffentliche Verkehrsmittel nicht zugemutet werden können
  - Fr. 25.– pro Mahlzeit (Frühstück Fr. 10.–)
  - Unterkunft maximal im Mittelklasse-Standard
  - Weiterbildungskosten
  - Tagungskosten
- Sonstige Spesen:
  - Telefon, Porti, Materialausgaben usw. gegen entsprechenden Nachweis.

Wilen, 12. Juni 2006

Dieses Reglement wurde an der Vorstandssitzung vom 12. Juni 2006 genehmigt und in Kraft gesetzt.

Der Aktuar
Peter Augsburger

Die Präsidentin
Monika Huber

Quelle: «sportverein» 1000 praktische Tipps für die Vereinsarbeit

Funktionsbeschreibung für das Präsidium*

Kulturforum Wilen

1. **Bezeichnung der Funktion**
   Präsident/Präsidentin, Mitglied des Vorstandes

2. **Vorgesetztes Gremium**
   Hauptversammlung

3. **Unterstellte Funktionen**
   Keine Direktunterstellten, präsidiert den Vorstand als Ganzes

4. **Stellvertretung**
   - vertritt die Bereichsleitung Konzerte/Theater
   - wird vertreten durch die Bereichsleitung Konzerte/Theater

* Quelle für alle Funktionsbeschreibungen: «sportverein» 1000 praktische Tipps für die Vereinsarbeit

5. **Hauptaufgaben, Ziele der Funktion**
   - ist verantwortlich für die initiative Führung und Koordination des Kulturforums Wilen
   - überwacht und unterstützt die sach-, fach- und zeitgerechten Problemlösungsprozesse in allen Bereichen
   - koordiniert die personelle Nachfolgeplanung im Vorstand
   - koordiniert und präsentiert den Jahresbericht
   - repräsentiert das Kulturform Wilen nach aussen

6. **Sachaufgaben und -kompetenzen**
   im Rahmen der Vorstandsaufgaben (siehe Funktionendiagramme)

7. **Führungsaufgaben und -kompetenzen**
   Allgemeine Leitungsaufgaben:
   - leitet die Hauptversammlung und die Vorstandssitzungen

   Personal:
   - führt den Vorstand als dynamisches, geschlossen auftretendes Team

   Ausgabenkompetenzen:
   - volle Ausgabenkompetenz im Rahmen des bewilligten Budgets im zugewiesenen Aufgabenbereich

   Unterschriftsberechtigung:
   - Einzelunterschrift für Schreiben ohne rechtsverbindlichen Charakter
   - Einzelunterschrift für Rechtsgeschäfte bis Fr. 1000.– Gegenwert
   - Kollektiv mit einem Vorstandsmitglied für Rechtsgeschäfte über Fr. 1000.– Gegenwert

8. **Teilnahme an Sitzungen**
   - nimmt an der Hauptversammlung und den Sitzungen des Vorstandes teil
   - führt die Verhandlungen und leitet die Sitzungen gemäss Statuten und Vorstandsreglement
   - nimmt an allen übrigen Sitzungen des Kulturforums nach eigenem Ermessen teil

9. **Information**
   - hat umfassendes Informationsrecht seitens aller Amtsträgerinnen und Amtsträger und Angestellten
   - hat umfassende Informationspflicht gegenüber der Hauptversammlung und dem Vorstand

10. **Vertretungen, Verbindungen nach aussen**
    - vertritt das Kulturforum nach aussen gegenüber Behörden, Organisationen, Kunst- und Kulturschaffenden, Geschäftspartnern und der Öffentlichkeit
    - pflegt die Verbindungen zu relevanten Partnerinnen und Partnern im Umfeld des Kulturforums

11. **Anforderungen an Funktionsinhaber/Funktionsinhaberin**
    - integre, anerkannte, kulturell interessierte Persönlichkeit

- innerer Bezug zum Kulturforum und seinen Kultursparten
- ausgewiesene Führungs- und Organisationserfahrung
- Bereitschaft, die notwendige Zeit für die übertragenen Aufgaben zu investieren
- ausgesprochene Teamfähigkeit

12. **Integrierende Beilage zur Funktionsbeschreibung**
Funktionendiagramme und Vorstandsreglement

Wilen, 27. Mai 2005

Funktionsinhaberin: Monika Huber
....

Verteiler:

- Funktionsinhaberin
- Vorstandsmitglieder
- Unterstellte Funktionen

Funktionsbeschreibung für das Kassieramt

Kulturforum Wilen

1. **Bezeichnung der Funktion**
Bereichsleiter/Bereichsleiterin Finanzen/Administration, Mitglied des Vorstandes

2. **Vorgesetztes Gremium**
Hauptversammlung

3. **Unterstellte Funktionen**
Leiter/Leiterin Sekretariat

4. **Stellvertretung**
   - vertritt die Bereichsleitung Marketing/Kommunikation
   - wird vertreten durch die Bereichsleitung Marketing/Kommunikation

5. **Hauptaufgaben, Ziele der Funktion**
   - ist verantwortlich für die initiative Führung des Bereichs Finanzen/Administration
   - initiiert und koordiniert die Finanzplanung und den Budgetierungsprozess
   - überwacht die Einhaltung des gesamten Vereinsbudgets und den Zahlungsverkehr
   - stellt die Vereinsbuchhaltung und den Jahresabschluss sicher

– organisiert die Mittelbeschaffung

– verwaltet das Vereinsvermögen

– überwacht die Mitgliederverwaltung und das Jahresinkasso

– koordiniert die wichtigsten administrativen Abläufe

– betreut das Versicherungswesen

– stellt die personelle Planung und Besetzung im eigenen Verantwortungsbereich sicher

6. **Sachaufgaben und -kompetenzen**
   im Rahmen der Vorstandsaufgaben (siehe Funktionendiagramme)

7. **Führungsaufgaben und -kompetenzen**

   Allgemeine Leitungsaufgaben:
   – leitet den gesamten Bereich Finanzen/Administration

   Personal:
   – führt mit dem Leiter/der Leiterin des Sekretariats jährlich ein Förderungsgespräch durch

   Ausgabenkompetenzen:
   – volle Ausgabenkompetenz im Rahmen des bewilligten Budgets im zugewiesenen Aufgabenbereich

   Unterschriftsberechtigung:
   – Einzelunterschrift für Schreiben ohne rechtsverbindlichen Charakter

   – Einzelunterschrift für Rechtsgeschäfte bis Fr. 1000.– Gegenwert

   – kollektiv mit einem Vorstandsmitglied für Rechtsgeschäfte über Fr. 1000.– Gegenwert

8. **Teilnahme an Sitzungen**
   – nimmt an der Hauptversammlung und den Sitzungen des Vorstandes teil

   – nimmt an allen übrigen Sitzungen des Kulturforums nach eigenem Ermessen teil

9. **Information**
   – hat umfassendes Informationsrecht seitens aller Amtsträger/Amtsträgerinnen und Angestellten

   – hat umfassende Informationspflicht gegenüber der Hauptversammlung und dem Vorstand

10. **Vertretungen, Verbindungen nach aussen**
    – vertritt den Bereich Finanzen/Administration nach aussen gegenüber Behörden, Kultur- und Kunstschaffenden, Organisationen und Geschäftspartnern

    – pflegt Verbindungen zu potenziellen Geldgebern

11. **Anforderungen an den Funktionsinhaber**
    – integre, anerkannte Persönlichkeit

    – innerer Bezug zum Kulturforum und seinen Kultursparten

    – ausgewiesene Erfahrung im Bereich Finanzen/Administration/EDV

- bilanz- und abschlusssicher
- Bereitschaft, die notwendige Zeit für die übertragenen Aufgaben zu investieren
- ausgesprochene Teamfähigkeit

12. **Integrierende Beilage zur Funktionsbeschreibung**
    - Funktionendiagramme und Vorstandsreglement

Wilen, 27. Mai 2005

Funktionsinhaberin: Claudia Meier

Verteiler:
- Funktionsinhaberin
- Vorstandsmitglieder
- Unterstellte Funktionen

Funktionsbeschreibung für das Amt der Öffentlichkeitsarbeit

Kulturforum Wilen

1. **Bezeichnung der Funktion**
   Bereichsleiter/Bereichsleiterin Marketing/Kommunikation, Mitglied des Vorstandes

2. **Vorgesetztes Gremium**
   Hauptversammlung

3. **Unterstellte Funktionen**
   Redaktor/Redaktorin der Zeitschrift «Kultur pur»

4. **Stellvertretung**
   - vertritt die Bereichsleitung Finanzen/Administration
   - wird vertreten durch die Bereichsleitung Finanzen/Administration

5. **Hauptaufgaben, Ziele der Funktion**
   - ist verantwortlich für die initiative Führung des Bereichs Marketing/Kommunikation
   - erstellt und aktualisiert das Marketingkonzept
   - initiiert und koordiniert alle Marketing- und Kommunikationsmassnahmen
   - koordiniert und überwacht die Zeitschrift «Kultur pur» und die Vereins-Website

– organisiert und koordiniert die Medienarbeit

– überwacht die Einhaltung des Budgets im eigenen Bereich

– stellt die personelle Planung und Besetzung im eigenen Verantwortungsbereich sicher

6. **Sachaufgaben und -kompetenzen**
   im Rahmen der Vorstandsaufgaben (siehe Funktionendiagramme)

7. **Führungsaufgaben und -kompetenzen**

   Allgemeine Leitungsaufgaben:
   – leitet den gesamten Bereich Marketing/Kommunikation

   Personal:
   – führt mit dem Redaktor/der Redaktorin von «Kultur pur» jährlich ein Förderungsgespräch durch

   Ausgabenkompetenzen:
   – volle Ausgabenkompetenz im Rahmen des bewilligten Budgets im zugewiesenen Aufgabenbereich

   Unterschriftsberechtigung:
   – Einzelunterschrift für Schreiben ohne rechtsverbindlichen Charakter

   – Einzelunterschrift für Rechtsgeschäfte bis Fr. 1000.– Gegenwert

   – kollektiv mit einem Vorstandsmitglied für Rechtsgeschäfte über Fr. 1000.– Gegenwert

8. **Teilnahme an Sitzungen**
   – nimmt an der Hauptversammlung und den Sitzungen des Vorstandes teil

   – nimmt an allen übrigen Sitzungen des Kulturforums nach eigenem Ermessen teil

9. **Information**
   – hat umfassendes Informationsrecht seitens aller Amtsträger und Amtsträgerinnen und Angestellten

   – hat umfassende Informationspflicht gegenüber der Hauptversammlung und dem Vorstand

10. **Vertretungen, Verbindungen nach aussen**
    – vertritt das Kulturforum nach aussen gegenüber Partnerinnen und Partnern im Bereich Marketing/Kommunikation

    – pflegt aktive Beziehungen zu den Medien

11. **Anforderungen an den Funktionsinhaber/die Funktionsinhaberin**
    – integre, anerkannte Persönlichkeit

    – innerer Bezug zum Kulturforum und seinen Kultursparten

    – ausgewiesene Erfahrung im Bereich Marketing/Kommunikation

    – gute Deutschkenntnisse, stilsicher im Aufbereiten von Texten

    – Bereitschaft, die notwendige Zeit für die übertragenen Aufgaben zu investieren

    – ausgesprochene Teamfähigkeit

12. **Integrierende Beilage zur Funktionsbeschreibung**
Funktionendiagramme und Vorstandsreglement

Wilen, 27. Mai 2005

Funktionsinhaber: Urs Wanzenried

Verteiler:

- Funktionsinhaber
- Vorstandsmitglieder
- Unterstellte Funktionen

Stellenbeschreibung für das Sekretariat

Kulturforum Wilen

1. **Bezeichnung der Funktion:**
Leiter/Leiterin Sekretariat, Mitglied des Vorstandes mit beratender Stimme

2. **Vorgesetzte Stelle**
Leiter/Leiterin Finanzen/Administration

3. **Stellvertretung**
wird durch den Leiter/die Leiterin Finanzen/Administration vertreten

4. **Aufgaben**
Führt das Vereinssekretariat mit folgenden Aufgaben:

- Auskunftsdienst (Telefon, Fax, E-Mail)
- Verwaltung Vereinsdokumentation
- Versand Sitzungseinladungen, Protokolle und Ressortunterlagen des Vorstandes
- Mitgliederdienst/Mitgliederverwaltung
- Zahlungsverkehr/Mitgliederinkasso
- Lohnbuchhaltung inkl. Abrechnung Sozial- und Unfallversicherungen
- Führen der Personalakten
- Unterhalt Website
- Archivierung Vereinsakten
- administrative Unterstützung aller Ressorts nach Absprache mit Ressortleitung Finanzen/Administration

5. **Kompetenzen**

   Ausgabenkompetenz:
   Einkauf Büromaterial/Drucksachen im Rahmen des bewilligten Budgets

   Unterschriftenberechtigung:
   - Einzelunterschrift für Schreiben ohne rechtsverbindlichen Charakter
   - Einzelunterschrift für Rechtsgeschäfte bis Fr. 1000.– Gegenwert
   - kollektiv mit einem Vorstandsmitglied für Rechtsgeschäfte über Fr. 1000.– Gegenwert

6. **Teilnahme an Sitzungen**
   nimmt an der Hauptversammlung und den Sitzungen des Vorstandes mit beratender Stimme teil

7. **Information**
   hat umfassende Informationspflicht gegenüber dem Vorstand

8. **Anforderungen an den Funktionsinhaber/die Funktionsinhaberin**
   - integre, kulturell interessierte Persönlichkeit
   - innerer Bezug zum Kulturforum und seinen Kultursparten
   - ausgewiesene Erfahrung in administrativen Arbeiten
   - hohe Belastbarkeit
   - ausgesprochene Teamfähigkeit
   - gute Deutschkenntnisse, Französisch und Englisch erwünscht

8. **Entlöhnung / Sozialleistungen**
   im Rahmen der Richtlinien für voll- und teilzeitlich Angestellte des Kulturforums Wilen

9. **Integrierende Beilage zur Stellenbeschreibung**
   Funktionendiagramme und Vorstandsreglement

Wilen, 27. Mai 2005

Funktionsinhaberin: Marlies Frey

Verteiler:
- Stelleninhaberin
- Vorstandsmitglieder

Sitzungseinladung

Kulturforum Wilen

Einladung zur 4. Vorstandssitzung 2006
Mittwoch, 30. August 2006, 19.00 Uhr bis ca 22.00 Uhr
Restaurant «Obstgarten» (kleines Sitzungszimmer), Bankstrasse 7, Wilen

Vorsitz: Monika Huber, Präsidentin
Teilnehmende: alle Vorstandsmitglieder und Marlies Frey (Leiterin Sekretariat)
Protokoll: Peter Augsburger

Traktandum	Ziel	Leitung	Richtzeit Beginn	Unterlagen, Vorbereitung
1. Protokoll der Sitzung vom 12. 6. 02, Kontrolle Aufträge und Pendenzen	Entscheid, Kontrolle	Monika Huber	19.00 h	Protokoll, Pendenzen-liste
2. Infos aus dem Sekretariat	Information, Entscheide	Marlies Frey	19.15 h	Beilage 1
3. Berichte aus den Ressorts: - Musik/darstellende Kunst - Bildende Kunst/ überlieferte Kultur/ Literatur - Marketing/Kommuni-kation - Finanzen/Adminstration	Information	Monika Huber, alle	19.45 h max. 15 Minuten pro Ressort	Beilage 2 (Kurzberichte aus den Ressorts)
4. Beteiligung Jubiläumsfest «500 Jahre Wilen»	Diskussion, Entscheid	Martin Keller	20.45 h	Beilage 3
5. Vereinslogo	Diskussion, Entscheid	Urs Wan-zenried	21.00 h	Beilage 4
6. Vorstandsplanung	Information, Entscheid	Monika Huber	21.15 h	
7. Veranstaltungskalender	Diskussion, Entscheid	Urs Wan-zenried	21.30 h	Beilage 5
8. Verschiedenes	Information	Alle	21.45 h	

Wilen, 16. August 2006   **Kulturforum Wilen**

Monika Huber

Monika Huber, Präsidentin

Beilagen
1. Liste der Neueintritte
2. Berichte der Ressorts
3. Brief des Gemeinderates
4. Gestaltungsvorschläge für Logo
5.Veranstaltungskalender

Protokoll Vorstandssitzung

Kulturforum Wilen

Protokoll der 4. Vorstandssitzung 2006

Datum: Mittwoch, 30. August 2006

Zeit: 19.00 – 22.00 Uhr

Ort: Restaurant «Obstgarten» (kleines Sitzungszimmer), Bankstrasse 7, Wilen

Vorsitz: Monika Huber

Teilnehmende: Peter Augsburger, Martin Keller, Claudia Meier, Urs Wanzenried, Marlies Frey (Sekretariat)

Absenzen: keine

Protokoll: Peter Augsburger

Traktanden:

1. Protokoll der Sitzung vom 12. 6. 06
   Kontrolle Aufträge und Pendenzen

2. Infos aus dem Sekretariat

3. Berichte aus den Ressorts:

   – Musik/darstellende Kunst

   – Bildende Kunst/überlieferte Kultur/Literatur

   – Marketing/Kommunikation

   – Finanzen/Administration

4. Beteiligung Jubiläumsfest «500 Jahre Wilen»

5. Vereinslogo

6. Vorstandsplanung

7. Veranstaltungskalender

8. Verschiedenes

1. Protokoll der Sitzung vom 12. 6. 06 und Kontrolle Aufträge und Pendenzen
Das Protokoll wird einstimmig genehmigt.

Bis auf einen konnten alle Aufträge aus der letzten Sitzung erledigt werden. Einzig die Kontaktaufnahme mit dem Filmclub der Nachbargemeinde Hausen kam noch nicht zustande. Die Präsidentin wird darum den Präsidenten des Filmclubs Hausen schriftlich um einen Besprechungstermin anfangs September 2006 ersuchen.

→ *Beschluss*

2. Infos aus dem Sekretariat
Die neue Software zur Mitgliederverwaltung wurde installiert und bewährt sich.

Mitglieder:
Neueintritte: 5 Aktivmitglieder, 6 Gönner
Mitgliederbestand neu: 348 Aktivmitglieder, 16 Gönner

Alle Beitritte werden einstimmig genehmigt.

→ *Beschluss*

3. **Berichte aus den Ressorts:**
   – Musik/darstellende Kunst

   – Bildende Kunst/überlieferte Kultur/Literatur

   – Marketing/Kommunikation

   – Finanzen/Adminstration

   Alle Berichte liegen schriftlich vor. Marlies Frey erstellt für die Presse eine Zusammenfassung.

   → *Marlies Frey: sofort*

4. **Beteiligung Jubiläumsfest «500 Jahre Wilen»**
   Martin Keller informiert über die Orientierungsveranstaltung des Gemeinderates zum Thema Jubiläum 2008. Der Vorstand beschliesst, sich an den Jubiläumsfeierlichkeiten zu beteiligen und bestimmt Martin Keller als Vertreter des Kulturforums im Organisationskomitee. Vereinsintern soll eine Projektgruppe gebildet werden, die Vorschläge für das Engagement des Kulturforums ausarbeitet. Vorsitz: Martin Keller. Er hat bis Mitte September folgende Vereinsmitglieder für die Projektgruppe anzufragen: Otto Arber, Vreni Berner, Cécile Müller, Jakob Noser, evtl. Jürg Peter.

   → *Beschluss, Martin Keller: sofort*

5. **Vereinslogo**
   Aus den drei vorliegenden Logo-Entwürfen des Grafikers wählt der Vorstand das gefälligste aus und beschliesst, es auf Briefpapier und Kuverts drucken zu lassen. Künftig soll dieses Logo auf allen Druckerzeugnissen des Vereins erscheinen. Marlies Frey holt für das Vereinspapier und die Kuverts bei verschiedenen Druckereien sofort Offerten ein und bestellt die nötige Menge beim günstigsten Anbieter.

   → *Beschluss, Marlies Frey: sofort*

6. **Vorstandsplanung**
   Leider wird Urs Wanzenried von seiner Firma nächstes Jahr nach Genf versetzt. Er kündigt darum seinen Rücktritt auf die Hauptversammlung 2007 an. Der Vorstand beschliesst, der Hauptversammlung Otto Arber als Nachfolger vorzuschlagen. Urs Wanzenried wird Otto sorgfältig in sein Ressort einführen.

   → *Beschluss, Urs Wanzenried: Ab Februar 2007*

7. **Veranstaltungskalender**
   Urs Wanzenried hat alle Daten und Informationen zu den kulturellen Veranstaltungen des Herbstquartals zusammengetragen und legt eine Offerte für Gestaltung, Druck und Versand vor. Der Vorstand beschliesst die dafür nötigen 6000 Franken. Urs Wanzenried hat die Kompetenz für das «Gut zum Druck». Der Versand erfolgt Mitte September.

   → *Beschluss*

8. **Verschiedenes**
   Marlies Frey verteilt die Einladungen der Kulturarena Hausen. Die Vorstandsmitglieder erhalten Freikarten für das Eröffnungskonzert mit der süddeutschen Philharmonie am 14. September.

   → *alle: 14. September*

Am 12. September findet in Bern ein Symposium zum Thema «Sponsoring im Kulturbereich» statt. Monika Huber und Marlies Frey nehmen daran teil.

→ *Monika Huber und Marlies Frey: 12. September*

Die nächste Vorstandssitzung findet wie vorgesehen als zweitägige Retraite vom 28. bis 29. Oktober 2006 in Wildhaus statt. Die Vorstandsmitglieder und M. Frey erhalten alle nötigen Unterlagen zur Vorbereitung zusammen mit diesem Protokoll.

→ *Alle: 28./29.10.2006*

Wilen, 2. September 2006

Peter Augsburger, Aktuar

Beilage:

– aktuelle Pendenzenliste
– Medienmitteilung «Kulturforum gedeiht», Verfasserin Marlies Frey
– Unterlagen und Programm der Retraite in Wildhaus

Verteiler:

– Vorstandsmitglieder
– Sekretariat

Pendenzenliste

Datum	Auftrag	verantwortlich	Termin	Stand
12.06.06	Einholen von Logo-Entwürfen beim Grafiker	Monika Huber	28.08.06	erledigt
12.06.06	Kontaktaufnahme mit Filmclub Hausen	Monika Huber	28.08.06	verschoben auf anfangs September
12.06.06	Veranstaltungskalender	Claudia Meier	28.08.06	erledigt
28.08.06	Medienmitteilung «Kulturforum gedeiht»	Marlies Frey	01.09.06	erledigt
28.08.06	Projektgruppe «500 Jahre Wilen» bilden	Martin Keller	15.09.06	31. 8. 02
28.08.06	Otto Arber ins Ressort einführen	Urs Wanzenried	ab Feb. 07	
28.08.06	Offerten für Vereinspapier einholen und bestellen	Marlies Frey	sofort	erledigt

Einladungsschreiben für die Hauptversammlung

Kulturforum Wilen

Wilen, 14. April 2006

Liebe Mitglieder

Sehr geehrte Damen und Herren

Wir freuen uns, Sie zur Hauptversammlung und zum Kulturfest 2006 des Kulturforums einladen zu dürfen.

Samstag, 27. Mai 2006

14.00 – 16.00 Uhr Hauptversammlung
Aula der Mittelschule, Bahnhofstrasse 60, Wilen

16.30 – 24.00 Uhr Kulturfest
Turnhalle, Aula, verschiedene Schulzimmer

Die Traktandenliste und die übrigen Unterlagen finden Sie in der beiliegenden Broschüre. Kurze Zwischenspiele der Jazzband «Wiler Brothers» und Auftritte des Kabaretts «Sforzato» werden die üblichen Vereinsgeschäfte auflockern. Im Mittelpunkt unserer Versammlung steht das Referat von Dr. Martin Kessler, dem Leiter der kantonalen Kulturfachstelle. Er spricht zum kulturpolitischen Thema «Kunst und Kommerz».

Nach der Versammlung sind Sie zum grossen Wilener Kulturfest eingeladen. Es erwartet Sie ein farbiges, künstlerisch hoch stehendes Programm mit Beiträgen aus verschiedenen Kultursparten:

– 16.30 Uhr Auftakt durch die Tambouren-Gruppe der Musikgesellschaft Wilen

– 17.00 Uhr Start vieler hundert Ballone, die unsere Wünsche in den Himmel tragen

– 17.30 Uhr Apéro mit Clown Picobello

– 18.00 – 20.00 Uhr Nachtessen in der Turnhalle

  – Selbstbedienung an rund zwanzig Marktständen mit Speisen und Getränken aus aller Welt

  – Tafelmusik: Es spielen die Ländlerkapelle Schmid, das Klarinettentrio der Musikschule und die Dixielandband «six for one»

– 20.00 – 24.00 Uhr Abendprogramm in verschiedenen Räumlichkeiten: Kabarett «Sforzato»; Petra Müllers Ballettklasse: Szenen aus «Les Sylphides»; Jugendorchester: Stücke von Britten, Grieg und Bartok; Mathias Gnädinger liest im Keller Schauergeschichten; Kurzfilme, gedreht vom Wilener Filmclub; Jodelchörli «Alpegruess»

Kinder vergnügen sich von 14.00 – 22 Uhr am «KiKu», dem von Pfadfindern und Cevi organisierten Fest. Auch für die Kleinsten ist gesorgt, besteht doch ein von geschultem Personal geführter Kinderhort.

Haben wir Sie «gluschtig» gemacht? Dann freuen wir uns auf Ihr Kommen! Ihre Angehörigen und Kinder sind selbstverständlich auch ans Kulturfest eingeladen. Wir bitten Sie, den beiliegenden Anmeldetalon auszufüllen und bis spätestens am 12. Mai 2006 an unser Sekretariat zurückzusenden.

Freundliche Grüsse
Kulturforum Wilen

Monika Huber

Monika Huber
Präsidentin

Urs Wanzenried

Urs Wanzenried
OK-Präsident Kulturfest 2006

Beilagen

– Broschüre mit Traktandenliste und weiteren Unterlagen zur Hauptversammlung
– Stimmkarte
– Programm «Kulturfest»

Anmeldetalon

Ja, ich nehme
(Zutreffendes bitte ankreuzen)

☐ an der Hauptversammlung mit anschliessendem Kulturfest

☐ nur an der Hauptversammlung

☐ nur am Kulturfest

teil.

Name: _____ Vorname: _____

Wohnort: _____ Adresse: _____

Anmeldung von Angehörigen zum Kulturfest:

Name: _____ Vorname: _____

Name: _____ Vorname: _____

Anmeldung von Kindern (bis 16 Jahre) zum KiKu-Fest: (Fr. 10.– pro Kind, inkl. Verpflegung)

Vorname/n inkl. Alter: _____

Talon bitte bis spätestens 12. Mai 2006 einsenden an:
Kulturforum Wilen, Sekretariat, Postfach, Wilen

Traktandenliste Hauptversammlung

Kulturforum Wilen

Hauptversammlung 2006

Samstag, 27. Mai 2006, 14.00 – 16.00 Uhr

Aula der Mittelschule Wilen
Leitung: Monika Huber, Präsidentin

Traktanden:
1. Begrüssung
2. Präsenz feststellen
3. Wahl von drei Stimmenzählern/Stimmenzählerinnen
4. Genehmigung der Traktandenliste
5. Genehmigung Protokoll HV 2005 (Beilage)
6. Genehmigung Jahresbericht 2005 (Beilage)
7. Jahresrechnung 2005 (Beilage)

    7.1. Präsentation

    7.2. Revisorenbericht

    7.3. Genehmigung

8. Genehmigung Tätigkeitsprogramm 2007
9. Genehmigung Budget 2007 (Beilage)
10. Festsetzung der Mitgliederbeiträge
11. Verabschiedung

    11.1. Urs Wanzenried, Vorstandsmitglied

    11.2. Peter Wanner, Revisor

12. Wahlen (Beilage)

    12.1. Wahl eines Vorstandsmitgliedes

    12.2. Wahl einer Revisorin

13. Anträge der Mitglieder
14. Diverses, nächste Hauptversammlung
15. Referat Dr. Martin Kessler zum Thema «Kunst und Kommerz»
16. Abschluss der Hauptversammlung

Beilagen

– Stimmkarte

– Unterlagen zu verschiedenen Traktanden:

Traktandum 5 / Protokoll Hauptversammlung 2005
Kann auch im Internet unter www.kulturforum.wilen.ch eingesehen werden

Traktandum 6 / Jahresbericht 2005
Kann auch im Internet unter www.kulturforum.wilen.ch eingesehen werden

Traktandum 7 / Jahresrechnung 2005
Kann auch im Internet unter www.kulturforum.wilen.ch eingesehen werden

Traktandum 9 / Budget 2007
Kann auch im Internet unter www.kulturforum.wilen.ch eingesehen werden

Traktandum 12 / Wahlen
Als neues Vorstandsmitglied für die Amtsdauer 2007 – 2008
schlagen wir Ihnen vor:

Otto Arber, Jahrgang 1962, Dipl. PR-Berater BR/SPRG

Otto Arber wohnt in Oberwilen und betreibt in Zürich eine PR-Agentur. Er ist seit Jahren aktiv im Filmclub «Focus» und spielt Kontrabass im Kammerorchester «Regio».

Als neue Revisorin für die Amtsdauer 2007 – 2008
schlagen wir Ihnen vor:

Esther Müller, Jahrgang 1972, Buchhalterin mit Fachausweis

Esther Müller wohnt mit ihrer Familie in Wilen. Sie betreibt mit Freunden zusammen die Galerie «Arte».

Vereinsbilanz

Kulturforum Wilen
Bilanz per 31.12.2005[1]

	31.12.05	Vorjahr
AKTIVEN	**Fr.**	**Fr.**
Umlaufvermögen[2]	112 215	118 590
Flüssige Mittel und Wertschriften[3]	108 365	111 690
– Kasse	5 490	2 690
– Post	15 300	22 200
– Bank	18 975	21 800
– Wertschriften (kurzfristig realisierbar)	68 600	65 000
Forderungen[4]	3850	6900
– Debitoren (ausstehende Guthaben)	600	900
– Verrechnungssteuer	1250	980

– Offene Mitgliederbeiträge	200	800
– Transitorische Aktiven [5]	1800	4220
Anlagevermögen [6]	105 000	100 000
Mobile Sachanlagen [7]	25 000	20 000
– Instrumente Musikschule	15 000	10 000
– Büroinfrastruktur	10 000	10 000
Immobile Sachanlagen [8]	80 000	80 000
– Kulturbeiz (Steuerwert)	80 000	80 000
Bilanzsumme	217 215	218 590

PASSIVEN		
Fremdkapital kurzfristig [9]	6750	6005
– Kreditoren	4850	3705
– Transitorische Passiven [10]	1900	2300
Fremdkapital langfristig [11]	–	20 000
– Hypothek [12]	–	20 000
Zweckgebundene Fonds [13]	65 000	50 000
– Instrumentenfonds	10 000	10 000
– Ausstellungsfonds	10 000	10 000
– Stipendienfonds	15 000	10 000
– Unterhaltsfonds für Kulturbeiz	30 000	20 000
Reinvermögen [14]	145 465	142 585
– Reserven per 1.1.05	142 585	135 650
– Einnahmenüberschuss per 31.12.05 [15]	2880	6 935
Bilanzsumme	217 215	218 590

Wilen, 5. Januar 2006

Kulturforum Wilen

Monika Huber

Monika Huber
Präsidentin

Claudia Meier

Claudia Meier
Ressort Finanzen/Administration

Ziffernerklärungen zur Darstellung der obigen Bilanz

[1] Titel, Stichtag für die Bilanz

[2] Umlaufvermögen: Vermögen des Vereins in Form von flüssigen Mitteln, Guthaben aus gelieferten Waren und Leistungen, kurzfristigen Forderungen aller Art sowie Lagerbestände. Dieses Vermögen befindet sich ständig in Umlauf, es wird nie fest angelegt.

[3] Flüssige Mittel und Wertschriften: Dazu gehören das Bargeld in der Kasse, Post- und Bankkontoguthaben sowie Wertschriften, die kurzfristig in Bargeld umgewandelt werden können.

[4] Forderungen: Ausstehende Guthaben, noch nicht eingeforderte Verrechnungssteuern, ausstehende Mitgliederbeiträge.

[5] Transitorische Aktiven: Auf der Aktivseite der Bilanz verbuchte Rechnungsabgrenzungsposten, wie z.B. Ausgaben, die im abgelaufenen Geschäftsjahr bezahlt wurden, jedoch das neue Geschäftsjahr betreffen.

[6] Anlagevermögen: Vermögen des Vereins, das langfristig angelegt wurde, z. B. in Gebäude, Instrumente und Einrichtungen.

[7] Mobile Sachanlagen: Alle beweglichen Sachen des Vereins

[8] Immobile Sachanlagen: Alle unbeweglichen Güter des Vereins wie die Kulturbeiz, Grundstücke usw.

[9] Kurzfristiges Fremdkapital: Schulden des Vereins gegenüber Dritten. Dieses Kapital hat sich der Verein in Form eines Kredites ausgeliehen. Auch unbezahlte Rechnungen an Lieferanten des Vereins gehören dazu.

[10] Transitorische Passiven: Auf der Passivseite der Bilanz verbuchte Rechnungsabgrenzungsposten, wie z.B. Erträge, die bereits im alten Geschäftsjahr eingingen, jedoch das neue Geschäftsjahr betreffen, oder Aufwendungen, die im abgelaufenen Geschäftsjahr angefallen sind, jedoch erst im folgenden bezahlt werden.

[11] Langfristiges Fremdkapital: Längerfristig laufende Schulden, die gleichbleiben und nach einer gewissen Zeit ratenweise oder auf einmal zurückbezahlt werden müssen.

[12] Hypothek: Schulden, für welche der Verein der Bank als Sicherheit ein Haus oder ein Grundstück als Pfand geben muss.

[13] Zweckgebundene Fonds: Rückstellung von Kapital, wovon meist nur die Zinsen für spezielle Zwecke ausgegeben werden.

[14] Eigenkapital oder Reinvermögen: Es ergibt sich aus den gesamten Vermögenswerten des Vereins abzüglich seiner Schulden. Dabei handelt es sich eigentlich um jenen Teil der «Schulden», die der Verein nicht Aussenstehenden, sondern seinen Mitgliedern bei der Auflösung des Vereins schuldet.

[15] Einnahmen- oder Ausgabenüberschuss: Differenz zwischen den Ein- und Ausgaben des Rechnungsjahres.

Revisorenbericht

Bericht der Revisionsstelle an die Hauptversammlung 2006
Kulturforum Wilen
27. Mai 2006 im evangelischen Kirchgemeindehaus Wilen

Als gewählte Revisoren haben wir die Jahresrechnung des Vereins «Kulturforum Wilen» für das Vereinsjahr vom 1.1.05. – 31.12.2005 mit einer Bilanzsumme von Fr. 217 215.– und einem Einnahmenüberschuss von Fr. 2880.– geprüft. Ausgangspunkt unserer Prüfungshandlungen bildete die von der Hauptversammlung 2005 genehmigte Bilanz per 31.12.2004.

Wir prüften die Jahresrechnung 2005 aufgrund von Stichproben und Analysen. Bilanz und Erfolgsrechnung für das Jahr 2005 stimmen mit der Buchhaltung überein. Gemäss unserer Beurteilung entsprechen die Buchführung und die Jahresrechnung den gesetzlichen und statutarischen Vorschriften.

Aufgrund der Ergebnisse unserer Prüfung beantragen wir der Hauptversammlung

– die vorliegende Jahresrechnung zu genehmigen

– dem Vorstand und der Kassierin Entlastung zu erteilen.

Wilen, 10. Februar 2006
Unterschrift der Revisoren:

Vreni Abgottspon   Walter Brülisauer

Sponsoringvertrag

Sponsoringvertrag

zwischen

der Firma	**TELEVITE SA** Musterweg 10 vertreten durch Herrn Hans Hanser (nachfolgend «Sponsor»)

einerseits und

und dem Organsiator	**Verein Poly-Sport Murten (PSMu)** vertreten durch Frau Sonja Schwab, Präsidentin nachfolgend «PSMu»

anderseits

betreffend	die Übernahme einer Partnerschaft des PSMu **als Sponsor**

I. Präambel

1. PSMu

Poly-Sport Murten ist ein Sportverein, der seinen Mitgliedern neue, trendige Einzel- und Mannschaftssportarten im gleichen Verein anbietet.

Die angebotenen Sportarten:

– Triathlon (Schwimmen, Radfahren, Laufen) als Breiten- und Leistungssport

– Unihockey als Breitensport

– Schneesport (Skilanglauf, Skitouren, Schneeschuhlaufen) als Breitensport

PSMu führt jeweils am letzten Wochenende im Juni in der Sportanlage Murten das populäre

Unihockey-Grümpelturnier «Poly-Cup» durch, mit grosser Festveranstaltung.

2. Sponsor	Der Sponsor ist eine überregional bekannte Firma in der Branche Telekommunikation/Kabelfernsehen.

II. Vertragsgegenstand

3. Zweck der Zusammenarbeit	Der Sponsor will sich durch seine Unterstützung des Vereins PSMu in seinem Tätigkeitsgebiet positiv profilieren.
	Der Verein PSMu bezweckt die Finanzierung eines Teils seiner Aktivitäten sowie das Erreichen eines professionelleren Images durch die Zusammenarbeit mit einem sympathischen Partner.

III. Leistungen des Vereins PSMu

4. Organisationstätigkeit des PSMu	Die Organisation und Durchführung des Trainings und der Wettkämpfe sowie des Poly-Cup mit Festveranstaltung ist ausschliesslich Sache des Vereins PSMu.
5. Titel	Der Sponsor erhält den Titel **SPONSOR Poly-Sport Murten** und die Berechtigung, diesen nach Absprache in seiner Werbung zu verwenden.
6. Branchenexklusivität	Der Verein PSMu garantiert dem Sponsor Branchenexklusivität gegenüber weiteren Sponsoren oder Servicesponsoren. Im Zweifelsfall muss der Sponsor über eine zukünftige Sponsorpartnerschaft einer artverwandten Firma informiert werden und hat ein Mitspracherecht.
7. Leistungen	PSMu verpflichtet sich, die im Sponsoringkonzept vom 8. Dezember 2000 detailliert aufgelisteten Gegenleistungen zu erbringen. Der Sponsor bestätigt den Erhalt dieses Sponsoringkonzepts.
8. Weitere Werbemöglichkeiten	Nach Absprache sind zusätzliche Leistungen möglich. PSMu bemüht sich, dem Sponsor zu guten Werbeauftritten zu verhelfen.

IV. Leistungen des Sponsors

9. Sponsorsumme Basisbetrag	Die vom Sponsor zu überweisende Basissumme für diese Partnerschaft beträgt Fr. 5000.– pro Jahr.
	Sie ist jeweils am 31. März zur Zahlung fällig (zahlbar auf Postkonto xxxxxxxPSMu, Murten)
10. Dienstleistungen	Der Sponsor stellt dem Verein PSMu kostenlos zwei fabrikneue PCs und einen Drucker zur Erledigung der Vereinsadministration zur Verfügung. Zwei Jahre nach Erhalt geht diese Ausrüstung ohne Kostenfolge in den Besitz des Vereins PSMu über. Unterhalt und Reparaturen sind Sache des Vereins PSMu.

11. Berücksichtigung der Interessen des Vereins PSMu	Kommunikationsmassnahmen des Sponsors, die den Verein PSMu einbeziehen, werden vorgängig mit PSMu abgesprochen.
12. Promotionsartikel	Der Sponsor verpflichtet sich, eine allfällige Abgabe von Promotionsartikeln am Wettkampf oder an Mitglieder des PSMu vorgängig mit PSMu abzusprechen.
13. zu beachten	Tabakwerbung ist ausgeschlossen.
	Der Verein PSMu hat ein spezielles Umweltkonzept für den Vereinsbetrieb ausgearbeitet und richtet seine Vereinsaktivitäten danach aus. Der Sponsor kennt diese Richtlinien und verpflichtet sich, diese soweit möglich einzuhalten.

V. Dauer der Vereinbarung

14. Vertragsdauer	Diese Vereinbarung tritt am 1. Januar 2006 in Kraft und dauert fest bis zum 31. Dezember 2008. Wird sie von keiner der Parteien schriftlich bis zum 31. August angekündigt, verlängert sie sich jeweils automatisch um ein Jahr.

VI. Schlussbestimmungen

15. Vertragsänderungen	Abänderungen dieses Vertrages bedürfen der Schriftform.
16. Anwendbares Recht, Gerichtsstand	Allfällige Unstimmigkeiten suchen die Parteien nach Möglichkeit einvernehmlich zu regeln.
	Auf diesen Vertrag ist schweizerisches Recht anwendbar. Für allfällige gerichtliche Auseinandersetzungen sind ausschliesslich die ordentlichen Gerichte in Murten zuständig.
17. Teilnichtigkeit	Sollte sich eine Bestimmung dieser Vereinbarung als ungültig erweisen, berührt dies die Gültigkeit und Durchsetzbarkeit dieses Vertrages nicht. Soweit möglich werden die Parteien die ungültige Bestimmung durch eine gleichwertige gültige Bestimmung ersetzen.

Ort, Datum

Sponsor Televit SA   **Verein Poly-Sport Murten**

Der Geschäftsführer   Die Präsidentin

Der Vizepräsident

Quelle: «sportverein» 1000 praktische Tipps für die Vereinsarbeit

Fragebogen zur Selbstanalyse der Vorstandsarbeit

Vorstandsarbeit allgemein	Bewertung* (Zutreffendes ankreuzen)			
	--	-	+	++
1 Die Grösse unseres Vorstandes stimmt.				
2 Die Amtsperioden stimmen – Kontinuität und Wandel sind ausgeglichen.				
3 Die Gewinnung neuer Vorstandsmitglieder wird bei uns langfristig und systematisch vorbereitet.				
4 Wir haben durch Schaffung einer entsprechenden Organisationsstruktur sichergestellt, dass die Aufgaben, Funktionen und Verantwortlichkeiten eindeutig verteilt sind.				
5 Für jede Vorstandsposition gibt es eine Funktionsbeschreibung mit Anforderungsprofil.				
6 Alle Vorstandsmitglieder haben immer den Gesamtverein im Blick und vertreten keine Teilinteressen.				
7 Alle Vorstandsmitglieder sind mit den wichtigsten Vereinsdokumenten und Beschlüssen vertraut.				
8 Sitzungseinladung, Traktandenliste und Sitzungsunterlagen liegen rechtzeitig vor.				
9 Neue Vorstandsmitglieder werden mit der Geschichte, dem Leitbild und den Grundwerten des Vereins vertraut gemacht.				
10 Neue Vorstandsmitglieder werden in die Aufgaben und Verantwortlichkeiten eines Vorstandsmitgliedes eingeführt.				
11 In unseren Vorstandssitzungen herrscht ein Klima der Offenheit und Toleranz. Meinungsverschiedenheiten können offen ausgesprochen werden und werden fair ausgetragen.				
12 Die Entscheidungsprozesse in unseren Vorstandssitzungen sind transparent.				
13 Informationen sind unter allen Vorstandsmitgliedern gleich verteilt.				
14 Entscheidungen, die getroffen werden, werden von allen mitgetragen.				

Vereinsentwicklung	Bewertung* (Zutreffendes ankreuzen)			
	--	-	+	++
15 Das Leitbild unseres Vereins ist schriftlich festgelegt.				
16 Alle Vorstandsmitglieder sind mit der Wertbasis und dem Leitbild des Vereins vertraut und identifizieren sich damit.				
17 Wir verhalten uns selber als Vorbild in Bezug auf die Werte und das Leitbild.				
18 Alle unsere Entscheidungen und das Vereinsprogramm stehen mit dem Leitbild in Übereinstimmung.				
19 Die Mehrheit der Vereinsmitglieder kennt das Leitbild und die Ziele unseres Vereins.				
20 Wir haben klare Vorstellungen davon, welche Rolle der Verein in den nächsten Jahren spielen soll. Wir diskutieren öfter über die Frage, wo der Verein in fünf oder mehr Jahren stehen bzw. wie er dann aussehen sollte.				
21 Wir setzen klare Ziele und Prioritäten für die Entwicklung des Vereins.				
22 Wir stützen uns bei unseren langfristigen Entscheidungen auf bestehende Daten und Fakten.				
23 Wir informieren uns systematisch über wichtige Trends im Vereinsumfeld.				
24 Wir begeben uns jährlich in einen Planungsprozess, um festzulegen, wie der Verein auf neue Herausforderungen und Risiken reagieren will.				

Zufriedenheit der Mitglieder Leistungen – Öffentlichkeit	Bewertung* (Zutreffendes ankreuzen)			
	--	-	+	++
25 Die Mitglieder sind mit der Führung, dem Angebot und den Leistungen des Vereins zufrieden.				
26 Die Mitglieder werden regelmässig über die Arbeiten, Aktivitäten und Leistungen des Vereins informiert.				
27 An wichtigen Entscheidungen werden die Mitglieder beteiligt.				
28 Wir haben ein Informationssystem, aus dem erkennbar ist, wie zufrieden unsere Mitglieder mit dem Verein sind. Wir ermitteln regelmässig Daten über die Zufriedenheit der Mitglieder.				
29 Wir haben Standards und Ziele in Bezug auf die Vereinsleistungen festgelegt.				

30	Wir überwachen die gesamten Leistungen des Vereins und stellen sicher, dass notwendige Korrekturen und Verbesserungsmassnahmen durchgeführt werden.			
31	Die wichtigsten Finanzindikatoren sind uns bekannt. Sie zeigen einen positiven Trend.			
32	Wir pflegen regelmässigen Kontakt zu den lokalen Medien.			
33	Wir haben unser öffentliches Erscheinungsbild stets im Auge und sind damit zufrieden.			

*Bewertung:

++ Trifft voll zu: Die Anforderungen werden voll erfüllt, Verbesserungen sind kaum vorstellbar.

+ Trifft mehrheitlich zu: Die Anforderungen werden mehrheitlich erfüllt.

- Trifft mehrheitlich nicht zu: Nur wenige Anzeichen für die Erfüllung der Anforderungen.

-- Trifft überhaupt nicht zu: Die genannten Anforderungen werden überhaupt nicht erfüllt.

Quelle: «sportverein» 1000 praktische Tipps für die Vereinsarbeit

Adressen und Links

Beobachter-Beratungszentrum
Das Wissen und der Rat der Fachleute stehen in acht Rechtsgebieten im Internet und am Telefon zur Verfügung.
Im Internet: rund um die Uhr unter www.beobachter.ch, Stichwort HelpOnline
Telefon: Montag bis Freitag von 9–13 Uhr
Für Fragen zu Vereinen Fachbereich Staat: Tel. 043 444 54 06
Wer den Beobachter abonniert hat, profitiert von der kostenlosen Beratung. Wer kein Abo hat, kann online oder am Telefon eines bestellen und erhält sofort Zugang zu den Dienstleistungen.

Stiftung ZEWO
Lägernstrasse 27
8037 Zürich
Tel. 044 366 99 55
www.zewo.ch
Die ZEWO verleiht ihr Gütesiegel an gemeinnützige, Spenden sammelnde Institutionen. Sie führt einen neutralen Informationsdienst über Spenden sammelnde Institutionen und koordiniert die Daten der landesweiten Sammlungen von ZEWO-anerkannten Institutionen.

Bundesamt für Kultur BAK
Hallwylstr. 15
3003 Bern
Tel. 031 322 92 66
www.kultur-schweiz.admin.ch

Pro Helvetia
Hirschengraben 22
8024 Zürich
Tel. 044 267 71 71
www.pro-helvetia.ch

BAK und Pro Helvetia befassen sich mit der Förderung kultureller Projekte von nationaler Bedeutung. Das BAK unterstützt kulturelle (Dach-)Organisationen in den Bereichen Musik, Tanz, Film, Bildende Kunst, Literatur, Theater sowie der Erwachsenenbildung und der nationalen Verständigung. Auf der Website finden sich viele Links zu kulturellen Institutionen und Organsiationen.

Bundesamt für Sport BASPO
Hauptstrasse 243
2532 Magglingen
Tel. 032 327 61 11
www.baspo.ch

Das BASPO ist die nationale Amtsstelle für Fragen des Sports. Es ist eine bedeutende Sportausbildungsstätte, ein sportwissenschaftliches Kompetenzzentrum und eine wichtige Dokumentations- und Informationsstelle im Schweizer Sport.

Eidg. Steuerverwaltung
Eigerstrasse 65
3003 Bern
Tel. 031 322 71 06
www.estv.admin.ch

Informationsstelle für Steuerfragen
Tel. 031 322 71 48

Hier bekommen Sie kompetente Auskünfte zur Steuerpflicht Ihres Vereins in Bezug auf die Mehrwert- und die Verrechnungssteuer. Für Fragen, die die Kapital- und Gewinnbesteuerung betreffen, müssen Sie sich an die zuständige kantonale Steuerverwaltung wenden.

Bundesamt für Sozialversicherung BSV
Effingerstrasse 20
3003 Bern
Tel. 031 322 90 11
www.bsv.admin.ch

Das BSV und die kantonalen Ausgleichskassen (Adressen siehe letzte Seite im Telefonbuch) erteilen Auskünfte im Zusammenhang mit den Sozialversicherungen (AHV/IV,EO, ALV). Mit Fragen zur beruflichen Vorsorge BVG (Pensionskasse) wenden Sie sich an die kantonalen BVG-Aufsichtsbehörden.

Eidg. Datenschutzbeauftragter
Feldeggweg 1
3003 Bern
Tel. 031 322 43 95
www.edsb.ch

Hier erhalten Sie Auskunft zum Datenschutz und können beispielsweise einen Musterbrief herunterladen, wenn Sie von Ihrem Auskunftsrecht Gebrauch machen wollen. Verschiedene Publikationen sind ebenfalls erhältlich.

Eidg. Stiftungsaufsicht
Inselgasse 1
3003 Bern
Tel. 031 322 78 20
www.edi.admin.ch
Auf der Website der Eidgenössischen Stiftungsaufsicht kann die Internet-Version des Eidgenössischen Stiftungsverzeichnisses eingesehen werden, allerdings nur die Liste jener gemeinnützigen Stiftungen, die aufgrund ihres gesamtschweizerischen oder internationalen Charakters unter Bundesaufsicht stehen und die mit dieser Publikation einverstanden waren (knapp 50 %). Fast 60 % sind in der Buchversion zu finden (zu beziehen beim Bundesamt für Bauten und Logistik BBL/EDMZ, 3003 Bern, siehe Literaturverzeichnis).

Swiss Olympic Association
Laubeggstrasse 70
3000 Bern 22
Tel. 031 359 71 11
www.swissolympic.ch
Die Swiss Olympic Association hat die CD-ROM «sportverein» herausgegeben (siehe Literaturverzeichnis, Seite 275). Sie kostet Fr. 20.–.

vitamin B
Fachstelle für ehrenamtliche Arbeit
Gasometerstrasse 9
8005 Zürich
Tel. 043 266 00 11
www.vitaminB.ch
vitamin B unterstützt die ehrenamtliche Vorstandsarbeit in Vereinen und Stiftungen mit praxisnahen Bildungsangeboten, Kurzberatungen, Fachinformationen und Vernetzungsmöglichkeiten. vitamin B wird getragen und finanziert vom Migros-Kulturprozent.

Forum-Freiwilligenarbeit.ch
Rainmattstrasse 10
3001 Bern
Tel. 031 387 71 06
www.forum-freiwilligenarbeit.ch
Hier erhalten Sie Informationen zum Schweizerischen Sozialzeitausweis.

SUISA
Bellariastrasse 82
8038 Zürich
Tel. 044 485 66 66
www.suisa.ch
Hier erhalten Sie Auskünfte zur Nutzung von Musik und zu den verschiedenen Tarifen.

Weiterführende Literatur

Beobachter-Ratgeber

Alt-Marín, Alois; von Flüe, Karin; Knellwolf, Peggy A.; Senn, Jürg; Strub, Patrick: ZGB für den Alltag. 6. Auflage, Beobachter-Buchverlag, Zürich 2006
Der vollständige Gesetzestext ist ausführlich kommentiert und mit vielen praktischen Beispielen versehen. Ein Stichwortverzeichnis erleichtert den Einstieg.

Christen, Urs; Bräunlich Keller, Irmtraud; Ruedin, Philippe: OR für den Alltag. 5. Auflage, Beobachter-Buchverlag, Zürich 2006
Der vollständige Gesetzestext ist ausführlich kommentiert und mit vielen praktischen Beispielen versehen. Das detaillierte Stichwortverzeichnis verhilft zu raschen Antworten auf konkrete Fragen.

Hanhart, Dieter; Staehelin, Liona; Dedi Rüegg, Susanne; Hitz, Barbara u.a.: Freiwilligenarbeit. Beobachter-Buchverlag, Zürich 2000
Dieser Ratgeber schildert den Umfang der Freiwilligenarbeit in der Schweiz und die Gebiete, in denen freiwillig Leistungen erbracht werden. Der Nutzen der Freiwilligenarbeit für die berufliche Laufbahn, aber auch die Schattenseiten kommen zur Sprache.

Studer, Benno: Testament/Erbschaft. 13. Auflage, Beobachter-Buchverlag, Zürich 2005
Alles Wissenswerte rund ums Thema Erben und Vererben.

Verein allgemein

Scherrer, Urs: Wie gründe und leite ich einen Verein? Vereine und Verbände im Schweizerischen Recht. 11. Auflage, Schulthess Juristische Medien AG, Zürich 2002
Juristischer Ratgeber für Vereinsverantwortliche und Mitglieder. Detaillierte Angaben zu den gesetzlichen Grundlagen von Vereinen und Verbänden im schweizerischen Recht.

Swiss Olympic Association «1000 praktische Tipps für die Vereinsarbeit» «sportverein» CD-ROM
Umfassende Informationen zur Vereinsarbeit, Checklisten und Musterdokumente, herausgegeben von der Swiss Olympic Association (Adresse siehe Seite 273).

Management

Lotmar, Paula; Tondeur, Edmond: Führen in sozialen Organisationen. Ein Buch zum Nachdenken und Handeln. 7. Auflage, Verlag Haupt, Bern 2004
Dass Führen auch in sozialen Organisationen unumgänglich ist, wird zwar erkannt – aber wie und wie viel? Hinweise zu den jeweils geeigneten Führungsstilen, den tauglichen Führungsinstrumenten.

Hochschule für soziale Arbeit Zürich (Hrsg.): Praktisches Planen in sozialen Organisationen. Ein Leitfaden für Unterricht und Praxis. Zürich 2003
www.infostelle.ch/publikat.asp
Von der Idee... zum Projekt... zum Auftrag... zur Planung. Schritt für Schritt werden die Leserinnen und Leser in ihren Vorhaben mit klar strukturierten Handlungsanweisungen angeleitet. Konkrete Hinweise auf eine Reihe von praktischen Methoden.

Schwarz, Peter: Management-Brevier für Nonprofit-Organisationen. 2. Auflage, Verlag Haupt, Bern 2001
Eine Einführung in die besonderen Probleme und Techniken des Managements von privaten Nonprofit-Organisationen (NPO) (Vereine, Verbände, Wohlfahrts- und Karitativ-Organisationen, Kirchen, Parteien).

Umgang mit Medien

Fetscherin, Alfred: Keine Angst vor den Medien. 100 goldene Regeln für den Umgang mit Presse, Radio, Fernsehen. Orell Füssli Verlag, Zürich 1999
Die hundert «goldenen Regeln» vermitteln konkrete Hinweise, wie die Zusammenarbeit mit den Medien aufgebaut und gestaltet werden kann.

Swiss Olympic Association: Handbuch für Medienchefs
Download über www.swissolympic.ch
Praxisorientierte Hinweise für die tägliche Arbeit der Medienverantwortlichen im Verein, im Verband oder im Organisationskomitee eines Sportanlasses.

Vetsch, Hanspeter: Erfolgreiche Medienarbeit. Praxishandbuch für Unternehmer und Führungskräfte. Bilanz Book Publishing, Zürich 2001
Schreiben einer Medienmitteilung, Organisation einer Medienkonferenz, Vorbereitung auf ein Interview... eine Fülle praxisnaher Tipps und Checklisten für die Medienarbeit.

Marketing und Kommunikation

Fischer, Walter: Sozialmarketing für Non-Profit-Organisationen. Ein Handbuch. Orell Füssli Verlag, Zürich 2000
Ein Handbuch für ehrenamtliche Führungskräfte, die sich mit den Möglichkeiten des Sozialmarketing vertraut machen wollen. Es bietet hilfreiche Vorschläge für ein systematisches Vorgehen und Anregungen für die Praxis.

Fischer, Walter Boris: Kommunikation und Marketing für Kulturprojekte. Verlag Haupt, Bern 2001
Wirkungsvolles Marketing ist heute auch im Kulturbereich entscheidende Voraussetzung für Erfolg und Weiterbestehen. An zahlreichen Beispielen aus der Praxis wird aufgezeigt, wie sich Marketingtheorie im Kulturbereich umsetzen lässt.

Fischer, Walter: Tue Gutes und rede darüber. Erfolgreiche Öffentlichkeitsarbeit von Non-Profit-Organisationen. Orell Füssli Verlag, Zürich 2002
Anleitung für eine erfolgreiche Öffentlichkeitsarbeit für Non-Profit-Organsiationen.

Holzheu, Harry: Natürliche Rhetorik. Econ Verlag, Düsseldorf 2002
Nur wer natürlich wirkt, kommt an – in Verhandlungen, in öffentlichen Vorträgen oder bei privaten Anlässen. Erfolgreich kommunizieren heisst zuhören und dem Gegenüber die eigenen Inhalte und Ziele vermitteln. Ein Buch mit vielen nützlichen und anschaulichen Tipps zum Thema Verhandeln.

Schulz von Thun, Friedemann: Miteinander reden 1. Rowohlt Verlag, Reinbek bei Hamburg 2002
Der Klassiker über die Psychologie der zwischenmenschlichen Kommunikation – einfach zu lesen, informativ und lehrreich.

Schulz von Thun, Friedemann; Ruppel, Rohannes; Stratmann, Roswitha: Miteinander reden. Kommunikationspsychologie für Führungskräfte. Rowohlt Verlag, Reinbek bei Hamburg 2003
An den besonderen Aufgaben von Führungskräften orientiert sich dieser kommunikationspsychologische Wegweiser. Er verbindet Anleitungen mit lehrreichen Fallbeispielen und Übungen.

Sponsoring

Bortoluzzi-Dubach, Elisa; Frey, Hansrudolf: Sponsoring. Der Leitfaden für die Praxis. 3. Auflage, Verlag Haupt, Bern 2002
Einführung in alle Fragen des Sponsorings für Sponsoren und Gesponserte in den Bereichen Sport, Kultur und Umwelt. Ein praktischer Leitfaden für Verantwortliche in Klein- und Mittelbetrieben, in Stiftungen, Vereinen, Verbänden, kommunalen und privaten Einrichtungen, für Non-Profit-Organisationen und bei Veranstaltungen.

Rechnungswesen

Exer, Arthur: Die Rechnungsrevision von Vereinen und Non-Profit-Organisationen. Ein Handbuch zur Planung, Durchführung und Berichterstattung.
Verlag Haupt, Bern 2000
Jeder Verein ist zu einer korrekt geführten Geschäftsführung und Buchhaltung verpflichtet. Dieses Handbuch mit seinen Standardprüfprogrammen, Checklisten und Mustern richtet sich an die zahlreichen Laien, die Vereinsrechnungen zu prüfen haben.

Lanz, Arnold H.: Die Finanzbuchhaltung. 2. Auflage, Cosmos Verlag AG, Muri bei Bern 2002
Vom Kassabuch bis zur Bilanz – praxisnah dargestellt mit vielen Beispielen und Checklisten.

Schauer, Reinbert: Rechnungswesen für Nonprofit-Organisationen. 2. Auflage, Verlag Haupt, Bern 2003
Ergebnisorientierte Informations- und Steuerungsinstrumente für das Management in Verbänden und anderen Non-Profit-Organisationen. Die Grundlage des Buches bildet eine integrierte Rechnungskonzeption von Finanzrechnung, Bestandesrechnung und Ergebnisrechnungen, die in Übereinstimmung mit dem Freiburger Management-Modell für Non-Profit-Organisationen entwickelt wurde.

Stiftungsverzeichnisse

«Eidgenössisches Stiftungsverzeichnis» (Buchversion). Zu beziehen bei:
Bundesamt für Bauten und Logistik BBL/EDMZ , 3003 Bern,
Telefon 031 325 50 51. Direktbestellmöglichkeit: www.bbl.admin.ch

«Verzeichnis Fonds und Stiftungen 2006/07». Hochschule für soziale Arbeit
Zürich, Infostelle, Tel. 043 446 86 77, www.infostelle.ch/publikat.asp
Diese Übersicht über den Verwendungszweck und die begünstigten Zielgruppen der verschiedenen Stiftungen im Kanton Zürich wird ergänzt mit Musterbriefen, Gesuchsadressen und einer Aufstellung der erforderlichen Gesuchsbeilagen.

Diverse

Hess, Bernhard (Hrsg.): Publicus 2006. Schweizerisches Jahrbuch des öffentlichen Lebens. Verlag Schwabe & Co. AG, Muttenz 2005
Jährlich aktualisiertes Nachschlagewerk, das Auskunft gibt über eidgenössische, kantonale und kommunale Behörden, Verbände, Stiftungen und andere Institutionen politischer, wirtschaftlicher, sozialer und kultureller Natur.

Stichwortverzeichnis

GUT BERATEN

ALLEIN ERZIEHEN - SO SCHAFF ICH'S!

Kinder, Finanzen, rechtliche Fragen - dieses neue Buch ist der erste Schweizer Ratgeber, der allein Erziehenden weiterhilft. Das Buch zeigt, was Einelternfamilien vorkehren sollten und wo sie Unterstützung erhalten. Mit vielen praktischen Ratschlägen zum richtigen Vorgehen und Adressen.

ISBN 3 85569 332 3
160 Seiten

KINDERERNÄHRUNG - GESUND UND PRAKTISCH

Wollen Sie Ihr Kind gesund verpflegen, Zeit sparen und Ihre Nerven schonen? Die Autorin und Ernährungsspezialistin Marianne Botta Diener zeigt, wie es geht: Sie bietet fundierte Informationen, nützliche Tipps für den Essalltag mit Kindern und viele Ideen zur Menüplanung.

ISBN 3 85569 322 6
256 Seiten

GUT BEGLEITET DURCH DIE SCHULZEIT

Das Beobachter-Autorenteam erläutert die wichtigsten Fragen, die sich während der Kindergarten- und der obligatorischen Schulzeit stellen. Das Buch bietet einen Überblick über das schweizerische Schulsystem. Es zeigt, wie Schulbehörden funktionieren, und informiert über die Rechte von Eltern, Lehrpersonen und Ämtern.

ISBN 3 85569 299 8
240 Seiten

STELLENSUCHE MIT ERFOLG

Dieser Bestseller zeigt, wie man seine Chancen auf dem Arbeitsmarkt am besten nutzt. Hier erfahren Stellensuchende, wie man Bewerbungsbriefe und einen Lebenslauf verfasst oder das Vorstellungsgespräch gut vorbereitet. Mit vielen Mustervorlagen und praktischen Tipps.

ISBN 3 85569 318 8
208 Seiten

LUST AUF WEITERBILDUNG

Den passenden Lehrgang finden, verborgene Talente entdecken oder Wissenslücken schliessen? Dieses Buch zeigt, wie man es am besten anpackt. So finden Sie das auf Sie zugeschnittene Weiterbildungsangebot. Mit über 60 Adressen, Links und Tipps.

ISBN 3 85569 328 5
128 Seiten

BERUFLICHE PERSPEKTIVEN AB 40

Umstrukturierungen im Betrieb, eine Familienpause oder Sinnfragen im Leben – es gibt viele Gründe, sich beruflich neu zu orientieren. Dank den vielen praktischen Anleitungen im Buch können Sie Ihren Zukunftsplan selber erarbeiten. Denn Laufbahnplanung ist heute der Schlüssel zu einem befriedigenden Berufsleben.

ISBN 3 85569 297 1
128 Seiten